海商法精品文库 | 总主编 司玉琢

中央高校基本科研业务费专项资金项目（项目编号3132020246）

海商法自体性研究

曹兴国 著

法律出版社
LAW PRESS · CHINA

总　序

自2007年“海商法博士精品文库”与读者见面以来,已先后出版了一系列具有较高学术价值和实践意义的海商法博士生的著作,推动了海商法学的繁荣发展。

面对已经到来的“海洋世纪”,我们一直在不断深入地走涉海法学特色发展之路。现行法律中虽有不少涉海规范,但这些规范多以部门立法形式存在,呈现的是分领域、分事务、分行业的“碎片化”特点,缺乏统筹和明确的整体目标的指导,相互间衔接不畅,调整范围存在缺失,无法形成完善的海洋权益法律保障网,制约了海洋立法功能的发挥。同时,海洋经济发展日趋多样化,以海洋法律规范的分散形式规制海洋经济发展,显然难以完全适应这一实践需求。因此,我们提出并论证了“海法”体系,并经报备自主设置了海商法学二级法学学科,从传统海商法向海法拓展,以全面推进深化涉海法律的综合研究。

研究表明:任何碎片化的法律,必须经理性梳理并将其建构起系统化的秩序,才能显示出法律的力量。构建中国海法体系是在尊重海洋法律自体性特征的客观规律的基础上,将相关海洋法律规范归置到海法体系下,以统一、明确的立法目的协调各海洋法律规范，并以一定的法律逻辑进行规制。层次分明、条理明晰的海法体系在确立海法框架的同时，也将海法调整范围拓展到得以涵盖所有与海相关的事务，并对潜在的与海相关的未来事项持开放式的调整态度，以利于多元化的海洋经济发展的需求。构建中国海法体系，将海洋法律纳入独立于陆法的统一体系内，有利于凸显和发挥海法的体系优势，同时也将提升中国海法在国际上的影响力，并更好地服务于中国在国际上的海洋权益主张。

新形势下海法的创新，在于最大限度地实现对海洋权益的公私法保障。海法的创新完善，针对的是调整围绕海洋活动所发生的国家间关系、行政关系、刑事关系和民事关系的法律规范，将这些法律规范进行逻辑梳理和体系升华，有利于提升其法律保障力度和广度，进而实现“21 世纪海上丝绸之路”、“海洋强国”等国家战略目标。通过构建海法体系创新，进一步推进海洋司法的顶层设计，改革海洋司法体制，提升司法保障力，有利于在司法层面上实现依法治国、维护海洋权益。

随着研究的深入，海法体系概念得到了社会各界越来越多的关注与支持。国家社科基金将海洋法律体系列为重大研究课题，中国法学会正式组建了海法研究方阵，并每年举办一次海法论坛，最高人民法院在海事司法改革中，开始逐步实行“三审合一”的审判制度。[1]

对于大连海事大学法学院来说，由于天然的“大海基因”，以及航海、航运、海洋等学科的支撑优势，走涉海法学特色发展之路，不仅是我校法学学科建设的现实要求，也是国家推进“一流大学、一流学科”建设的客观要求。

---

〔1〕“三审合一”是指特定范围的涉海民事、行政、刑事案件统由海事法院审理的审判制度。目前，海事法院已经审理特定范围的涉海民事、行政案件，涉海刑事案件准备在少数海事法院试点。

基于此，我们决定将“海商法博士精品文库”改为“海商法精品文库”。文库的范围，在我们2011年向国家主管部门报备自主设置海商法学二级学科的含义的基础上，向海法体系全面扩展。因此，出版范围既包括海商法专业优秀的博士后出站报告、博士论文，也包括其他海商法优秀著作，还包括海法学的相关优秀著作。

在我国改革开放不断深入和中华民族伟大复兴的历史进程中，经略海洋的意义、海洋法治的重要性已不言而喻；建设海洋强国、共建“一带一路”战略，直接给海法发展带来了历史机遇和重要挑战。“猛志逸四海，骞翮思远翥”，[1]海商法学、海法学要为发展海洋经济、保护海洋环境、维护海洋权益、伸张海洋正义不断做出具有长远战略意义、紧扣历史时代脉搏的研究成果，“海商法精品文库”希望为这些研究成果提供一个良好的交流平台。

司玉琢

2016年9月于大连

---

〔1〕 这是陶渊明《杂诗十二首》之五的一句诗。意为：壮志超越四海，要像鸟儿一样展翅远飞。比喻志向远大，并要有所作为。逸：超越，超过。骞翮（qiān hé）：展翅。骞，举。翮，鸟翼。翥（zhù）：鸟向上飞。

序　言

我的学生曹兴国博士邀我为其专著《海商法自体性研究》作序,我欣然接受:一方面,本书是在其博士论文修改完善基础上形成的,作为其博士生导师,由本人推介给大家是最合适的选择;另一方面,本书所研究的问题,亦是关于海商法发展轨迹以及当前面临问题的整体关注和宏观思考,这在当前海商法的学术研究中并不多见,因此,本人也愿意将其推荐给学界,使学界能够更多地关注本书论述的内容和指向的问题。

本人曾将海商法形容为一个"又深又窄的菲律宾海沟"。"深"是对海商法内容特殊性的形容,没有系统学习海商法的人,难以深刻把握其制度的渊源与精神;"窄"是对海商法在我国法学体系中所处的地位的描述,海商法相对于其他法学学科,是属"少数民族",受关注度不高。同时,在海商法学界内部,对于如何构建海商法与其他法律部门之间的关系也存在不同的主张。当然,无论观点有何不同,我们的目的都应当是促进海商法研究的繁荣与发展,使海商法学的人才培养能够满足海洋强国、海运强国战略对高素质海洋法治人才的切实需求。

曹兴国博士的《海商法自体性研究》在某种程度上即是围绕上述背景展开研究的。本书通过对海商法发展历史脉络的考察,梳理海商法的历史形态，通过追踪域外海商立法、司法以及理论研究的演变，描述海商法发展的历史轨迹，通过海上运输实践的特殊性分析，总结海商法相对于其他法律的特殊之处，并在此基础上归纳和描述海商法所具有的自体性特征。可以说，通过自体性这一视角来梳理海商法制度体系以及制度特征的演进，对于丰富海商法研究视角和内容的价值是值得肯定的。同时，基于海商法的自体性以及由此衍生而来的外部独立性和内部综合性，本书对不同海商立法模式的探讨，《海商法》修改重点制度的论述，海事司法"用尽海商法"理念的贯彻，以及海商法、海商法学在我国法律体系、法学研究体系中地位的探究等，也都具有积极价值。此外，本书对海商法自体性与海法理念的关联研究也给我们带来很好的思考。

曹兴国博士是目前本人指导并毕业的最年轻的优秀博士毕业生。博士毕业后，其在中国政法大学又从事了两年的博士后研究工作，全程参与了于2017年7月正式开始的《海商法》修改研究工作。这些后续经历有助于其开拓学术视野、深化对海商法的认识，也对其博士论文的完善具有积极价值。本书作为其博士论文的"2.0版本"，无论在研究内容还是作者观点上都有进一步完善和深化。

希望本书的出版能够给海商法学界带来新鲜、有益的元素。同时，本书的出版不应当是相关问题思考的终点，希望曹兴国博士能够在此基础上继续深入研究，拓展、完善本书中的学术立论和学术观点。

当前《海商法》正处于修改之际，海商法的理论研究也还有很多新、老问题有待回应。年轻学者应当勇挑重担，为海商法立法与理论的推进提供新的视角，做出自己的贡献。

是为序。

司玉琢

2020年2月12日

于大连

自　序

本书是在本人博士学位论文的基础上修改而成的。之所以把博士论文出版,一方面是希望博士阶段的学习成果能够以另一种形式呈现,使其接受更多读者的审阅;另一方面,也是更为重要的,趁此机会对原来博士论文中的一些表述、内容和观点进行修改、完善,使其能够以自己更加满意的,更加符合当前海商立法和研究新进展的方式呈现在读者的眼前。

与 2017 年 5 月博士论文答辩通过之时相比,本书的修改主要源于以下几方面的因素:首先,最大的发展莫过于《海商法》修改工作的正式启动。[1] 当前《海商法》修改所确定的一些原则和问题对本人原来博士论文中部分观点的影响是十分显著的,如原来博士论文中所主张的,从广义上修改《海商法》的思路恐难以实现,大幅扩充《海商法》制度体系的设想在当前的修法进程下已不现实,故虽然

---

〔1〕 此次《海商法》修改工作得以启动,得益于中央领导的重视,由原中央海洋权益工作领导小组办公室负责协调落实。2017 年,交通运输部正式牵头负责组织《海商法》修改起草工作,并采用专家立法的模式,采取了修法起草与课题研究相结合的方式,委托大连海事大学法学院牵头成立修改工作课题组,并广泛吸收学术界、实务界和司法领域的专家参加。2018 年,《海商法(修改)》被列为第十三届全国人民代表大会常务委员会立法规划二类项目(需要抓紧工作、条件成熟时提请审议)。

这种思路仍有学术探讨的价值和空间,但需要对原来博士论文的相关内容进行调整。其次,本人有幸作为《海商法》修改研究课题组的秘书,深入跟踪了《海商法》修改课题的调研和研究,这让我对《海商法》修改面临的重大问题以及海商法制度背后的理论和利益考量有了更为全面和深入的理解,这也使我对博士论文中的部分内容有了新的思考。最后,与本书观点相关的理论研究在这两年也有新的发展,特别海法研究以及领域法学研究的新发展,使海商法自体性在立法以及学科层面的落地有了新的研究成果,进而需要在论文的相关部分补充新的研究内容。

结合这两年的沉淀、积累和反思,本书对于原来有些过于理想化的观点,在本次修改中作出调整;对于原来认识不够深入或者有所欠缺的问题,在本次修改中进行补充和深化;对于原来表述上可能存在争议的地方,在本次修改中进行了修正。我认为这对于丰富、完善博士论文的论证具有积极价值,这同时也是本书出版的最大价值。

在本书的出版过程中,必须要感谢司玉琢教授(也是我的博士生导师)对本书出版的关注以及在修改过程中反复审稿提出的宝贵意见。同时如我博士论文的致谢中所写,本书最初的构想深受司老师大海法思想的启发,而且本文的许多观点,或是司老师无私提供,或是深受司老师启发——没有司老师的指点与支持,本书不可能呈现在读者面前。本书的出版还要感谢大连海事大学法学院的资助。对于年轻学者而言,出版经费的资助是对我们学术努力的一种肯定,也是对我们学术发展的一种支持与鼓励。感谢我的硕士生导师,法学院初北平教授,在我博士毕业后他一直敦促、支持我的研究,本书中的不少内容也是我和初老师共同撰写的论文中的内容。此外,还要感谢法学院王勇教授对我博士论文中部分理论的适用提出的宝贵意见,让我对相关理论的渊源脉络和基本立场有了更深入的理解,并作出了针对性的修改。

当然,本书的内容肯定还有很多不足的地方,希望读者能够以批判的眼光对待本书,并不吝赐教,以敦促本人研究的不断深化,并共同推动相关问题研究的深入。

曹兴国
2020 年 2 月 19 日
于大连

目　录

引 言

自人类文明开端以来,海上运输就在人类对生存、财富、权力、知识的追求和对自然的征服中扮演着重要的角色。[1] 根据联合国贸易和发展委员会(United Nations Conference on the Trade and Development,UNCTAD)公布的统计报告,目前全球通过海路运输的货物总量已超过每年 100 亿吨,[2]约 80%的贸易总量和超过 70%的贸易价值是通过海运的方式完成的,[3]海上运输在物流方式呈现多样化的今天仍是推动全球贸易和全球经济发展的重要引擎。基于海上运输在国际贸易中一贯以来的重要地位,以围绕海上运输活动所产生的社会关系为调整对象的海商法也在国际以及各国法律体系中占据着重要而特殊的地位。

特殊的实践基础与需求使海商法具有相对独立的发展历史和鲜明的制度特色,并在各国的法律体系中成为一个相对独立和特殊

---

[1] See William Tetley, *International Maritime and Admiralty Law*, Quebec, Editions Yvon Blais,2002,p. 3.

[2] See UNCTAD,"Review of Maritime Transport 2016",http://unctad. org/en/PublicationsLibrary/rmt2016_en. pdf,April 2,2019.

[3] See UNCTAD,"Review of Maritime Transport 2015",http://unctad. org/en/pages/PublicationWebflyer. aspx? publicationid=1374,December 6,2017.

的存在。同时,作为服务于海上运输活动的一整套法律制度,海商法是一个由众多具有共同实践基础和共通理念特性的制度所构成的,内容多元、彼此关联的有机整体。在此基础上,本书认为,海商法具有自成一体的特征,并将其称为海商法的自体性。

从某种程度上来说,海商法自体性的演变发展构成宏观上海商法发展演变的重要线索。具体而言,海商法自体性萌芽于罗得海法时期,至中世纪时已经完全形成:海商法在当时就在很大程度上脱离于陆上立法而独立发展,形成了一套自给自足的综合性法律制度。无论是早期的《罗得海法》(Rhodian Sea-Law)[1]还是之后的《康索拉多海法》(Consulate of the Sea)、《奥列隆惯例集》(The Rolls of Oleron)、《维斯比海法》(The Wisby Sea-Laws)等,中世纪一系列的海商法(海法)文本都体现这一特性——这些法律文本虽然出现于不同的时间并作用于不同的地区,但都独立存在并由特色鲜明的制度构成,而且每个文本都涉及当时与海上运输有关的诸多方面,具有显著的综合性和自足性。中世纪以后,随着陆上立法对海商法的冲击以及航运科技日益发达导致的海上风险特殊性弱化,海商法制度相对于陆上一般法律制度的独立性出现了一定程度的弱化。同时,由于研究的细化和学科分化、部门法分类的影响,在一些国家(尤其是大陆法系国家),海商法概念出现了狭义化的更替,原本自成一体的海商法制度在形式上也在一些国家被肢解,海商法内部的整体性和关联性受到了一定程度的破坏。但在另一些国家(特别是英美法系国家),海商法所具有的外部独立性和内部综合性仍得到延续,海商法作为一个独立的法律领域的地位仍然显著。可以说,海商法自体性受到的挑战以及对此作出的回应构成海商法在近现代演进的重要组成部分;是否对海商法制度的特殊性进

[1] 国内不少学者将之称为《罗得海商法》,如王小波在《〈罗得海商法〉研究》一书中就将其称为《罗得海商法》。本文更倾向于根据其英文名称将其直译为《罗得海法》。

行变革以及如何构建一套能全面满足当代海上运输活动需求的海商法制度体系成为各国都面临的问题。因此,探究海商法自体性的变革与传承过程对于厘清海商法发展的大致脉络具有重要的意义,而进一步分析总结此种变革与传承对海商法发展的促进及限制则对明确未来海商法的发展方向具有重要的价值。

对我国来说,海商法虽然是一个"舶来品",但由于发展对外贸易的需要,海商法在我国实施改革开放政策以后获得了长足的发展:在立法层面,我国已经构建起以《海商法》和《海事诉讼特别程序法》为核心的海商法律体系,并随着司法解释等的不断明确,我国的海商实践在实践中已有较为充分的法律保障;在法学研究层面,围绕着我国海商法的实施与修改、国际海事立法的进程等主线,我国海商法研究无论是在深度还是广度上都有了长足的发展,可谓"成果数量众多、领域不断拓宽、方法不断创新、视角日益多元"。[1] 海商法立法和研究的发展对促进我国海上运输和经济贸易的健康发展起到了至关重要的作用。然而,在肯定成绩的同时,不能忽视相关问题仍突出存在。例如,在理论层面,有关海商法的属性问题在我国学界一直未形成统一的认识,相关的主张包括民法的特别法[2]、商法的特别法[3]、经济法的特别法[4]以及"广义的海商法是一个独立的部门,狭义的海商法是具有较强国际性的民法特别法"[5]等。同时,也有学者主张建立海法体系,将海商法作

---

〔1〕 张文广:《中国海商法学发展评价》,载《国际法研究》2015年第4期。

〔2〕 此为最主流的观点,例如吴焕宁:《海商法学》,法律出版社2002年版,第15~16页;李海:《关于修订〈海商法〉需要厘清的几个基本理论问题——从〈海商法〉的第一章"总则"说起》,载《中国海商法年刊》2011年第1期;关正义:《民法视野中的海商法制度》,法律出版社2015年版,第12页。

〔3〕 参见王秀芬:《日本海商法基本理论研究》,载《当代法学》2003年第1期。

〔4〕 参见贾林青:《海商法》,中国人民大学出版社2008年版,第11页。

〔5〕 张丽英:《海商法》,中国政法大学出版社2011年版,第3~4页。

为海法的一个部门法。[1] 这导致海商法学科在我国法学研究体系中的归属,海商法在我国法律体系中的地位等基本问题无法得到明确的阐释。再如,目前学界对海商法特征的认识主要包括国际性(涉外性)、风险特殊性、技术性等,但这些特征究竟如何作用于海商法的发展,对海商法发展的内部结构和外部表现影响如何,经历了何种演变,尚缺乏系统和深入的研究。同时,海商法与海事法、海法等概念之间的联系与区别也有待进一步澄清。[2] 在实践层面,《海商法》修改工作已经于 2017 年正式启动,并于 2018 年被列为第十三届全国人民代表大会常务委员会(以下简称第十三届全国人大常委会)立法规划二类项目。在《海商法》修改工作的启动之初,坚持特别法与一般法相协调一直被视为是一个重要的原则,但在具体的修改进程中,如何具体把握这一原则,例如船舶、船舶碰撞、时效、涉外法律关系适用等章节的修改如何把握《海商法》与民法典、《涉外民事关系法律适用法》等之间的关系并在条款中妥善处理仍存在不少的分歧。同时,对于《海商法》的制度体系,包括《海商法》是否应当增加船员刑事责任条款等,也曾引起过讨论。此外,在海事司法实践中,如何处理海商法与其他一般法律之间的适用关系也是长期以来困扰海事法官的难题——如何在尊重海商法特殊性的基础上把握"特别法有规定的,适用特别法规定;特别法没有规定的,适用一般法规定"这一法律适用原则一直是实践中容易引发争论的问题。

考虑到上述现实,本书以海商法自体性研究为题,认为研究海商法的自体性可以从另一维度梳理海商法发展的历史脉络和制度

---

[1] 参见司玉琢:《面向海洋世纪　确立海法研究体系》,载《中国海商法年刊》2010 年第 2 期。

[2] 在我国,海商法通常被译为 maritime law,海事法被译为 admiralty law,对于两者之间的关系尚缺乏统一的认识。而近年来,随着海法(sea law)概念的日益推广,其与海商法、海事法之间的关系也需加以界定和厘清。对海商法自体性的系统研究能从海商法制度的起源对这些概念进行梳理,进而为阐释它们之间关系提供帮助。

特性,进而不仅对海商法与其他法律部门的关系,海商法在整个中国法律体系中的地位等基本理论问题有所裨益,还有助于从尊重海商法特性的视角出发对选择何种海商法的完善路径以及如何解决海事司法实践中经常遇到的法律适用问题提供借鉴。本书试图解决的主要问题包括:第一,何谓海商法自体性?即海商法自体性的概念和内涵。第二,海商法自体性具体表现在哪些方面?即海商法自体性的表现形式及其演变历程。第三,海商法自体性的成因何在?即促使海商法具有自体性的现实基础及理论阐述。第四,当前研究海商法自体性的价值何在?即通过对海商法自体性面临的挑战及其给海商法发展带来的影响的分析,总结当代强调海商法自体性的价值。第五,海商法自体性理论对完善我国海商法的立法和学科体系,以及相关的海事司法有何意义?即通过对海商法自体性演变过程的总结对照我国海商法的现状,探讨自体性对我国海商法发展完善的价值及其应用路径。

通过对上述问题的研究和回答,本书的研究在理论和实践方面的现实意义可阐述如下:

在理论层面,自体性不仅贯穿于海商法产生、发展和演变的始终,而且从根本上决定了海商法与其他法律之间的不同,是我们准确把握海商法特殊性的关键。海商法的自体性根植于海商法相对独立的发展动力、发展规律、制度特性及规范体系,从这个角度来说,自体性实际上就是海商法区别于其他法律的本质所在。也正是基于此,有学者将海商法的特性与海商法的自体性视为两个不可分割的问题,认为要回答海商法的自体性问题,必须进一步明确使之产生自体性的特殊性质是什么,[1]即海商法的特性。在此基础上,研究海商法的自体性有助于我们在理论层面更深入地了解海商法

〔1〕 参见[日]中村真澄、箱井崇史:《日本海商法》,张秀娟、李刚、朴鑫译,法律出版社2015年版,第21页。

渊源流变背后的原因,发掘推动海商法变化发展的主要因素——这对于我们了解海商法的历史、探索海商法的特性以及厘清海商法在法律体系中的地位等方面都具有重要的理论意义。尤其对我国来说,虽然自1981年我国《海商法》的起草工作重新启动以来,海商法的研究在我国呈现蓬勃发展之势,但“对于海商法的本质特征、调整对象、基本原则、海商法与民商法的关系等基础理论问题研究尚不够深入”[1]的问题仍突出存在,而对海商法自体性的研究恰是为缓解和改善这种基础理论上的贫乏所做的努力。

在实践层面,研究海商法的自体性有助于我们抓住当代海商法发展的基本趋势和面临的核心挑战,从而对我国的海商立法和司法进行指导。事实上,海商法自体性研究所涵盖的一些基本问题是各国海商立法都无法回避的——无论是海商法如何处理与一般民商法的关系,在何种程度上独立于其他法律领域,还是海商法如何在立法模式上应对其自身内容复杂化、多元化之后带来的挑战,如何能更有效地促进海商法各部分内容之间的协调与互动,都是关乎各国海商立法的前提性问题。尤其对于我国来说,受制于形式意义上的《海商法》的体例,我国海商法的完善工作始终缺乏一种更为宏观的视角。更多的学者只是针对《海商法》的制度细节进行完善探讨,而很少触及超越现行《海商法》制度体系的宏观问题,如广义海商法的体系化需求和路径,不同于当前《海商法》立法形式的其他海商立法模式等。有关海商法自体性的研究希望打破上述研究的局限性,从更为宏观和系统的角度为海商法的完善提供理论上的支撑。

基于上述两方面的意义,本书关注和阐述的海商法自体性实际包含两个层面:一个是海商法实践层面的自体性(包括立法和司

---

[1] 张文广:《中国海商法学发展评价》,载《国际法研究》2015年第4期。

法);另一个是海商法理论研究层面的自体性。其中,实践层面的自体性以海商法在立法形式、制度内容和司法保障上自成一体的历史演进和现实需求为核心,关注海商法在实践环节自成一体的运行状态;理论研究层面的自体性则以海商法在实践层面自成一体及其变迁背后的动因和理论支撑为核心,关注海商法在理论环节的知识体系、学科体系构建和与其他法律领域的关系构造。上述两个层面的自体性可以说是相辅相成,互为依托和支撑的,因此,本书对海商法自体性的研究也综合了这两个层面的视角。

第一章　海商法自体性概念的界定

"概念的作用在于特定价值之承认、共识、储藏，从而使之构成特定文化的一部分，减轻后来者为实现该特定价值所必需之思维及说服的工作负担。"[1] 因此，在对特定法律问题或现象进行阐述前，不能忽视概念本身所传递的事实认知和价值，对概念的界定和说明也就成为必要。

第一节　海商法概念的界定

一、海商法的广义与狭义之分

中文"海商"(maritime commerce)一词，来自亚洲对中世纪商航一体时代的运输的称呼，即贸易航运为同一主体的情况。[2] 对于海商法这一概念，国内一直存在广义和狭义两种认识。其中，广

〔1〕 黄茂荣：《法学方法与现代民法》，中国政法大学出版社 2001 年版，第 52 页。

〔2〕 参见李天生：《论海商法的概念、调整对象与属性》，载《大连海事大学学报》（社会科学版）2012 年第 6 期。

义界定海商法的表述方式主要有以下几种:(1)“广义海商法是以海上运输和船舶有关的社会关系为调整对象的一切法律规范的总和,包括民商事法律规范、海运行政法规范和海上特殊的刑事法律规范”[1];(2)“在航海贸易中,特别是海上运输中,对各个方面所发生的关系起着调解和指导作用的法规,就是海商法”[2];(3)“广义海商法是海事、海运法规的总称,包括海上运输和有关船舶的合同、海难救助、船舶碰撞、共同海损、海事赔偿责任限制、船舶抵押权、船舶优先权、船舶扣押的有关规定,以及港口法、船舶登记法、船舶检疫法、海上交通安全法、海洋环境保护法、外国籍船舶管理规则、船员职务规则以及其他单行法规”[3];(4)“广义海商法既调整平等主体之间的横向海上运输关系、船舶关系,又调整非平等主体之间的纵向的海上运输和船舶管理关系”[4]。而狭义界定海商法的表述方式则有:(1)“狭义海商法是指调整海上运输关系和船舶关系的平等主体之间的特定法律规范的总称”[5];(2)“狭义海商法主要涉及海上运输关系和船舶关系中平等主体之间的法律关系,一般被视为民商法的特别法”[6];(3)“狭义的海商法只调整平等主体之间的横向民事关系,基本上指的是海商法典”。[7]

综观上述表述,广义和狭义海商法认识的区别主要在于海商法的调整对象是否包括非平等主体之间的有关海上运输和船舶的社会关系。而造成这种区别的原因是国内对于海商法属性认识的不统一。如同笔者引言中提及的,对于海商法的属性问题,我国学界

[1] 司玉琢:《海商法专论》,中国人民大学出版社 2007 年版,第 6 页。
[2] 魏文翰:《海商法讲座》,法律出版社 1964 年版,第 2 页。转引自屈广清:《海商法学》,中国民主法制出版社 2005 年版,第 3 页。
[3] 吴焕宁:《海商法学》,法律出版社 2002 年版,第 3 页。
[4] 张湘兰:《海商法学习指导》,武汉大学出版社 2008 年版,第 39 页。
[5] 司玉琢:《海商法专论》,中国人民大学出版社 2007 年版,第 6 页。
[6] 吴焕宁:《海商法学》,法律出版社 2002 年版,第 3 页。
[7] 张丽英:《海商法》,中国政法大学出版社 2004 年版,第 1 页。

众说纷纭——民法的特别法、商法的特别法、经济法的特别法、海法的一个部门法、独立的法律部门以及“广义的海商法是一个独立的部门,狭义的海商法是具有较强国际性的民法特别法”等说法都在不同时期出现过。而从近几年的发展来看,民法的特别法(在我国,主流学界将民法和商法视为一个法律部门的背景下,认为商法特别法的观点可归入民法特别法的观点)和独立的法律部门(海法的一个部门法设置实际也承认了海商法独立的法律部门地位)是呼声最高、对立最鲜明的两种观点,而这也正好与狭义海商法和广义海商法的认识分歧相对应。在笔者看来,这两种观点的差异一方面源自对海商法范围认识的不一,前者以狭义、形式意义上的《海商法》为分析对象,后者以实质意义上起到调整海上运输活动作用的海商法律规范为分析对象;另一方面源自对法律部门理解的不一,前者严格依照现行法律部门划分的标准,认为《海商法》中占绝大部分比重的制度内容属于民法规范的性质,因而将其认定为民法特别法,后者则不严格依据现有的法律部门划分,认为基于海商法在历史沿革上的显著独立性和海商法下各制度间的密切联系,改变现有法律部门划分对海商法的肢解,赋予海商法独立法律部门的地位更有利于海商法特殊性的保留和整体体系的构建。

应当认为,从我国形式意义上的海商法——《海商法》所涵盖的内容来看,从狭义上界定海商法的属性具有一定的现实基础,因为我国现行《海商法》共 15 章,除第 15 章“附则”无实质性规定外,第 2 章“船舶”(实际规定的是有关船舶物权的制度)、第 4 章“海上货物运输合同”、第 5 章“海上旅客运输合同”、第 6 章“船舶租用合同”、第 7 章“海上拖航合同”、第 8 章“船舶碰撞”以及第 13 章“时效”都属于传统民法的范畴;[1]第 9 章“海难救助”、第 10 章“共同

---

[1] 唯一例外的是第 8 章第 166 条有关船长施救义务的规定。

海损”和第 11 章“海事赔偿责任限制”虽无对应的民法制度，属于海商实践中为分散海上风险而设计的特殊制度，但由于其调整的主要是平等民事主体间的权利义务关系，将其标以民事规范的属性应该也无争议；[1]第 12 章“海上保险”属于传统商法的内容，不过在“民商合一”的视角下亦可归于民法的范畴；第 14 章“涉外关系的法律适用”理论上应当属于国际私法的范畴，但我国《民法通则》亦有“涉外关系的法律适用”一章；至于第 1 章“总则”后半部分[2]、第 3 章“船员”则属于行政法而非民法的范畴。也就是说，如果将我国《海商法》的制度比照传统民法的范畴（不包括传统商法和民事法律关系适用法），则《海商法》中民法性质的条文共计 210 条，占所有实质性条文（共 276 条）的 76%；而如果将其比照于“民商合一”视角下民法的范畴（包括传统商法和民事法律关系适用法），则《海商法》民法性质的条文共计 260 条，占所有实质性条文的 94.2%。基于民法属性的条文在《海商法》中所占的此种比重，《海商法》的民法特征无疑是明显的。也正是在此基础上，有学者总结：“从海商法的规定性来看，虽然其中可见商法的影子，但其基本内容，无论是船舶的物权制度，海上经营的合同制度，还是发生于海上的侵权责任制度，都是民法通则的原则和规定的具体体现或细化。即使海商法中有特别制度和特别规定，也没有完全脱离民法的体系，只不过是民法制度在海商法领域的特殊体现。”[3]同时，还应当承认的是，将海商法定位为民法的特别法能帮助我们从民法的基本原则出发，结合海商法的调整对象，加深对海商法的研究、理解和适

---

[1] 需要注意的是，《海商法》第 9 章第 174 条有关船长救助义务的规定属于非民事性质的规定；第 11 章第 214 条有关责任限制基金设立后的程序规定属于程序性规定而非实体性规定。

[2] 这三条是关于沿海运输资质、中国船籍以及海上运输管理的授权规定。

[3] 关正义：《民法视野中的海商法制度》，法律出版社 2015 年版，第 13 页。

用,并协调其与民法相关法律的适用。[1]

不过,单纯从狭义上界定海商法也有不可忽视的弊端:一方面,过分强调海商法民法特别法的属性对海商法的发展并非益事,因为海商法无论在历史渊源、规范设计还是价值取向上都有不同于民法的特殊之处,一味强调海商法民法特别法的属性会使海商法被民法同化,造成海商法"削足适履",最终失去生命力;另一方面,从部门法的视角将围绕海上运输和船舶而产生的法律关系进行分门别类的划分虽然有助于研究的细化,但法学内部的学科分立只是基于不同侧重点而进行的人为划分,而现实问题并不因此而消灭其跨学科存在的可能。[2] 严格的法律部门划分所导致的"各个法律部门画地为牢,破坏法的统一性和完整性"[3]的弊端也早已被诟病。过于固守细致的法学内部划分造成了法学内部各部门之间深深的隔阂和知识壁垒,法学内部诸领域之间基本上没有形成有效的知识通道,只能自说自话而无法融合各自的知识和方法,造成了学科孤立,阻隔了各科学之间的交流。[4] 对海商法来说,法律部门分类和法律学科孤立对广义海商法下各制度的整体性和关联性造成的破坏不容忽视。打破法律部门和学科划分对海商法的束缚,面向司法、面向问题展开对海商法体系的综合、互动构建在新时期下具有积极意义。

就本书而言,本书对海商法这一概念是从广义层面加以使用的,原因在于:

1. 正如前文引言所提及的,海商法是一个由众多具有共同实践

---

〔1〕 参见关正义:《民法视野中的海商法制度》,法律出版社 2015 年版,第 13~14 页。

〔2〕 参见王利明、常鹏翱:《从学科分立到知识融合——我国法学学科 30 年之回顾与展望》,载《法学》2008 年第 12 期。

〔3〕 刘诚:《部门法理论批判》,载《河北法学》2003 年第 3 期。

〔4〕 参见王利明、常鹏翱:《从学科分立到知识融合——我国法学学科 30 年之回顾与展望》,载《法学》2008 年第 12 期。

基础和共通理念特性的制度所构成的,内容多元、彼此关联的有机整体。无论是海商法的早期形态还是近现代发展,海商法的整体性以及内部制度的多元化特征都十分突出,笔者不希望因属性认识上的不同而刻意忽略海商法原有的制度全貌;相反,从广义的视角研究海商法的体系、特征、内部制度之间的关联以及维持这种关联的路径与挑战,是本书写作的重要初衷,这决定了本书必然从广义的范畴使用海商法概念。

2. 如果以历史和比较的视角审视海商法这一概念,我们会发现不仅历史上对海商法这一概念的使用多是从广义的范畴出发的,而且其他国家(尤其是英美法系国家)对海商法概念的理解和运用也经常超出民法特别法的范畴(具体参见本书第二章的相关论述)。鉴于运用历史分析法和比较研究方法探究海商法自体性的历史演变和当代现状是本书研究的重要线索之一,从广义上使用海商法这一概念就成为必然。

3. 调整海上运输与船舶关系的各项法律制度之间存在密切的联系,这种联系不应由于法律部门的人为划分而被忽视,因此,将调整海上运输与船舶关系的各项法律制度作为一个整体加以审视,以体系化的视角对这一领域的法律制度进行统筹、协调就具有积极的价值。而这一点恰恰又是当前的研究所缺乏的:综观当前海商法领域的研究,更多是围绕狭义或形式意义上的海商法展开的,从广义的视角对海商法进行研究的成果并不多见,这也在一定程度上造成了海商法研究向狭义海商法集中的“马太效应”。鉴于此,本书从广义的范畴研究海商法的自体性,旨在通过对海商法自体性的论证强调从广义上研究海商法的价值,并对完善我国广义上的海商法体系建言,这是本书研究的重要内容。

综上所述,本书对于海商法概念的使用是从广义视角出发的,即海商法是指围绕海上运输关系而产生的,具有海上特殊性的法律制度的总和。需要特别说明的是,本书所称的海商法并不局限于以海商法命名的法律文本(形式意义上的《海商法》),而是以调整和作用于海上运输关系和船舶关系的法律规范和法律制度为研究范畴的一个统称概念。进一步而言,本书所称的海商法以及海商法制度虽然都以海商立法为基础和支撑,但这种海商法或海商法制度并不是指某一特定或单一的海商立法,其可能规定于若干分散的海商立法中,也可能规定于非以海商法命名的法典中(如民法典或者商法典中的海商法内容),甚至可能在现行的立法中处于缺位的状态。这些海商法制度虽然存在的形式和状况不一,但基于历史的、比较的和体系化的视角,它们应当属于海商法的范畴,共同构成海商法的规范体系。也就是说,本书对海商法概念的运用是在立法基础上对海商法制度体系的一种抽象概括,是理论层面对所以属于和应当属于海商法范畴的制度体系的指称。

二、海商法与其他相关概念的关系说明

对海商法概念的界定,除明确在广义层面使用之外,还应说明本书语境下海商法与海法、海事法这些相关概念的关系。

(一)海商法与海法的关系

海法(sea law 或 Sea-law)概念并非当代学者的创造,其作为调整海上事务的法律的一种代称在历史上客观存在。根据笔者查阅的资料,海法概念的使用最早可追溯到《罗得海法》(The Rhodian Sea-Law)。而在《罗得海法》之后,历史上直接使用海法这一概念的法律文本还至少包括《维斯比海法》(The Wisby Sea-Laws)、《苏格兰海法》(Scotland Sea Law)、《佛兰德海法》(Sea-Laws in Flanders)以及《哥特兰海法》(Gotland Sea Law)。这些海法的文本内容从船东与货主之间的权利义务关系到船长船员的权职与管理,从船舶的所有权到货物的所有权,从引航员的职责到船舶碰撞的责任划

分,再从船舶的融资建造到对海盗行为的规定,囊括现代意义上民事、行政、刑事性质的法律规范,涉及当时海上活动(主要是海上运输)的诸多方面。[1] 正如学者所言,“海法这一历史名词,在许多著作中,用指中世纪及之前的有关法律,几乎等同于海商法”;[2]“19世纪初之前,海商法与商法之间关系淡薄,可以说‘海法’与‘海商法’在概念上并无区别”。[3] 笔者也持相同的观点:从历史的视角来看,海法概念与当前广义的海商法概念不存在本质的区别,都是指调整围绕海上运输产生的社会关系的法律规则的集合。不过,在当代,出于发展和完善我国海洋法律体系的考虑,也有学者从更为广义的视角对海法概念进行使用,主张将海法定位为所有涉海法律的总称,以法律的适用空间为标准将所有涉海法律整合成一个协调有机的海法体系。[4] 在海法体系下,本书所述的海商法应是其下辖的一个重要组成部分。因此,海商法与海法概念之间的关系可总结为:历史视角下的海法概念与广义海商法不存在实质性的区别,虽然因时代的不同在涵盖的制度上有所区别,但两者都是指围绕海上运输而产生的,具有海上特殊性的法律规范的总和;而在现代视角下,本书所称的海商法与学者提倡的,代称所有涉海法律的海法不是一个层级的概念,是其下属的一个子概念。

(二)海商法与海事法的关系

按照我国海商法学界的习惯,通常将“admiralty”译为“海

---

〔1〕 参见初北平、曹兴国:《海法概念的国际认同》,载《中国海商法研究》2015年第3期。

〔2〕 荚振坤:《中世纪欧洲海商法研究(11至15世纪)》,华东政法大学2013年博士学位论文,第1页。

〔3〕 [日]中村真澄、箱井崇史:《日本海商法》,张秀娟、李刚、朴鑫译,法律出版社2015年版,第2页。

〔4〕 参见司玉琢、李天生:《论海法》,载《法学研究》2017年第6期;司玉琢:《面向海洋世纪　确立海法研究体系》,载《中国社会科学报》2010年6月9日,第2版;汤喆峰、司玉琢:《论中国海法体系及其建构》,载《中国海商法研究》2013年第3期;李光春:《论海法的法哲学基础》,载《大连海事大学学报》(社会科学版)2018年第3期。

事”,将“maritime”译为“海商”,[1]海商法与海事法对应的英文也通常被区分为“maritime law”和“admiralty law”。[2]与海商法概念一样,海事法在我国也有广义和狭义之分。狭义的海事法是指“调整船舶在海上或其他可航水域发生的事故造成的船舶、其他财产损失和(或)人员伤亡的损害赔偿、损失分摊等的特定社会关系的法律规范的总称”,[3]主要包括船舶碰撞、海难救助、船舶造成的海洋环境污染、船舶残骸清除、海损事故的行政调查和处理等与海上事故有关的法律制度。广义的海事法则是指调整有关海上事务的法律关系的法律规范的总称。[4]虽有上述定义,但实践中对于海事法这一概念的使用仍没有确定的外延。例如,从我国海事法院的受案范围[5]中可以发现海事法院所管辖的“海事”既非前述广义海事法所指的海事(至少目前海事法院不管辖发生于海上的海事刑事案件),也非前述狭义海事法所指的海事。而对于海事法与海商法这两个概念间的关系,学界的认识也不统一:有的观点认为,“广义上的海事法与广义上的海商法同义,狭义上的海事法成为海商法的一个部分”;[6]有的观点则认为,海商法和海事法是两个独立和不同的概念,两者不仅在法律体系中的定位不同,而且具有不同的调整

---

[1] 参见关正义、李婉:《海商法和海事法的联系与区别——兼论海商法学的建立与发展》,载《法学杂志》2012年第6期。

[2] 不过值得注意的是,在英美法系国家,对于“maritime law”和“admiralty law”这两个概念已经不再作区分,例如《布莱克法律词典》中对“maritime law”一词的解释就标明“also termed admiralty law”(Brayan A Garner, *Black's Law Dictionary*, New York, Thomson Reuter, 2014, p. 1113.)。美国很多学者的著作更直接用“maritime and admiralty law”来直接代称海商法。

[3] 胡正良:《海事法》,北京大学出版社2012年版,第4页。

[4] 参见何丽新:《海商法》,厦门大学出版社2004年版,第1页。

[5] 根据新近通过的《最高人民法院关于海事法院受理案件范围的规定》,海事法院所管辖的“海事案件”包括:海事侵权纠纷案件,海商合同纠纷案件,海洋与通海可航水域开发利用与环境保护相关纠纷案件,有关船舶物权、海难救助等的其他海事海商纠纷案件,海事行政案件以及海事特别程序案件。

[6] 柳经纬:《商法》(下册),厦门大学出版社2002年版,第305页。

对象、体系和内容，它们相互之间既没有包容与被包容的关系，也不存在可以相互替代的情形；[1]还有的观点认为，随着商航一体时代的解体，海上运输已经发展成独立的生产部门，现代海商法已不再调整有关贸易的商业性活动，海商法的名称也应正名为“海事法”。[2] 对此，笔者认为上述观点都从不同层面和角度揭示了海事法与海商法之间的联系和区别，但考虑到目前国外已不对海商法和海事法对应的英文概念作严格区分，且习惯上我们经常用海事立法而非海商立法来统称与海上运输相关的立法，因此本书倾向于不对海商法和海事法这两个概念作严格的区分——在本书中，海事法、海事立法或海事的概念都是相对广义的，可与海商法、海商立法或海商的概念互通使用。

第二节　自体性的含义界定与研究基础

一、自体性含义的基本阐述

与海商法概念不同，自体性并非海商法学界、法学界乃至汉语中常见的用语，[3]所以对自体性这一用语的含义进行界定是必要的。

(1)需要说明的是，本书所谓的海商法的自体性实际上是对海商法自成一体的特性的简称。如前文引言所述，海商法在其历史发展中具有自成一体的特性，这种特性是海商法区别于其他法律领域的

---

〔1〕 参见关正义、李婉：《海商法和海事法的联系与区别——兼论海商法学的建立与发展》，载《法学杂志》2012 年第 6 期。

〔2〕 参见司玉琢：《海商法》，法律出版社 2012 年版，第 2~3 页。

〔3〕 笔者查阅了包括《辞源》《辞海》《现代汉语词典》《汉语大词典》在内的中文词典，都没有发现对自体性这个词语的解释。

关键所在。之所以将海商法的此种特性简称为自体性，一方面固然是出于用语简捷的考虑；另一方面更为重要的是，自体性这一看似陌生的概念在海商法学界却有一定的认识基础。这种基础主要来自两方面：一是关于“海商自体法”的说法；二是现有研究对海商法自体性的提及。其中，“海商自体法”的说法在多位学者的著作或者论文中提及，[1]虽然其含义与本书论述的“海商法自体性”不尽相同，但其“自体法”的提法和内容无疑从某种程度上体现了海商法的自体性。而对于海商法自体性的直接论述，虽无系统的论著，但零星的提及却可发现。[2] 所以结合上述两方面的基础，自体性在海商法领域并非一个毫无根基的概念。

(2)自体性概念在海商法学界虽有一定的认识基础，但对其含义的确切界定却是空白。在本书中，笔者将海商法的自体性界定为海商法的一种特性，是指海商法所具有的自主生成、独立发展和自成体系的性质。海商法自体性强调海商法作为一个围绕海上运输产生、发展的法律领域所具有的特殊性、独立性和自足性，认为相比于其他法律领域，海商法拥有自己相对独立的发展动力、发展规律、制度特性及规范体系。在自体性视角下，海商法并非一般法律在海上运输领域的简单延伸和应用，而是海事商人为应对海上风险的特殊性而自发形成的，具有显著海上特色的一套制度。这套制度不仅在漫长的历史演变过程中始终保持其不同于其他法律领域的话语体系和制度特色，由此彰显其专业性和独立性，而且涵盖海上运输的

[1] 如郭瑜副教授的《海商法的精神——中国的实践和理论》，何丽新教授的《海商法特性论》，马得懿教授的《作为补充型特别民法之海商法的丰富性与体系性》，李东博士和李天生教授的《一般海商法的回归与升华》，王秋雯博士的《海商法的国际统一：从海商自体法到国际海商统一实体法》等。

[2] 如张永坚教授的《反思修改中国〈海商法〉之努力》，何丽新教授的《海商法特性论》，日本学者中村真澄和箱井崇史的《日本海商法》，具体参见前文引言部分的研究现状概述。

各个环节，是一个以保障和促进海上运输为共同目标，以海上运输的特殊性为共同逻辑基础，各制度内容间紧密相连的有机整体。因此，海商法虽然是整个法律体系的有机组成部分，并与其他领域的法律制度存在交集，但仔细发掘，其具有不同于其他领域法律制度的历史沿革、生成路径、价值目标和制度体系。在此基础上，海商法实际是整个法律体系中相对独立、自足的一个领域，并在历史发展过程中形成了一种自成一体的性质。所以，自体性概念的核心在于强调海商法区别于其他法律领域而自成一体的特性，这种特性是海商法不同于其他法律领域的特殊性的整体体现和根本所在。

(3)如引言中已提及的，笔者研究的海商法自体性包括实践和理论两个层面，是指海商法作为一个法律领域在整体上所具有的，体现于立法、司法、法学研究等多个环节的自成一体的特性。其中，实践层面的自体性是理论层面的自体性的研究对象和存在基础，而理论层面的自体性则是实践层面的自体性的抽象梳理和理论构建。上述两个层面的自体性在本书的后续各章中都有体现：第二章通过对海商法在立法、司法中的自体性表现的历史梳理以及当前理论上对海商法制度体系的梳理证成海商法自体性的存在；第三章通过对自体性成因的探索在理论上构建海商法自体性形成的理论基础；第四章结合海商法自体性在立法、司法层面的实践表现以及海商法自体性在概念、相对于其他法律领域的独立地位等的理论总结，对海商法自体性的当代表现及价值进行论述；第五章则结合海商法自体性在我国立法和司法层面的现状，探讨自体性视角下我国海商法的完善方案。因此，结合实践和理论两个层面的视角，本书对海商法自体性的研究在整体路线上可以说是由历史和实践层面自体性的具体表现出发，引出并结合理论和实践层面对自体性成因、面临的问题以及当代价值的思考，进而再重新回归指导我国海商法自体性的实践。

当然,海商法这种自成一体性并非海商法领域特有的,所有基于历史的原因或现实的需求而具有显著特殊性、可区分性和内部整体性的法律领域都会在不同程度上具有自成一体的性质。如知识产权法,虽然无法否认其财产权的基本属性,但基于知识产权所保护的法益都具有客体的非物质性这一特征以及知识产权本身所体现的科技含量、知识要素和政策考量,知识产权法具有不同于一般民法的制度特征和规范体系。因此,知识产权法在客观上也具有自成一体的倾向,并集中表现为知识产权学者对独立的知识产权法典的追求。事实上,各法律领域所体现的这种自成一体的特性正是不同法律领域能够成为一个相对独立的领域的基础。

(4)还需说明的是,在国际私法领域有一个与本书研究内容名称相近的"自体法理论"。在国际私法的视阈下,自体法(proper law)是指各涉外民商事法律关系依其自身特性应该适用的法域的法律。[1] 自体法理论最初源自合同领域,随后被引入侵权、扶养、遗产继承、婚姻等多个领域,目前已经发展成为国际私法领域十分有影响力的理论之一。由于笔者对海商法自体性的研究并不是从法律适用的角度展开的,故本书所指的自体性与国际私法领域的自体法理论并无联系。

二、海商法自体性内涵的两个具体层面

对海商法自体性含义的理解,可进一步从外部独立性和内部综合性这两个层面展开。它们既是海商法自体性在不同视角下的细化体现,也是直接关系海商法自体性发展演变的要素,共同构成海商法自体性的核心内涵。

---

[1] 参见谭岳奇:《自体法:通向自然法之路径》,载《武汉大学学报》(社会科学版)2001年第1期。

（一）海商法的外部独立性

海商法的自体性首先表现为海商法的外部独立性，即在整个法律体系中，海商法往往独立于其他法律领域，是法律体系中一个特殊的领域。这种外部独立性，参照学者对商法独立性的阐述，可进一步理解为海商法作为一种规范体系与其他法律的可区分性，以及在可区分性基础上的独特性和不可代替性。[1] 海商法的外部独立性是海商法自体性的必然结果，也是决定海商法自体性在国内法层面能否存续的关键。

1. 海商法自主生成、独立发展和自成体系的性质决定了海商法具有与其他法律不同的发展规律、制度特性及规范体系，海商法必然表现出不同于其他法律的显著差异。在海商法自体性的影响下，海商法不仅在形式上往往单独立法——或制定单行法，或作为相关法典中的特殊部分，而且在实质上具备区别于其他一般法律的制度渊源和价值目标，成为各国法律体系中相对独立的一个部分。海商法的这种外部独立性如同海商法与其他法律之间的一条界限，使海商法的规范体系与其他法律具有明显的可区分性，以及在此基础上的独特性和不可替代性，它使海商法的制度特性可以最大限度地在国内法层面呈现，是海商法自体性在国内法层面得以体现的重要保障。

2. 在当代语境下，海商法外部独立性的发展是决定海商法自体性在国内法层面能否继续存在的关键。随着近现代海商法研究与其他法学研究的不断交融以及人类克服海上运输风险能力的不断提升，海商法在一国法律体系中的独立地位开始出现动摇，废除海商法相关特殊制度，运用一般法的视角解释海商法的主张和认识日

---

〔1〕 参见蒋励君：《论我国商法的独立性——实质商法的相对独立》，载《学习与实践》2008年第4期。

益涌现,它们冲击着海商法外部独立性的根本,使海商法领域出现被一般法律同化的现象。而一旦海商法在形式或者实质上被其他法律统合,其独立性不复存在,则海商法自主生成、独立发展、自成体系的自体性也就自然无从谈起。所以,海商法能否保持其外部独立性构成海商法自体性在国内法层面面临的巨大挑战。也正是在这个意义上,从海商法外部独立性的具体视角研究海商法的自体性对于把握海商法自体性的发展脉络具有特别重要的价值,海商法的外部独立性也由此构成海商法自体性的重要内核。

(二)海商法的内部综合性

海商法自体性其次表现为海商法的内部综合性,即海商法是围绕海上运输发展而来的一整套法律制度,它是由各种类型的法律制度构成的一个整体,自成体系。同样需要说明的是,笔者对“内部”这个词是在海商法的范畴内使用的,旨在研究海商法自体性在海商法制度内部的体现。

海商法的内部综合性具体又可从两个语境下加以阐述。在中世纪的语境下,海商法的内部综合性表现为海商法并非只是基于调整海上运输某一特定方面的需要而产生的,而是基于全面调整海上运输各方面法律关系的需要而产生、发展的,并体现为中世纪的海商法文本本身就具有很强的综合性,基本涵盖了当时涉及海上运输各个方面的制度内容。而在近现代语境下,海商法的内部综合性主要是指海商法是由有关海上运输的多种性质的法律规范和法律制度构成的有机统一体,虽然它们并不一定集中规定于某一法律文本中,但却是一个相互联系的整体,并集中体现于综合性海商立法模式的运用。

海商法的内部综合性是海商法与生俱来的,也是海商法自成一体的重要表现之一,即海商法是基于满足调整海事实践的客观需要而发展起来的一个自成体系的整体——其由性质不同,但却彼此关联，拥有共同实践基础和价值目标的一整套制度构成。这也意味着海商法规范的属性从来不是单一的，就像有学者所总结的，海商法“是一部融民事法律规范、行政法律规范、诉讼程序法律规范于一体（事实上还包括刑事法律规范），含法律规范、专业技术规范为一体的法律，是对不同学科、不同国度的法律规定相对统一和集中”，[1]其“主要是民商事规范，但也包括一些行政法、经济法的内容（还包括刑法等方面的内容）；主要是实体性规范，但也包括一些程序性规范；主要是任意性规范，但也包括相当多的强制性规范”。[2]虽然近现代对海商法属性的认识呈现狭义化的趋势，不少国家的海商立法也以特定领域的单行立法居多（如海上货物运输法、船舶法、船员法、航运法等），但海商法各个制度间的关联性仍客观存在，通过何种方式合理构建海商法的各项制度，保障海商法在内容上的完整、协调和统一实际也是各国海商立法都面临的问题。因此，内部综合性是海商法自体性在其自身内容层面的体现，同样构成海商法自体性的重要内核。

三、海商法自体性的研究基础

如前所述，海商法自体性并非一个完全没有基础的概念，而有关海商法自体性，尤其是海商法自体性所涉及的具体内涵的研究，自然也有相应的基础。当然，既有的研究也存在一定的局限性，这构成笔者进一步深入研究的基础性和必要性。

（一）关于海商法自体性的研究

对于海商法的自体性，国内现有的研究中对此有所述及的并不多。在《海事法系的形成与生长》一文中，何勤华教授和李求轶博士

---

[1] 刘安宁、关正义：《试论海商法的特性及其法理定位》，载《社会科学辑刊》2009 年第 6 期。

[2] 郭瑜：《海商法教程》，北京大学出版社 2012 年版，第 5~6 页。

指出，在历史上“海法（与早期海商法含义相同）实行商人自治，它自成体系，不受陆法和国家权力或者领土的管辖。在接近5000年的时间里，它独立存在——不是由君主制定，而是逐渐地被编集成典并得到大家遵守”。[1] 类似地，在何勤华教授主编的《法律文明史》第6卷《中世纪欧洲世俗法》中，作者也提出，海商法这个领域中的法律是那么的独立和纯粹，因而几乎没有受到任何政治变迁的影响，它独立发展自成一体的观点。[2] 司玉琢教授在探讨海事司法管辖制度的改革中述及海商法规范具有自成一体性，认为“海商法规范相互间具有密切的关联性特征，使海商法成为统一的整体”。[3] 同时，在论述海法时，司玉琢教授也提出自体性是海法最为本质的特征，其根基在于海法渊源上的习惯起源性和内容上的规范关联性，决定因素是海洋环境的特殊性和海上活动的共通性。具体而言，海法自体性的表征包括：海法起源独立，而且很多海法的制度还成为陆上法律制度的渊源，如保险法就来自中世纪的海上保险法；海法效力通行，海法的效力一直在随着航海贸易的发展不断扩展适用范围；海法体系独立，海法一直具有集民事、行政、刑事于一体的法律属性，所不同的是古海法的自体性体现在同一部法律中，而近现代海法的自体性体现在海事法律体系中。[4] 何丽新教授在对海商法的特性进行论述时认为应当“坚持海商法自体性”，并由此出发主张“海商法是否作出规定，只能根据海商法自身的解释规则来解决，不能一发现海商法之不合理就套用民法的一般规

---

〔1〕 何勤华、李求轶：《海事法系的形成与生长》，载《中国律师和法学家》2005年第5期。

〔2〕 参见何勤华主编：《中世纪欧洲世俗法》（法律文明史第6卷），商务印书馆2014年版，第633页。

〔3〕 司玉琢：《保障海洋发展战略　改革完善中国特色的海事司法管辖制度》，载《中国海商法研究》2015年第2期。

〔4〕 参见司玉琢、李天生：《论海法》，载《法学研究》2017年第6期。

定”。[1] 张永坚教授亦在讨论修改我国《海商法》的方案时提及海商法的自体性，认为“从海商法调整的对象、范围及其所发挥的作用看，强调海商法的自体性，将其作为一个独立的整体考虑，十分重要。这不但符合现代海商法的发展趋势，而且，即使从立法技术的角度考虑，也应该根据海商法的自身特点和需要对该法律体系加以完善。明确海商法自成体系，是修法(《海商法》)的基础和前提”。并进一步指出，“不应以其他法律部门的规定为标准来对《海商法》进行剪裁。这样可以保持海商法体系结构的整体性和系统性不被打碎和肢解，从而保持该法各制度之间的协调和统一”。[2] 此外，还有一些论著提及了“海商自体法”这一概念，例如，马得懿教授认为，“从某种意义上讲，海商法是商人造法的产物，形成了一种‘自体法’的模式。由于海上运输法中的习惯不断地发展和完善，因而其具有很强的历史延续性。海商法在漫长的历史长河中积淀成为自成一体的法律制度和规范形式，并影响着其他部门法的发展，其厚重的价值，使海上运输法在英国等国家的法律体系中处于无可比拟的地位”。[3] 郭瑜副教授在《海商法的精神——中国的实践和理论》一书中对海商自体法(一般海商法)进行了介绍，称其“是在海商法中人们普遍认为存在的一套从古代沿袭下来，以习惯为基础的规则，它通行全球、在海运世界里尽人皆知”，[4] 并认为“海商法是完整的法律体系，不是若干规则的集合，不是民法一般规定的例外条款……它本身应该是基本自足的，通常它的适用并不依赖于民法”。[5] 总体来说，目前国内对于海商法自体性的研究仍限于介绍

---

[1] 何丽新、陈永灿：《海商法特性论》，载《中国海商法年刊》2009年刊。

[2] 张永坚：《反思修改中国〈海商法〉之努力》，载《中国海商法研究》2013年第3期。

[3] 马得懿：《作为补充型特别民法之海商法的丰富性与体系性》，载《社会科学战线》2016年第8期。

[4] 郭瑜：《海商法的精神——中国的实践与理论》，北京大学出版社2005年版，第40页。

[5] 郭瑜：《海商法的精神——中国的实践与理论》，北京大学出版社2005年版，第93页。

或直接使用阶段，缺乏深入细致的探讨。

而国外有关海商法自体性的研究资料也不多见。其中，日本学者中村真澄和箱井崇史在《日本海商法》一书中将海商法的自体性视为海商法特殊性的重要体现，认为“相对于一般的商法而言，海商法不仅占据着先驱者的位置，设有独立的法院，还具备一定程度上的自给自足的性质，具有在民法与商法之外形成独立法领域的自体性”，并进一步主张“从海商法的历史来看，强调海商法独立于一般法之外，并欲在私法体系中设立治外法权领域的极端化自体性论是无法被认可的，但应当承认海商法具有相对意义上的特殊性，以及基于该特殊性所产生的自体性”。[1] 此外，在《世界法系概览》一书中，威格摩尔将世界各国法律制度分成 16 个法系，其中海事法（Maritime Law）被列为一个自成一体的独立体系。[2]

（二）关于海商法独立性的研究

关于海商法独立性的研究，从目前搜集的资料来看比较分散，缺乏系统深入的研究。

国内方面，台湾地区学者杨仁寿认为“海商法有自主性与特殊性之一面，不能与一般民商法混为一谈……海商法与一般民商法，各有其历史背景，以及其独特之制度与法理，原不能相提并论”。[3] 司玉琢教授等在《试论海法独立学科体系》中强调海法的相关法律在其他法律体系中总是很明显地表现出其特殊性和独立性，并对建立独立的海法学科体系的必要性、可行性及其体系框架

[1] [日]中村真澄、箱井崇史：《日本海商法》，张秀娟、李刚、朴鑫译，法律出版社 2015 年版，第 25 页。

[2] 参见[美]约翰·H. 威格摩尔：《世界法系概览》（下册），何勤华等译，上海人民出版社 2004 年版，第 747～794 页。

[3] 杨仁寿：《海商法论》，台北，三民书局 1986 年版，第 1 页。

进行了论述。[1] 郭瑜副教授在《海商法的精神——中国的实践和理论》一书的第三章“与民法的斗争”中对海商法的特殊性进行了强调,认为“海商法有自己独立的调整对象和完整的规范体系,作为一个独立的法律部门的位置不容置疑”,并对司法实践中“用尽海商法”之一原则进行了阐述。[2] 王世涛教授和汤喆峰博士在《论海商法之于民法的独立性》一文中认为将海商法视为民法的特别法是法学界长期以来的一个重大误区——海商法具有不同于民法的,独立的历史渊源和发展轨迹,而且它们在法律属性、表现形式、立法体系、规范内容以及纠纷解决机制方面都迥然不同。[3]

国外方面,日本学者田中诚二将海商法的独立性称为海商法的自主性,根据其观点,海商法的自主性和特殊性共同构成海商法的特性(particularisme, originalite, autonomia),其中,海商法的自主性是指海商法同民法及一般商法分属两个不同的法域,民法和一般商法的规定、原则并不适用于海商法;海商法的特殊性是指海商法同其他法域相比展现出的特色。同时,其进一步指出,海商法的自主性问题可细分为三部分加以研究,即实质上的自主性、形式上的自主性以及研究上的自主性。所谓实质上的自主性是指海商法的研究对象(所涉的法律关系)是否具备与其他法律一般法律关系相区别的自主性;形式上的自主性是指立法上是否应该将海商法同商法分不同的法典加以规定;研究上的自主性则是指海商法作为一项研究是否为独立于商法研究而存在的。[4]

---

〔1〕 参见司玉琢、胡正良、曹冲:《试论海法独立学科体系》,载《航海教育研究》1997年第1期。

〔2〕 参见郭瑜:《海商法的精神——中国的实践与理论》,北京大学出版社2005年版,第64~99页。

〔3〕 参见王世涛、汤喆峰:《论海商法之于民法的独立性》,载《中国海商法研究》2012年第3期。

〔4〕 参见[日]田中诚二:《海商法详论》(增补第三版),东京,劲草书房1985年版,第37~40页。

总体来说，对于海商法的独立性，虽有不少学者对此进行过论述，但真正深入系统的研究仍显匮乏。

(三)关于海商法综合性的研究

虽然将海商法视为民法的特别法是当前我国的主流观点，但国内也不乏关于海商法综合性的认识。郭瑜副教授认为海商法具有明显的综合性，作为一门古老的法律，海商法的构成具有相对的独立和完整性。它在体系上并不庞杂，但内容的组成未必与现代法律部门的划分完全吻合。如海商法主要是民商事规范，但也包括一些行政法、经济法的内容；主要是实体性规范，但也包括一些程序性规范；主要是任意性规范，但也包括相当多的强制性规范。[1] 相似地，刘安宁博士和关正义教授也认为海商法的一个重要特性是其法律制度的融合性和国际趋同性，认为海商法“是一部融民事法律规范、行政法律规范、诉讼程序法律规范于一体，含法律规范、专业技术规范为一体的法律，是对不同学科、不同国度的法律规定相对统一和集中”。[2]

而相比于国内，国外(尤其是英美法系国家)由于受学科划分的影响较小，他们对海商法范畴的认识都比较宽泛，并不将海商法局限在某一法律部门或学科中加以研究。例如，澳大利亚学者迈克尔·怀特(Michael White)所著的《澳大利亚海商法》[3]一书就分十七章对澳大利亚的海事管辖权、海事诉讼程序、租船合同、海上货物运输、乘客运输、海上保险及共同海损、船舶所有权及登记和安全、航行安全、海事劳动法、船舶碰撞及调查、海难救助及海底文化

[1] 参见郭瑜：《海商法教程》，北京大学出版社2012年版，第5~6页。

[2] 刘安宁、关正义：《试论海商法的特性及其法理定位》，载《社会科学辑刊》2009年第6期。

[3] See Michael White, *Australian Maritime Law* (Third Edition), Sydney, The Federation Press, 2014.

遗产、拖航、引航、海事赔偿责任限制、船舶和离岸平台造成的海洋环境污染、刑事管辖权和海盗及捕获等与海上运输有关的各项制度进行了详细的阐述。在美国,学者对于海商法的认识也不局限于民法特别法的范畴,如美国学者罗伯特·福斯(Robert Force)编纂的《海商法》[1]教材和托马斯·勋鲍(Thomas J. Schoenbaum)所著的《海商法》[2]都涉及了海事管辖权、海上人身伤亡、主权豁免及海事诉讼程序这些通常我们认为不属于狭义海商法范畴的内容。类似地,英国学者对海商法的认识也较为宽泛,除我们通常所指的狭义海商法的内容外,还包括海事管辖与诉讼程序,船舶买卖、建造、登记以及船舶安全管理方面的内容。[3] 因此,相比于国内,国外(尤其是英美法系国家)学者对于海商法综合性的认识更为广泛。

---

[1] See Robert Force, *Admiralty and Maritime Law* (Second Edition), Washington, Federal Judicial Center, 2013.

[2] See Thomas J. Schoenbaum, *Admiralty and Maritime Law* (Fourth Edition), Eagan, West Publishing, 2004.

[3] See Yvonne Baatz, *Maritime Law* (Second Edition), London, Sweet & Maxwell, 2011. Christopher Hill, *Maritime Law*, London, LLP, 2003.

第二章　海商法自体性在历史演进中的具体表现

在界定本书相关概念的基础上,本章将通过对海商法自体性具体表现的阐述,具体解释何谓海商法的自体性以及海商法自体性的历史和当前形态。本章可视为对海商法自体性存在的证成以及对海商法自体性内涵的具体阐述。

第一节　海商法自体性形成时期的历史考察

在阐述海商法自体性在不同时期的具体表现之前,有必要首先研究的一个问题是海商法自体性形成于何时,这是确定我们在哪一时间范围内研究海商法自体性具体表现的前提。

一、海商法自体性的早期萌芽

海商法是一门具有悠久历史的法律。根据当前对海商法渊源的考证,与海商有关的立法内容最早可追溯到约公元前 20 世纪的

《苏美尔法典》,[1]并在此后的《汉穆拉比法典》(约公元前1780年)中有了进一步的发展。[2] 这些法律规定被视为海商法的早期萌芽。但海商法的规定在这一时期只是综合性法律文本中的一小部分,海商法无论从概念还是法律文本上都未独立,其规范的数量和调整范围也不足以支撑其形成一个自给自足的体系,因此海商法的自体性在这一时期尚未产生。

海商法自体性比较确定的萌芽应是罗得人对地中海的统治时期。自公元前3世纪腓尼基人在地中海的统治开始衰落之后,[3]希腊人逐渐获得在地中海的统治地位。其中,罗得岛依靠其优越的地理位置成为爱琴海最主要的海上贸易中心,罗得岛人也由此被称为当时"海洋的主人"。[4] 而伴随着贸易和军事上的统治力,普遍的说法是罗得人制定了一部通行于当时地中海地区的海商法——罗得海法(Rhodian Sea-law 或 Rhodian Law)。不过关于这部海法(海商法),当前学界存在两个争议:一是其是否在历史上客观存在;二是其确切的出现时间。对于前一个争议,有学者认为能够证明这部罗得海法存在的历史证据仅是查士丁尼时期编纂的《学说汇纂》

---

[1] 在这个总共只有9条的法典中,其第3条是有关海商的规定:"不依照指定的航线行驶而使船只失事者,除船价本身外,应对船主人按……计算租船之费。"参见林志纯:《世界通史资料选辑·上古部分》,商务印书馆1962年版,第45页。

[2] 该法典在第234条至第240条以及第275条至第277条涉及了有关海事立法的内容。其中,第234条至第240条规定了有关船舶建造、船舶租赁、沉船时的责任分配、船舶碰撞时的责任分配、雇用海员应付工资等问题;第275条至第277条规定了不同船舶租赁的价格问题。See Admiralty & Maritime Law Guide, "Hammurabi's Code of Laws (circa 1780 B. C.)", http://www.admiraltylawguide.com/documents/hammurabi.html., December 18, 2018.

[3] 腓尼基人统治衰落的标志是腓尼基南部的奴隶制城邦推罗(Tyre)于公元前332年被亚历山大大帝占领,并继而至公元前323年,原来受其统治的叙利亚、埃及、波斯以及爱琴海一带都落入了希腊人的手中。See Hassan S. Khalilieh, *Admiralty and Maritime Laws in the Mediterranean Sea* (*ca.* 800–1050), Leiden, Koninklijke Brill NV, 2006, pp. 3–4.

[4] 参见[美]约翰·H.威格摩尔:《世界法系概览》(下册),何勤华等译,上海人民出版社2004年版,第751页。

(Digesta)中有两处提及罗得海法,[1]而这显然并不充分。[2] 但更多的学者主张这部罗得海法在历史上客观出现过,代表性的观点认为罗马人本身没有海商法的传统,因为最早的罗马法典——《十二铜表法》(约公元前450年)中并没有任何与海商有关的规定,因此《学说汇纂》中有关罗得海法的记载具有足够的说服力证明罗得海法的存在。[3] 对此,本书采主流观点,认为在没有证据证明《学说汇纂》中的罗得海法另有所指的情况下,罗得人创造了这部海法的观点应当可取。而对于后一个争议,不少学者认为罗得海法产生于公元前9世纪左右,如加拿大的威廉姆·台特雷教授(William Tetley)[4],美国的格兰特·吉尔摩尔(Grant Gilmore)和查尔斯·布雷克(Charles L. Black)教授[5],《布莱克法律词典》(Black's Law Dictionary)的编者[6],《元照英美法词典》的编者[7]等;而另一部分的观点则认为罗得海法产生于公元前3世纪左右,如美国的哈罗德·J.伯尔曼教授(Harold J. Berman)[8],美国的弗雷德里克·罗

---

〔1〕 这两处都在《学说汇纂》第14章第2节中,分别是:(1)D.14,2,1 保罗:《论判决》第2编,罗得海法规定:为减轻船的重量而抛弃货物,是为了大家的利益进行的,所遭受的损失必须由全体分摊;(2)D.14,2,9 瓦鲁西努斯·迈斯纳图斯:《关于罗得法》,尼科米底亚的艾夫泽蒙到安东尼皇帝那里告状:"安东尼皇帝陛下,我们的船舶在伊卡里亚岛失事,遭到了居住在基克拉迪岛的农夫们的抢劫。"安东尼答复艾夫泽蒙如下:"诚然,我是陆地上的君王,但法乃海上之王。如果没有相反的规定,与海事有关的问题应根据《罗得海法》做出裁决。"神圣的奥古斯都建立了相同的规则。上述两段译文来自王小波:《〈罗得海商法〉研究》,中国政法大学出版社2011年版,第221、225页。

〔2〕 See Robert D. Benedict, "The Historical Position of the Rhodian Law", 18 *Yale. L. J.* 233, 1909, pp. 223-242.

〔3〕 See Lobingier, "The Maritime Law of Rome", *Juridical review* 47, 1935, pp. 6-8.

〔4〕 See William Tetley, *International Maritime and Admiralty Law*, Quebec, Editions Yvon Blais lnc., 2002, p. 10.

〔5〕 See Grant Gilmore, Charles L. Black, *The Law of Admiralty*, Brooklyn, The Foundation Press, 1975, p. 3.

〔6〕 See Brayan A Garner, *Black's Law Dictionary*, New York, Thomson Reuter, 2014, p. 1516.

〔7〕 参见薛波:《元照英美法词典》,法律出版社2003年版,第1199页。

〔8〕 参见[美]哈罗德·J.伯尔曼:《法律与革命——西方法律传统的形成》,贺卫方等译,法律出版社2008年版,第333页。

克韦尔·赛博教授(Frederic Rockwell Sanborn)[1],中国的王小波副教授[2]等。对此,本书持保留态度,因为就当前所能搜集到的资料来看,并没有足够的、具有说服力的历史证据来支持或者否定其中的一种观点。

虽然对于罗得海法的具体产生时间有争议,其文本也没能完整地保留下来,但罗得海法所具有的影响力却毋庸置疑。"罗得海法不仅被雅典城和所有爱琴海各岛屿接受,而且被整个地中海沿岸国家采纳","不仅在相当长的一段时间内调整该地区的海上贸易,而且为以后所有的海事立法奠定了基础"。[3]"罗得海法的原件并没有保留下来,但其后1000年的所有海事法均称为罗得海法",[4]甚至此后拜占庭时期所汇编的海商法为增加其权威性也取名为《罗得海法》。[5]

而对于海商法的自体性来讲,罗得海法的意义同样深远。罗得海法的出现意味着有关海上运输的法律制度开始从其他法律中脱离出来形成一个独立、自主的领域。罗得海法不仅使海法的概念登上历史舞台,从而为此后海商法等概念的发展奠定了基础,而且其在形式上所具有的独立性(不再只是综合性法律文本中一部分,自己构成一部法律)使有关海上运输的法律制度得以作为一个整体获得相对独立的发展。从这个角度来说,罗得海法的出现及其具有的

---

[1] See Frederic Rockwell Sanborn, *Origins of the Early English Maritime and Commercial Law*, New York, The Century Co., 1930, p. 5.

[2] 参见王小波:《〈罗得海商法〉研究》,中国政法大学出版社2011年版,第31页。

[3] 王小波:《〈罗得海商法〉研究》,中国政法大学出版社2011年版,第31页。

[4] [美]约翰·H.威格摩尔:《世界法系概览》(下册),何勤华等译,上海人民出版社2004年版,第751~752页。

[5] See Thomas J. Schoenbaum, *Admiralty and Maritime Law (Practitioner Treatise Series)*, Vol. 1, Eagan, West Group Publishing, 2005, p. 6. 需要说明的是,此《罗得海法》是指公元8世纪左右于拜占庭帝国形成的一部海商法(见下文论述),由于该法的文本得以保留,因此本文对其加书名号以区别于罗得人汇编的,其文本未能保留下来的罗得海法。

广泛影响力彰显着海商法自体性的萌芽。

二、海商法自体性在中世纪的形成

如果说罗得人统治地中海的时期是海商法自体性的萌芽时期,那么中世纪则是海商法自体性形成的时期。与一般通史一样,法律史上的中世纪也是指公元 476 年西罗马帝国灭亡到公元 1453 年拜占庭或者东罗马帝国灭亡的这段时间。[1] 传统上认为中世纪是欧洲文明史上发展比较缓慢,甚至是停滞、倒退的时期,但是随着以反中世纪著称的文艺复兴和启蒙运动的过去以及历史主义思潮的产生,全面否定中世纪的认识不再成为主流,人们开始对中世纪进行客观的评价,“在现代历史学的视野中,长达千余年之久的中世纪已不再是欧洲历史上的一场可怕的梦魇”;[2]“中世纪并不是一个与现代完全割裂的时代,也不是启蒙思想家和浪漫主义者所宣称的‘蒙昧时代’,而是与现代紧密相关的历史延长段”。[3] 中世纪所取得的成就也越来越多地受到人们的肯定。

就海商法而言,中世纪是海商法取得关键发展的时期,海商法的自体性也在这一时期得以形成。在中世纪海商法自体性的形成历程中,首先进入我们视线的是拜占庭帝国的《罗得海法》。[4] 根据学者的推测,《罗得海法》的形成年代应该是在公元 8 世纪左右,最有可能是在苏伊里亚王朝皇帝利奥三世执政时期(公元 717~

---

〔1〕 See David M. Walker, *The Oxford Companion to Law*, Oxford, Clarendon Press, 1980, p. 819.

〔2〕 田薇:《关于中世纪的“误解”和“正名”》,载《清华大学学报》(哲学社会科学版)2001 年第 4 期。

〔3〕 王云龙:《西方学术界关于“New Medievalism”的三个论域》,载《北方论丛》2007 年第 5 期。

〔4〕 需要说明的是,这部《罗得海法》不是对罗得人制定的罗得海法的整理或翻版,而是拜占庭帝国自行制定颁布的一部法律。

741 年)。[1]《罗得海法》吸收了罗马法的理念,在人法、物法和债法这三个领域对当时有关海上运输的习惯法进行了汇编,内容包含船上工作人员的薪酬与职责、乘客与货主的权利义务、海盗问题等有关海上活动主体的规定;船舶运费、船舶股份、船舶装具、船舶适航、船舶定金、船舶租赁、船舶损坏、船舶失踪、船舶灭失、船舶所有权等与船舶有关的规定;谷物、葡萄酒、油料、丝绸、珍珠、麻布、金币、银币、奴隶、货物所有权等与货物有关的规定;以及海运借款、船舶租赁、海事合伙等有关债的规定。虽然目前发现的《罗得海法》在形式上都是作为当时官方颁布的法律文件——《埃克洛加》(Ecloga)的附录之一存在的,[2]但在内容上,《罗得海法》不仅已经完全独立于其他法典,而且涵盖当时海上运输活动的各个方面,非常全面。可以说,《罗得海法》已经完全彰显海商法自成一体的特性。

在《罗得海法》之后,海商法伴随着欧洲商业的发展进入了快速发展的时期,海商法的自体性也在这一过程中进一步巩固。十字军东征和殖民运动打通了东西方的商路,大大促进了远距离海上贸易和陆上贸易的发展。[3]"不会晚于 11 世纪,商业开始复兴,城市兴建和发展起来,经济专业化也进入兴盛时期。"[4]而"哪里有贸

---

〔1〕 参见王小波:《〈罗得海商法〉研究》,中国政法大学出版社 2011 年版,第 50~52 页。

〔2〕《埃克洛加》是拜占庭帝国伊苏里亚王朝皇帝利奥三世(Leo Ⅲ,717~741 年)和他的儿子君士坦丁五世(Constantine V,741~775 年)主持编纂而成的一部法律。该法是根据当时拜占庭帝国的国情对查士丁尼法典和古罗马历代律令及民间习惯法的简缩、编译和补充。作为拜占庭历史上一部非常重要的官方法典,《埃克洛加》的正文用不同的主题列出了当时最重要的法律规则,其中大部分主题用来探讨民法,涉及婚礼、订婚、嫁妆,遗嘱和无遗嘱死亡的财产问题,还涉及监护、奴隶的释放,作证、各种与买卖、租赁有关的责任义务等。最后一个主题则包括了起源于习惯的、关于军事征伐的战利品在国库与士兵间分配的条例。除《罗得海法》外,另外一起作为附录的还有旨在解决拜占庭帝国农村民事纠纷的《农业法》以及旨在整肃拜占庭帝国军队纪律的《士兵法》。参见王小波:《〈罗得海商法〉研究》,中国政法大学出版社 2011 年版,第 124~132 页。

〔3〕 参见朱慈蕴、毛健铭:《商法探源——论中世纪的商人法》,载《法制与社会发展》2003 年第 4 期。

〔4〕 [美]道格拉斯·诺斯、罗伯斯·托马斯:《西方世界的兴起》,厉以平、蔡磊译,华夏出版社 2009 年版,第 39 页。

易，哪里就有法律”，[1]海上贸易的迅速发展也带来了海商法的大踏步发展。自11世纪末期开始，中世纪的欧洲出现了数个具有历史影响力的海商法。这些海商法从早期意大利的《阿玛菲表》(Table of Amalfi，公元1010年)[2]和《特拉尼法令》(Ordinances of Trani，公元1063年)[3]，到此后西班牙地区的《巴塞罗海商法典》(The Barcelona Maritime Code，公元1258年)[4]，再到后来被称为

---

〔1〕［法］孟德斯鸠：《论法的精神》（下），张雁深译，商务印书馆1997年版，第14页。

〔2〕阿玛菲是意大利早期除威尼斯之外海上贸易最先得到发展的港口城市之一，而《阿玛菲表》就是对当时阿玛菲地区海商习惯的汇编。《阿玛菲表》共66条，使用拉丁语（21条）和意大利语（45条）两种语言，对有关协议和船员工资（engagement and wages of sailors）、船员的非法行为（barratry of the seamen）、船舶的共有和科洛那（joint ownership of vessels and the columna comunis，其中克洛那是指由参与船舶海上冒险的商人共同建立的一个基金）、船舶间的合作（consort between a number of vessels）、船长的权力和职责（powers and duties of master）、船舶负担的优先权（privileges which encumber the vessel）、运输合同的执行（execution of the contract of affreightment）以及弃货和共同海损分摊（jettison and the division of contribution）等方面的规定。（See Frederic Rockwell Sanborn, *Origins of the Early English Maritime and Commercial Law*, New York, The Century Co., 1930, p. 53.）《阿玛菲表》在意大利南部地区具有广泛的影响力，甚至在1570年时仍有人称赞《阿玛菲表》是裁决所有海商事务的依据，它超越了《罗得海法》，是他那个时代最具权威性的海商法。（See M. D. A. Azuni, *The Maritime Law of Europe*, Vol I, Translated from the French, I. New York, Riley & Co., 1806, p. 376.）

〔3〕特拉尼是11世纪意大利亚德里亚海岸上海上贸易最为发达的城市之一，而《特拉尼法令》则是对当时亚德里亚地区海商习惯和判决的编纂。《特拉尼法令》原文是用意大利语编纂的，共计32条，内容涉及共同海损、船员的权利和义务、船长职能、货主支付运费的义务等。（参见该法令的英文翻译 Admiralty & Maritime Law Guide, “Maritime Ordinances of Trani (1063 A. D.)”, http://www.admiraltylawguide.com/documents/trani.html., January 30, 2019.）

〔4〕《巴塞罗海商法典》是由当时阿拉贡（Aragon）国王詹姆斯（James）颁行于巴塞罗那的一部海商法。《巴塞罗海商法典》共21条，对有关船员管理、船员待遇、船员配备、船舶属具配备、载货方式、船舶遇难以及随船人员的权利等问题作出了细致的规定。（参见该法典的英文翻译 Admiralty & Maritime Law Guide, “James I of Aragon: The Barcelona Maritime Code of 1258, historical documents”, http://www.admiraltylawguide.com/documents/barcelona1258.html., January 30, 2019.）有学者认为这是阿拉贡王国“现代海商法的真正起点”。（See Travers Twiss, *The Black Book of the Admiralty (Vol. II)*, London, Longman & Co., Patternoster Row, Trubner & Co., Ludgate Hill, 1876, pp. lxvi-lxvii.）

中世纪三大海商法（海法）的《康梭拉多海法》（13 世纪中期）[1]、《奥列隆惯例集》（约公元 1266 年）[2]、《维斯比海法》（15 世纪下半叶）[3]，都标志着海商法的不断发展。[4] 而海商法的自体性也伴

---

〔1〕《康梭拉多海法》是对地中海地区海上贸易法规、皇家公告、城市议员法令的汇编。其具体内容由三部分组成：一是由阿拉贡国王颁发的用于指导海洋领事法院审判程序的一部法典（第 1~43 条）；二是古代海商习惯的汇编（第 46~297 条）；三是关于海上私掠（privateering）、海盗（Piracy）等公法方面的规定（第 298~334 条）。《康梭拉多海法》，尤其是其第二部分古代海上习惯的汇编，在当时的地中海地区具有深远的影响力，有学者甚至将其称为当时地中海的海洋共同法（the common law of sea）。See Gormley, W. Paul, "Development of the Rhodian-Roman Maritime Law to 1681, with Special Emphasis on the Problem of Collision", 2 *Inter-Am L Rev* 320, 1961, p. 333.

〔2〕奥列隆是靠近法国大西洋海岸的一个小岛，是当时重要的商业和贸易中心，不过让奥列隆岛负有盛名的是以该岛命名的海商法。《奥列隆惯例集》是西北欧地区的第一部海商法，其早期版本包含 24 个条文，后期也有 35 个、47 个以及 56 个条文的版本，内容涉及船长、船员的义务和职能，共同海损的分担，海上救助行为，管货过失责任，船舶碰撞责任的划分，遇难船舶的认定，引航过程中的过失责任，渔船中的合伙分配问题等。《奥列隆惯例集》被视为欧洲所有海商法的基础，特别是邻近大西洋和北海的很多国家都采用了这部海商法，使之成为当时北海和大西洋地区的海商普通法（maritime common law），而英美两国的普通法院也将其视为权威。See Gormley, W. Paul, "Development of the Rhodian-Roman Maritime Law to 1681, with Special Emphasis on the Problem of Collision", 2 *Inter-Am L Rev* 320, 1961, p. 334. Frederic Rockwell Sanborn, *Origins of the Early English Maritime and Commercial Law*, The Century Co., 1930, p. 67.

〔3〕维斯比是中世纪哥特兰诸岛中最有影响力的城镇。凭借着肥沃的土壤和优越的港口条件，维斯比成为当时欧洲著名的商贸中心。不过根据学者的考证，《维斯比海法》并非来源维斯比或者歌特兰，而是来自其他地方：其中前 14 个条文来自波罗的海，第 15 条至第 39 条来自《奥列隆惯例集》，而最后 27 条则来自荷兰。（See Frederic Rockwell Sanborn, *Origins of the Early English Maritime and Commercial Law*, New York, The Century Co., 1930, p. 76. Travers Twiss, *The Black Book of the Admiralty* (*Vol. IV*), London, Longman & Co., Patternoster Row, Trubner & Co., Ludgate Hill, 1876, pp. xxvii, lxxiv.）《维斯比海法》共 66 条，对有关船长的权力、船员雇用和管理、运费的支付与货物管理、船舶引航与船舶碰撞等内容进行了较为详细规定。《维斯比海法》延续了古代和中世纪大西洋和北海、波罗的海的海商法规则，受到这两个区域商人和船员们的认可，认为其所确立的规则不仅便利而且值得信任。（See Travers Twiss, *The Black Book of the Admiralty* (*Vol. IV*), London, Longman & Co., Patternoster Row, Trubner & Co., Ludgate Hill, 1876, p. lxxxvi.）

〔4〕当然，中世纪出现的海商法不止上述所列，本文只是选取其中最重要、最具代表意义的几个。

随着海商法在这一历史时期的发展而越发明显。首先,海商法无论从存在形式还是文本内容上都已经独立于其他法律,其作为调整海上贸易和运输(当时很大程度仍属于商航一体的时代)的法律规范已经发展成当时商人法一个重要的、独立的分支,海商法的重要性和地位获得空前重视。其次,这一时期的海商法多是民间对商人习惯法的汇编,商人社会对海商法规则的制定和发展具有决定性的作用,海商法也在商人习惯的控制下体现出了自主生成,自主发展的性质,从而决定了海商法在生成路径上的独特性,进而成就了海商法在制度渊源和内容上的独立性、特殊性。

因此,结合海商法在中世纪所呈现的客观形态,可以说,中世纪是海商法自体性完全形成的历史时期。鉴于此,下文对海商法自体性具体表现的论述也将从中世纪这一历史时期开始。

第二节　海商法自体性的中世纪表现

中世纪不仅是海商法自体性完全形成的历史时期,而且是海商法自体性得到充分彰显的时期。在这一历史阶段,海商法作为一个特殊、独立、自足的法律领域得到了充分而全面的体现。

一、海商法外部独立性在中世纪的表现

海商法自体性在中世纪的表现首先可以从其外部独立性上加以阐述。在中世纪的语境下,海商法的外部独立性是指海商法在当时欧洲(尤其是西欧地区)多元法律共存的环境下所具有的不同于其他法律制度的地位。这种外部独立性进一步又表现在两个层面:一是海商法作为商人法的一个重要分支,独立于中世纪的教会法和其他世俗法;二是在商人法内部,海商法跟陆上商法亦具有显著的

独立性。

具体来讲，第一个层面的独立性，即商人法是中世纪随着商人阶层的崛起而诞生的一种新的、独立的法律体系。根据学者的研究，与中国秦汉以来法制一统的局面大相径庭，中世纪西欧社会的法律体系呈现出复杂而多元的情形。从整体来看，中世纪的法律可分为教会法和世俗法两大类。其中，教会法是一套主要以教阶制度为主并辅以相关财产、债权、婚姻、家庭、继承、刑事、司法程序等制度的法律。[1] 世俗法则是指中世纪的非宗教法律，具体又由封建法、庄园法、商人法、王室法等不同的成分构成。[2] 对于某一纠纷具体应适用何种法律，取决于纠纷的性质、发生场所、当事人身份及其与各种法律的关系。[3] 就商人法而言，其是一套为适应中世纪日益兴起的商事活动的特殊需求而由商人自己创造、推动的，只适用于商人阶层的，自给自足的法律体系，在制度的形成方式、适用对象、价值取向等方面都具有不同于其他法律的特点。就第二个层面的独立性，即，虽然陆上贸易和海上贸易在中世纪都得到了长足的发展，海商法与陆上商法在发展路径、价值取向等各方面也都具有大体的一致性，但两者由于适用空间以及面临风险的不同，仍体现出显著的差异，从而导致中世纪的商人法又可以分成海商法和陆上商法两个分支。正如学者所总结的，商法从一开始就表现出两条不同的发展道路，一条是罗马法的排斥商法的简单商品生产完善法的

---

〔1〕 教会法早期只对神职人员和教徒具有约束力，不过此后随着教会权力的扩大，其也对世俗居民具有强制性，尤其是在婚姻、家庭和继承方面，教会法的某些原则和规定是西欧各国立法的重要渊源。参见林榕年等：《外国法制史》，中国人民大学出版社 2012 年版，第 81~82 页。

〔2〕 其中，封建法是指调整领主——封臣关系以及和依附性土地占有权相关联的权利义务关系的法律；庄园法是指调整领主与农民关系和农业生产关系的法律；王室法是指各国王室所颁布的，在王国境内普遍适用的世俗法。

〔3〕 参见何勤华主编：《中世纪欧洲世俗法》（法律文明史第 6 卷），商务印书馆 2014 年版，第 3 页。

道路;另一条是希腊及其他海港城市通过交易实践自主发展的道路。前者以陆商法为主,后者以海商法为主。[1] 对于海商法跟陆上商法之间的这种独立性,最好的证据便是此后各国在将商人法吸收转化为国内法的过程中,普遍采取将两者分别编纂的方式。例如,法国在对中世纪商人法的汇编过程中就形成了 1673 年《商事敕令》和 1681 年《海事敕令》的两分体系:《商事敕令》主要汇编了有关商业合伙、期票、破产以及商业周转中所产生的其他关系的习惯法,《海事敕令》则汇编了有关海事裁判所的官吏及其管辖,同海上活动相关的人员与船舶,海事合同,港口、沿岸、投锚地及海岸的治安,海上渔业方面的法律。在何勤华教授主编的《中世纪欧洲世俗法》一书中,也将"商法"这一章(第五章)的主体内容拆分成"中世纪欧洲陆上商法"和"中世纪欧洲海商法"两部分。因此,中世纪的海商法与陆上商法相比也具有显著的独立性。

进一步而言,中世纪海商法的外部独立性具体又可以从法律文本的独立性、法律规范的特殊性以及海事司法的独立性三方面加以详述。

(一)法律文本的独立性

早期海商法的外部独立性首先表现为其法律文本的独立性,即海商法在当时已经具有独立的表现形式,是以独立成典的形式存在的。如前所述,海商法在文本形式上的独立性最早可以追溯到《罗得海法》。虽然《罗得海法》一般作为法典《埃克洛加》的附录存在,但其在内容上已经完全独立。之所以将《罗得海法》作为附录纳入《埃克洛加》,只是拜占庭帝国官方为了发展海上贸易,保持其在地中海的商业地位而刻意进行的安排,目的是借助在拜占庭帝国和

---

[1] 参见徐学鹿:《创新是商法的宝贵品格——析从"民商法"到现代商法的演进》,载徐学鹿主编:《商法研究》(第 1 辑),人民法院出版社 2000 年版,第 6~7 页。转引自王瑞:《商法本质的变迁》,载《政法论坛》2002 年第 6 期。

众多东正教国家具有广泛权威的《埃克洛加》对在性质上仍属于民间习惯法汇编的《罗得海法》进行宣传和推广，加速其传播。[1] 而在《罗得海法》之后，中世纪出现的众多海商法——无论是较为早期的《阿玛菲表》《特拉尼法令》《巴塞罗海商法典》，还是稍后被称为中世纪三大海商法（海法）的《康梭拉多海法》《奥列隆惯例集》《维斯比海法》，都是形式独立的法典。

法律文本上的独立性是海商法在中世纪独立于教会法以及其他世俗法发展的重要体现。这种表现形式上的独立性不仅使中世纪的海商法成为能够脱离其他法律束缚，按照海商实践需求独立发展的自治领域，而且这种传统也为此后海商法仍能在不断变革的法律体系中占据相对独立的位置奠定了基础。

（二）法律规范的特殊性

中世纪海商法的外部独立性其次表现为其法律规范的特殊性，即海商法具有不同于其他法律的制度特性。海商法以被称为"海上冒险"的海上运输活动为调整对象，而海上运输活动所特有的风险和价值取向使依此而生的海商法制度或是海商法领域特有的，或是相较于其他法律领域具有鲜明的特色。具体而言，为鼓励商人开展海上运输和海上贸易，分散和降低海上风险，中世纪海商法中已经广泛形成以下特有的制度：（1）共同海损。共同海损是海商法中最为古老也最富特色的制度之一，虽然当时仍无共同海损这一概念，[2] 但其作为一项旨在通过分摊为共同安全做出的牺牲而达到分散海上风险目的的制度却几乎为所有中世纪海商法所认

---

[1] 参见王小波：《〈罗得海商法〉研究》，中国政法大学出版社 2011 年版，第 133 页。

[2] 有关共同海损的概念的定义直到 1556 年法国鲁昂地区的《海上指南》中才出现，但当时使用的是"common or gross average"而非"general average"的表述。See Richard Cornah, *The Law of General Average and The York-Antwerp Rules*, London, Sweet & Maxwell, 2013, p. 7.

可——例如《罗得海法》中有关共同海损的条文就多达15个。[1] (2)海难救助。海难救助是海商法中为鼓励积极救助遇险船舶和货物而衍生出来的一种制度，旨在通过对救助报酬的特别设计达到鼓励海上救助行为的目的，为高风险的海上航行提供更多保障。而从中世纪海商法有关海难救助的规定来看，救助报酬已和被救助物的价值相联系，体现了海难救助中独具特色的“无效果，无报酬”(no cure no pay)精神。[2] (3)船货抵押借款。船货抵押借款制度是早期船东或者货主在出海航行之前为船舶的建造、修理、供给以及货物的采购等筹措资金的重要方式，兼具现代意义上融资和保险的功能。[3] 船货抵押借款制度是海商法中特有的制度，其与海上风险密切相关，《罗得海法》甚至规定不允许签订用无风险的陆地上的财产来偿还船货抵押借款协议。[4] 同时，由于船货抵押借款相较于其他借款风险较大，其被允许的法定利率通常也高于其他一般借款。(4)船长、船员的权利义务。中世纪从事海上运输的船舶一旦离开港口，就成了一个与外界相对独立的小社会，因此海商法必须对船长、船员的职责进行不同于陆上职业的规定以保障海上航行的安全。其中，船长被赋予较为广泛的职责，甚至具有一定的公权

---

〔1〕 分别为第28、29、46、48、49、50、51、52、54、56、57、58、59、60、62、63条。参见王小波：《〈罗得海商法〉研究》，中国政法大学出版社2011年版，第214~219页。

〔2〕 例如《罗得海法》第66条规定：如果金币、银币或任何其他东西从8英寻深的海里捞起，救助者获得被救助物价值1/3的报酬。如果是从15英寻深的海里捞起，因为深海的危险，救助者获得被救助物价值1/2的报酬。物品被从海里扔到陆地上，在视野范围内或放到地上不超过1腕尺的距离，救助者获得被救助物价值1/10的报酬。参见王小波：《〈罗得海商法〉研究》，中国政法大学出版社2011年版，第220页。

〔3〕 船货抵押借款制度被广泛认为是海上保险制度的起源，因为在船货抵押借款的制度安排下，船货灭失的风险很大程度上从船东和货主的身上转移到了放款人身上，构成现代海上保险的逆形态，即放款人预付保险赔偿金(船货抵押借款的本金)，借款人事后支付保险费(船货抵押借款的利息)。参见初北平、曹兴国：《海上保险及其立法起源考》，载《中国海商法研究》2013年第4期。

〔4〕 参见《罗得海法》第17条的规定，作为对比，该条后半部分规定如果是与田地或山地有关的借款，则可以签订以无风险的陆上财产为偿还抵押物的契约。

力,如《汉萨城市航运条例》第30条规定:“如果一名水手杀了人,船长应当将他逮捕并囚禁起来;等到顺利返航之后,船长应当将该名水手送交法院,让其接受其应得的惩罚。”[1]这可以认为是一直延续至今的船长警察权的早期原型。(5)海事赔偿责任限制制度。海事赔偿责任限制制度同样是海事领域为平衡当时海上运输的高风险,鼓励商人从事海上运输活动而设立的一项特殊制度。有学者认为早在11世纪末的《阿玛菲表》中就已有对船舶所有人责任限制的规定,该法典被认为是现存的关于船舶所有人责任限制的最早立法。[2] 而在此后的《康梭拉多海法》中,其第30条也明确规定,船舶所有人或承租人应以其所收运费为限支付抛货所造成的损失,包括救起来的货物(可能是救助费)和灭失了的货物。这实际上也体现了对船舶所有人的责任限制理念。

以上述特有的制度为代表,中世纪的海商法是在海事商人推动下基于海上运输的客观需要而产生的一套极具特色的制度。这些海商法中特有的或者明显区别于其他法律的制度构成海商法独立于其他法律的核心,是海商法外部独立性的基础。

(三)海事司法的独立性

中世纪海商法的外部独立性最后还表现在海事纠纷解决方式的独立性上,即中世纪的海事案件通常由商人法庭,甚至是专门的海事法庭审理,从而确保和推动了海商法制度的独立性。海事司法的独立源自商人法庭的出现。中世纪西欧的商事法庭各式各样且名称不一,常见的如市场法庭、集市法庭、商人行会法院、商人领事法院、海事法庭等。其中,海事法院发端于11世纪,与中世纪海商

[1] 何勤华主编:《中世纪欧洲世俗法》(法律文明史第6卷),商务印书馆2014年版,第673页。

[2] See James J. Donovan, “The Origins and Development of Limitation of Shipowners' Liability”, 53 *Tul. L. Rev.* 999, 1979, p. 1000.

法的发展几乎同步。[1] 到那时为止,海事法院还是海商法历史上的一项新发明。罗马人有他们自己的海商法规则,但没有海事法院。希腊人有过海事裁判官,但似乎并没有单独的海事法院。[2] 而在中世纪所有的海事法庭中,比萨海事法庭(Pisan Curia Maris)是中世纪海事法庭中最为古老和最为重要的,其是后来所有海事法庭直接或间接的"母本",包括阿拉贡王国诸如巴塞罗那海洋领事法庭在内那些著名的海事法庭。[3] 比萨海事法庭对海事案件的专属管辖权是比萨海商行会(the Pisan Maritime Gild)权力的发展结果,至 14 世纪中期,这一法庭已经对包括与海上贸易有关的运输与交付、借贷和商业票据以及利润、损失、海损和船员工资等问题在内的海事案件拥有广泛的管辖权。[4] 不过需要注意的是,中世纪商人法庭之间的管辖权并不是完全独立的,有时存在交叉,因此对海事案件来说,其既有可能在专门的海事法庭审理,也有可能在其他商事法庭审理。

包括海事法庭在内的商事法庭的出现源自贸易发展过程中的实践需求。在中世纪集市贸易开展初期,由于设立集市是封建领主的特权,因而在集市贸易过程中产生的纠纷最初也由领主法庭管辖。但领主法庭对具有显著跨地域性的商业活动并不能提供公平有效的司法救济,例如,在管辖上,"领主法庭通常不设在集市,甚至

---

〔1〕 例如,根据学者的考察,英格兰地区的一些港口城市就已开始设立适用海商法和商人法的特别法庭。其中最为著名的就是由黑斯廷斯(Hastings)、罗姆尼(Romney)、希斯(Hythe)、多佛(Dover)和桑威奇(Sandwich)组成的五港同盟(the Cinque Ports)的地方法院,其所享有的特权可能是英格兰最为古老的地方海事管辖权。

〔2〕 荚振坤:《中世纪欧洲海商法研究(11 至 15 世纪)》,华东政法大学 2013 年博士学位论文,第 177 页。

〔3〕 See Frederic Rockwell Sanborn, *Origins of the Early English Maritime and Commercial Law*, New York, The Century Co., 1930, pp. 86-87.

〔4〕 See William Mitchell, *An Essay on the Early History of the Law Merchant*, Cambridge, Cambridge University, 1904, p. 46.

可能远离集市，商人们为了到领主法庭进行诉讼往往还要长途跋涉"；[1]在司法程序上，"司法程序中僵硬的和传统的形式主义，延误时日、和裁判决斗一样原始的证明方法，免诉宣誓的流弊，全凭偶然性判决的'审议裁判'等对商人来说是无休止的折磨"；[2]另外在实体规则的适用上，领主法庭"仍使用神判法、司法决斗，其法官是从农村居民中选拔出来的，这种法律主要是处理以耕种土地或以土地所有权为生的人们的关系的，不能适应以工商业为生计的人们"。[3] 鉴于领主法庭对商事案件审理的上述不适应性，商人阶层在与封建领主的斗争中发展了符合商人需求的司法体系——商人法庭（courts of the law merchant）。商人法庭与传统的领主法庭截然不同。在商人法庭中，审判人员、适用的法律以及审理程序都是按照商人的价值来选择和塑造的。其中，在商事法庭中进行裁判的人通常是商人，他们拥有丰富的商业经验，熟悉商业事务和商业习惯，能够根据不断变动的商业需要，作出符合商业现实的决定。[4]在适用的法律上，商人法庭依据体现商人需求的商人习惯法，从而在司法层面保障商人法的初衷得以实现。可以说，商人法正是主要通过商人法庭的适用才逐渐得到社会各界的普遍承认，并成为具有"准"法律约束力的社会行为规则。[5] 另外在审判程序上，商人法庭也极力推崇简捷、快速、灵活的程序，不仅专业法律家被排除在审理程序之外，而且专门的法律争论也引起反感。例如当时一个有代

---

[1] [比]亨利·皮雷纳：《中世纪的城市：经济和社会史评论》，陈国樑译，商务印书馆 2006 年版，第 103 页。

[2] [比]亨利·皮雷纳：《中世纪的城市：经济和社会史评论》，陈国樑译，商务印书馆 2006 年版，第 79 页。

[3] [比]亨利·皮朗：《中世纪欧洲经济社会史》，乐文译，上海人民出版社 1964 年版，第 107 页。转引自向前：《国际商法自治性研究》，法律出版社 2011 年版，第 69 页。

[4] 参见赵立行：《论中世纪的"灰脚法庭"》，载《复旦学报》（社会科学版）2008 年第 1 期。

[5] 参见朱慈蕴、毛健铭：《商法探源——论中世纪的商人法》，载《法制与社会发展》2003 年第 4 期。

表性的商业行会规定,商事案件“应当按照良心和公平原则去处理,在法律的细枝末节上争执是不恰当的”。[1] 也正因为对效率的推崇,中世纪的商人法庭又被称为“泥足法庭”,意指审判应在商人脚上的尘土未掉之前完结;[2]而海事法庭又被称为“潮汐法院”,意指审判应在潮汐之间结束。

海事司法的独立性对于中世纪海商法的独立性具有重要意义,它不仅使得海商法特有的制度和精神有了自己的使用和实践场所,在司法层面得到贯彻,而且这些司法活动在对中世纪海商法进行适用的同时也通过吸收新的实践和外来规则发展已有的海商习惯,并通过对裁判规则的记录和编纂传承和推广海商法,进而促成一部部海商法典的生成。因此,海事司法的独立是海商法独立性的重要保障和推动力,正如学者所总结的,它通过集中熟悉海商事务的专家,集中作为规则适用前提和对象的大量纠纷案件,使得来自各地区的海商习惯和法律规则逐渐丰富积累起来,为中世纪海商法的发展和延续,以及近代海商法的创立做出了重要贡献。[3]

(四)中世纪海商法外部独立性的限度

综上所述,中世纪海商法相对于其他法律制度的独立性无疑是十分显著的。不过,我们尚不能说中世纪海商法的发展绝对独立于其他法律制度,因为无论在具体的制度内容还是总体的文本体例上,中世纪海商法对罗马法的继承和借鉴是不容忽视的。具体而言,中世纪商人法整体上是在“扬弃”罗马法制度成果(主要是“万民法”)的基础上发展和完善起来的,它的概念体系、原理体系、价值

---

〔1〕[美]哈罗德·J. 伯尔曼:《法律与革命——西方法律传统的形成》,贺卫方等译,法律出版社 2008 年版,第 340~341 页。

〔2〕商人法庭被称为泥足法庭的另一原因是经常光顾此类法庭的是终年在外行走,双脚布满灰尘的商人。

〔3〕参见荚振坤:《中世纪欧洲海商法研究(11 至 15 世纪)》,华东政法大学 2013 年博士学位论文,第 194 页。

体系、方法体系都与罗马法存在深刻的内在联系,[1]这一点在海商法领域也不例外。因此,罗马海法对中世纪海商法的影响不可忽视——“在地中海各民族航运贸易发展过程中,《学说汇纂》中的《对船东的诉讼》《海事利息》《关于投弃的罗德法》等几篇内容,起到过核心作用”。[2] 甚至有学者对中世纪诸多海商法与罗马海法之间的联系进行了列举,“《阿玛菲表》是一部遵循罗得人和罗马人传统的法典”;“《康梭拉多海法》是对早期罗马法中相关法典化的法律和案件裁决的汇编”;“《奥列隆惯例集》是由罗马执政官在对《罗得海法》修改的基础上制定的”;“《维斯比海法》继承了很多世纪前罗得人的海商传统”;“《汉萨同盟海商法》由于继承了《维斯比海法》以及再之前的《奥列隆惯例集》,因此它也传承了罗得-罗马法”。[3] 而且中世纪海商法是作为商人法的一个分支发展的,其与其他商事法律之间无论在制度的生发方式还是价值取向方面都具有相近的逻辑,两者在司法层面上也无绝对的区分(海事纠纷作为商事纠纷的一种也经常在一般的商人法院中审理)。当然,从整体上来说,中世纪海商法中占大多数的还是海事商人基于海商实践的需要而摸索创造的特殊制度,其自发性远远大于对其他领域法律制度的借鉴性。事实上,以共同海损为代表的最富海商法特色和精神的一系列制度多是在这一时期形成的。因此,中世纪海商法在整体上是一个独立成长的领域,它在发展动力上并不依赖于对其他法律的借鉴,其也很少关注与其他法律制度的协调问题。

---

[1] 参见朱慈蕴、毛健铭:《商法探源——论中世纪的商人法》,载《法制与社会发展》2003年第4期。

[2] 参见[英]梅特兰等:《欧陆法律史概览:事件,渊源,人物及运动》,屈文生等译,上海人民出版社2008年版,第133页。

[3] Gormley, W. Paul, “Development of the Rhodian-Roman Maritime Law to 1681, with Special Emphasis on the Problem of Collision”, 2 *Inter-Am L Rev* 320, 1961, pp. 331, 333, 334, 336, 338.

二、海商法内部综合性在中世纪的表现

海商法自体性在中世纪的表现其次可以从其内部综合性这个维度加以阐述。如本书第一章所述，在中世纪的语境下，海商法的内部综合性是指海商法是当时与海上运输活动相关的习惯、决定或裁判的综合性载体，其在一个法律文本中涵盖了当时与海上运输有关的多个方面的规则，具有调整内容和规范性质上的综合性——它不仅囊括现代意义上程序性和实体性的规则，而且综合了民事、行政和刑事性质的法律规范。因此，中世纪海商法可称为一个围绕海上运输的法律综合体。

（一）中世纪海商法文本的内部综合性——以《康梭拉多海法》为例

法律文本的综合性是中世纪海商法文本具有的共同特点——无论是早期的《罗得海法》，还是之后的《康梭拉多海法》《奥列隆惯例集》《维斯比海法》，这些著名的海商法都无一例外地具有该特点。以下，笔者试以中世纪三大海法之一的《康梭拉多海法》为例具体展现早期海商法的这种内部综合性。而之所以选择《康梭拉多海法》为例，一方面是由于《康梭拉多海法》是所有中世纪海商法中条文数量最多的法典，其汇编的海商法内容是中世纪所有海商法中最全面的，既有涉及海事审判的程序法规定，也有涉及民事、行政、刑事甚至是国际法性质的实体法规定，因而最能突出地表现海商法的内部综合性；另一方面，当前国内有关中世纪海商法的研究中，对《康梭拉多海法》的研究是相对薄弱的，笔者希望本书对《康梭拉多海法》内部综合性的阐释可以为《康梭拉多海法》的研究提供有益借鉴。需要说明的是，本书中有关《康梭拉多海法》的内容均译自斯坦利·杰多斯（Stanley S. Jados）整理和翻译的《康梭拉多海法及相关

文件》的英文版本。[1]

1.《康梭拉多海法》中的程序法内容

作为对当时地中海地区海上贸易法规、皇家公告、城市议员法令的汇编,《康梭拉多海法》第一部分的内容(第1条至第43条)是由阿拉贡国王颁发的用于指导海洋领事法院审判程序的规定,同时,后续条文中也有若干零星的程序性规定。[2] 具体而言,《康梭拉多海法》有关海事案件程序问题的规定十分广泛,涵盖了与案件管辖、诉讼参与人、证据效力、海事担保、审判程序、上诉程序、诉讼费用承担、执行程序、船舶拍卖程序等相关问题。这些程序法内容反映了当时地中海地区已经形成的一些海事程序共识。

在《康梭拉多海法》收录的程序法内容中,不少具有鲜明的海事特色,为我们了解当时的海事司法、裁判状况提供了很好的文献素材。例如,《康梭拉多海法》第22条对执政官(Consuls)管辖的海事案件进行了罗列,包括"所有海运费纠纷、船载货物损害赔偿纠纷、船员工资纠纷、船舶股权纠纷、船舶买卖纠纷、向船外抛货引起的纠纷、委托船长或船员指挥船舶引起的纠纷、船舶所有人因配备船舶而借款引起的债务纠纷、货主对船舶所有人的义务纠纷、船舶所有人对货主的义务纠纷、海上和海岸救助引起的纠纷、各类船舶供给引起的纠纷和适用海上习惯的各种协议引起的纠纷"。从中我们可以了解当时海事纠纷的主要种类。第30条对海事担保制度进行了规定:"如果法院发出传票要求被告提供担保,必须予以逮捕、传讯。该被告若是外来人,他必须立即提供担保,否则很可能在审理期间一直被关在城市监狱。若他口头发誓说根本无法履行判决的赔偿

[1] See Admiralty & Maritime Law Guide, "The Consulate of the Sea, Historical Documents", http://libro.uca.edu/consulate/consulate.html., November 25, 2019.

[2] 如《康梭拉多海法》第85条中间部分规定:如果约定运输货物的船舶已经在合同签订的地方装载完毕,争议应提交给两名"海上公会"(Sea Guild)的长者裁决。无论裁决如何都必须被执行,货主和船东都不能对裁决提出异议。

额,根据海上惯例,应当将他从监狱中释放出来,除非另有原因。但是,同样根据海上惯例,该被告肯定会被再锁起来,直到他执行了法院的判决。不过,如果被传唤人为本市市民,而且执政官知道该市民有能力赔偿,他们应当指定日期让其提供担保人。执政官收到担保请求后,若未强制过错方提供担保人,一旦被传唤人不出庭并找不到踪影,其财产又不足以履行判决,则执政官应以自己的财产补偿受害方的损失。"第34条则对船舶被拍卖之后拍卖价款的分配顺序问题进行了详细的规定,[1]且有些内容已经具备当代海商法的影子——如本条对船员工资优先受偿的规定与当代船员工资属于船舶优先权担保的债权具有相同的理念。此外,《康梭拉多海法》第41条规定:"执政官或上诉法官应依照本汇编列明或规定的海上惯例进行裁决。但是,若本汇编列明的惯例不能解决有关争议,可以咨询商人公会和海上公会长老的意见,并与其协商,按照提供咨询的多数人的意见作出裁决。"从中,我们可以看出习惯法是当时海商法的主要形式,具有广泛的约束力。

2.《康梭拉多海法》中的实体法内容

在第一部分程序规定之后,《康梭拉多海法》的后续条文基本属于实体法性质的内容。这些实体法内容既有私法性质的,也有公法

---

[1] 本条规定:"敞口船舶或任何其他船舶在完成首个航次后,债权人请求拍卖该船舶的,拍卖价款的第一受偿人是船员和船上的雇员,因为没有人比他们对该拍卖价款的优先受偿顺序更优先,也没有人比他们优先受偿的理由更正当。第二受偿的债权人是船舶建造的贷款人,从最早贷款的人开始,按照贷款的时间顺序受偿。最后是其他债权人,自最早的债权人开始受偿。每个获得赔偿的债权人均应提供担保人,由该担保人保证,若无权获得该赔偿,其取得的款项将予以退还。债权人无法提供担保人的,可以通过发誓,并在经过三十天的公告期后取得债权款项。若船舶已经完成了首个航次,而且尚有木材、柏油、铁钉、捻缝或其他造船必需品的供应商或其他人员的部分债务尚未付清,该类债权人没有书面欠款证据的,将不具有优先请求权,也不得优先于其他拥有书面证据的债权人受偿。船长为借款而抵押的财产不能足额偿付债权人的,若船长借款有担保人,而且担保人保证船长偿还该债务,那么不足的部分可由担保人支付;否则,担保人对该债务不承担支付责任,因为在担保人没有书面授权的情况下,船长无权将其作为担保人。"

性质的;既有民商法性质的,又有行政法、刑法,甚至是国际法性质的。

具体而言,《康梭拉多海法》中私法性质的规范是最主要的内容,涵盖的内容涉及海上运输经营活动的各个环节,从船舶建造、买卖中船东(船长)、建造人、船舶份额所有人各自的权利义务(如第47条、第48条、第49条、第50条、第52条、第53条等),到海上货物运输(包括租船运输)过程中船东、货主及船员之间有关装货、积载、卸货、交货、运费、船舶设备、货物损害赔偿等事项的权利义务(如第61条至第93条,第186条至第222条等),船长船员的职责和权利(如第124条至第183条),再到旅客运输中船东和乘客的义务(如第117条、第123条)以及船舶发生事故时有关共同海损(如第95条至第99条,第195条)、海难救助(如第277条)的问题,《康梭拉多海法》都有细致而全面的规定。这些规定被视为是《康梭拉多海法》中最核心、最有价值的部分,对调整当时的海上商事活动起到了不可或缺的作用。而且值得特别提及的是,这些民商法性质的规定中很多也已具有现代海商法的影子,例如,第83条最后部分和第270条前半部分都规定货主应当不拖延地支付约定运费,否则船长有权留置价值相当于运费的货物,这与当代承运人的货物留置权几乎没有差别。再如,第195条是有关船舶发生搁浅等可要求货主分摊损失的规定,其最后部分规定:"如果在货船上没有货主,船东可以并且应该以他们自己的名义做出行为;无论他采取什么措施都应当通知文员、领航员和船员。这种情况下船长做出的任何行为都将是有效的,就像所有的货方都在船上一样,或者就像所有的货物都归他所有。"这一规定体现的理念实际上与当代遇险船舶船长或船舶所有人有权代表船上财产所有人订立救助合同如出一辙。

除去前述占绝大部分篇幅的私法性质的规范,《康梭拉多海法》也掺杂着一些当代意义上公法性质的规范,主要包括赋予船长管理、处置船员权力的规定,以及有关海上刑事犯罪的处罚规定。具体而言,前者如第 167 条的规定,"对于盗窃货物、设备或其他船上东西的船员,船长可关其禁闭,给他带上脚镣,并在整个航程中将其关在禁闭室。在航程即将结束时,船长可将其移交司法机构"。这些规定实际上赋予了船长行政法上的警察权,属于现代行政法的范畴。后者如第 164 条规定,"因暴怒而殴打船东的船员会被判定为叛徒和背信弃义之徒。他应该被囚禁,并被剥夺所拥有的一切"。这些规定有明确的犯罪构成和定罪量刑,具有完整的刑法规范构成要素,对处理发生于海上运输过程中的犯罪行为具有直接的指导意义。

此外,《康梭拉多海法》的内容中还涉及了一部分非常特殊的,具有国际法性质的规范——有关武装船舶从事私掠以及海上征战的规定。这些规定集中体现于《康梭拉多海法》的最后一部分条款(从第 298 条至第 334 条),并在前面的相关条款中也有所体现。[1] 笔者认为,这些内容之所以会出现在以海商贸易为主要调整对象的海商法中,是因为这是当时海上运输过程中时常可能遇到的情形,因而在某种程度属于从事海上运输的人员需要了解和掌握的规则。而且从这些规定的内容来看,武装船舶从事私掠和海上征战的活动在当时已经有了成熟、固定的操作模式并形成了惯例,这也可以从侧面表明这种活动在当时并不是个别现象,因而引起了海事商人的关注并将其编入《康梭拉多海法》中。值得提及的是,虽然这部分具有海洋公法(国际法)性质的规范在《康梭拉多海法》中所占的比例并不大,但其却具有重要的影响力——甚至有学者认为直

---

[1] 例如,第 276 条规定对于友邦船上载有的非友邦货物,军舰可以扣货或者要求船主主动将货物上缴;第 288 条则对商船遇到敌船的拦截时应如何采取应对措施以及如何承担相应的损失作出了详细的规定。而第 298 条至第 334 条则集中规定了从事私掠以及海上征战的武装船舶在人员配备、战利品分配、船上人员的职责等方面的内容。

到18世纪,权威的英国法学家还承认这部分法律为普遍的国际法。[1]

综上所述,《康梭拉多海法》所展现的综合性是显而易见的——其并不是某一特定类型规范的单行法,而是调整当时与海上运输活动密切相关的各种规范的集合体。这种综合性在所有中世纪的海商法中都或多或少地得到了体现,例如,就法律规范性质的综合性而言,《罗得海法》共73个条款,其中民事条款41个(纯海事海商条款29个),行政条款24个,刑事条款8个;《奥列隆惯例集》共35条,其中民事条款17个,行政条款16个,刑事条款2个。[2] 因此,多种性质的法律内容集中于同一海商法文本中是中世纪海商法共同的显著特征,是海商法内部综合性在中世纪的表现形式。

(二)中世纪海商法内部综合性的局限性

虽然中世纪海商法是一个围绕海上运输的法律统一体,并进一步表现为多种性质的法律规范集于同一法律文本中,但中世纪海商法的内部综合性受制于其时代性,也表现出一定的局限性,并具体体现在两个层面:一是受制于当时法律编纂技术的时代性,中世纪海商法的内部综合性是建立在比较原始,甚至是混乱的内部结构之上的;二是受制于当时海商实践的时代性,中世纪海商法的内部综合性是建立在较为简单的海上运输活动方式之上的,其所涵盖制度的多样化、复杂化程度与当代不可等同。

1. 法律编纂技术的局限性

中世纪时期的海商法虽然在内容上具有显著的综合性,但在内容的安排上却仍建立在比较原始的立法技术之上,缺乏内部体系的

---

〔1〕 参见[美]阿瑟·努斯鲍姆:《简明国际法史》,张小平译,法律出版社2011年版,第25页。

〔2〕 参见司玉琢:《保障海洋发展战略 改革完善中国特色的海事司法管辖制度》,载《中国海商法研究》2015年第2期。

构建。中世纪海商法综合性所显现的这种样态与中世纪法律编纂技术的发展程度密不可分。具体而言,中世纪的法律编纂在很大程度上仍停留在罗马法时代的水平,因为在 16 世纪人文主义法学兴起之前,欧洲法学基本由注释法学和经院主义法学统治,它们仍然固守着几个世纪之前的传统以及那个时代的逻辑与文法。[1] 因此,中世纪的立法技术相比于罗马法时期并没有实质性的进步,罗马法的编纂传统和特征在中世纪法律中得到了完整的延续。而在罗马法中,虽然早在罗马法形成的时期就已存在"公私相分"的观念,如古罗马法学家乌尔比安在理论上对公法与私法作的区分——"公法是有关罗马帝国稳定的法,私法则是关于个人利益的法",[2] 以及后来查士丁尼在《法学总论》中对公私法分类的确认——"法律学习分为两部分,即公法与私法。公法涉及罗马帝国的政体,私法则涉及个人利益",[3] 但罗马法所确立的公私法划分方式与我们当代的理解存在很大的区别,例如,罗马法把诉讼法放在私法中,认为民事诉讼是为了私人的利益,因而有关民事诉讼程序的规定属于私法的一部分;再如,它把盗窃、诽谤等看作侵犯私权的行为,属于私法的对象。[4] 所以,如果以当代公私法划分的眼光来看罗马法,诸法合一的情况在当时的法律中是广泛存在的,实体法和程序法不分、刑法和民法不分的状况在《查士丁尼法典》、《学说汇纂》和《法学阶梯》等罗马法的经典文献中都较为普遍。[5] 同时,在法律编纂的内在结构上,虽然存在两分法(分为人法和物法两部分)和三

---

[1] 参见舒国滢:《欧洲人文主义法学的方法论与知识谱系》,载《清华法学》2014 年第 1 期。

[2] 根据乌尔比安的这一理论,划分公法与私法的首要标准是法律调整对象的不同。公法规定国家公务,包括规范神事、神官和政务官的法律;私法规定个人利益,包括规范所有权、债权、婚姻家庭和继承方面的法律。

[3] [古罗马]查士丁尼:《法学总论》,张企泰译,商务印书馆 1995 年版,第 2 页。

[4] 参见周枏:《罗马法原论》(上册),商务印书馆 2014 年版,第 99~100 页。

[5] 参见王小波:《〈罗得海商法〉研究》,中国政法大学出版社 2011 年版,第 121 页。

分法（人法、物法和诉讼法三部分），但罗马法的内部结构体系并不发达。即使是作为罗马法编纂集大成者的查士丁尼时期编纂的法典，也存在这方面的问题。对此，此后对罗马法进行批判性研究的人文主义法学家就认为无论是《学说汇纂》还是《查士丁尼法典》，都缺乏合理的秩序，它们中存在许多重复和自相矛盾之处。他们甚至非常明确地指出，查士丁尼的汇编是把各种主题和法律制度杂乱无章地捆绑在一块，一些不相干的条款被并在了一起，另一些相关的条款又被人为地分开，整部法典毫无逻辑性和体系性。[1]因此，以当前的眼光来看，罗马法的法典编纂技术是比较原始和粗糙的，很多时候只是对个案判决的汇编而缺乏对这些个案判决的整理、归纳和系统分类。

而罗马法在编纂技术上的上述局限性也直接延续到了中世纪海商法的编纂中。这一点在中世纪早期的《罗得海法》中就有明显的体现——如学者总结的，其既包含实体法的规定（如第 8 条、第 19 条、第 57 条、第 66 条等），也包含程序法的规定（如第 15 条、第 33 条等）。实体法方面，既包含民法的规定（如第 38 条、第 43 条、第 45 条、第 66 条等），也包含刑法的规定（如第 20 条、第 22 条、第 26 条、“增 A”的第 1 条和第 3 条等），是民刑合一的体例。甚至在同一法条中，同时包含实体法和程序法的规定（如第 31 条、第 41 条、第 46 条），以及民法和刑法的规定（如“增 B”的第Ⅰ条）。[2]类似地情形在此后的几部中世纪海商法都有所体现，并尤以《康梭拉多海法》为甚。此外，中世纪的海商法都是对一些个案裁判规则的简单汇编，并不重视这些规则间的逻辑归纳和体例编排，这使中世纪海商法普遍存在缺乏固定、合理的结构标准，经常出现前后内

---

〔1〕 参见陈颐：《16 世纪法国人文主义法学与法律科学的体系化》，载《外国法制史研究》2006 年刊。

〔2〕 参见王小波：《〈罗得海商法〉研究》，中国政法大学出版社 2011 年版，第 121 页。

容重复甚至矛盾的问题。例如,《康梭拉多海法》第 67 条前半段规定:"如果任何船上的财产或货物因老鼠而受损,且船上没有养猫时,船东需对货损负责。"但紧接着在 68 条的前一部分又重复讲道:"如果任何船上商品或货物因老鼠而损坏,且船东未提供猫来防鼠,则需承担赔偿责任。"这些都凸显出中世纪海商法在编纂技术上的欠缺。

总之,中世纪海商法的编纂依托于当时法律发展的整体水平,体现当时法律环境的时代性和局限性。而中世纪法典编纂技术的原始性使中世纪海商法仍不具备对内容进行归纳、整理及体系化处理的条件,所呈现的内容综合性一定程度上也是当时立法技术落后的表征。

2. 海商实践的局限性

中世纪海商法内部综合性的局限性还体现在当时海商实践的局限性上。中世纪海商法是基于海商实践的经验和惯例由民间自发编纂形成的法律,这种法律的生成机制使得中世纪海商法必然受制于当时的海商实践。客观地讲,中世纪的海上运输和海上贸易相比过去已经有了长足的发展。一方面,水路运输在当时已经成为贸易的重要承担形式,欧洲大陆重要的河流都形成了船员和水手行会。而海上运输作为水上运输的重要部分,其重要性更是不言而喻——中世纪商业的复兴最初就是由海上贸易激发起来的,以意大利的威尼斯、热那亚,法国的马赛,西班牙的巴塞罗那为代表的许多中世纪沿海城市都拥有强大的航海实力,海运如同欧洲商业的血脉一样,赋予商业无穷活力。[1] 另一方面,磁罗经和已知航区的地图在中世纪中后期已广泛用于航海事业,[2]一些航海设施,如灯塔、

---

〔1〕 参见何勤华主编:《中世纪欧洲世俗法》(法律文明史第 6 卷),商务印书馆 2014 年版,第 567~568 页。

〔2〕 指南针大约在 12 世纪末 13 世纪初传到阿拉伯,然后又由阿拉伯传入欧洲。

航标灯等航路标志也开始设立，测量船体运动速度的“水钟”、有系统的航行方向记录、为航海而编制的三角函数表、将尾舵安置在船的中心线上以控制方向的造船技术等新技术、新方法也陆续出现以帮助航海人员判断航行位置，辨明航行方向。[1] 航海技术的发展使中世纪商人从事海上运输的范围得以扩展，“12 至 15 世纪，意大利城市从事的地中海商业，德国汉萨商人经营的北海波罗的海贸易，都已是远程海上贸易”。[2]

不过，中世纪海商贸易的发展和航海技术的提高只是相对的。当时的船舶仍是木质船舶，动力主要靠风帆和木浆，而且船舶的体积也有限——据学者的考察，14 世纪初英国船只平均载重为 200 吨，最大的船也不过 300 吨，[3] 即使到了 16 世纪，造船技术比较发达的热那亚、威尼斯乃至法国的造船能力也未获得根本性的突破，其能建造的最大船舶是载重约 2000 吨的大型卡拉克船，这一大船吨位一直延续到 18 世纪都几乎没有任何突破。[4] 中世纪船舶在材质、结构和动力上的局限性决定了其在抵抗海上风险能力上的有限性，决定了海上航行在当时仍是冒险事业。“没有一个船主敢冒险出海到望不见陆地的洋面上去，因为他们认为，那碰到暗礁和浅滩的船难危险，总不如沉没在大海里的可怕。”[5] 可以说，中世纪人们对海洋总体上仍是畏惧的，再加上通信水平的落后，船舶一旦

[1] 参见刘景华：《中世纪欧洲造船和航海技术的考察》，载《长沙水电师院社会科学学报》1996 年第 3 期。

[2] 刘景华：《大航海时代的西欧造船和航海术》，载《长沙理工大学学报》（社会科学版）2005 年第 4 期。

[3] 参见刘景华：《中世纪欧洲造船和航海技术的考察》，载《长沙水电师院社会科学学报》1996 年第 3 期。

[4] 参见辛元欧：《15 世纪中、欧造船与航海技术之比较研究》，载《哈尔滨工业大学学报》（社会科学版）2001 年第 4 期。

[5] [美] 汤普逊：《中世纪经济社会史》（下卷），耿淡如译，商务印书馆 1985 年版，第 174 页。

驶入大海便充满未知数,这决定了海上运输在当时的参与主体并不多——除了船东、货主、船长、引航员、船员以及船货贷款的借款人,很少再有其他主体参与其中。参与主体的有限性决定了当时海上运输活动中产生的法律关系也相对简单,海商法的调整要素基本不外乎海上运输必备的船舶、货物、船员,以及海上运输过程经常遇到的共同海损、船舶碰撞、海难救助、海事借贷、海盗、捕获。而且,中世纪很大程度上仍是商航一体的时代,船东很多时候就是货主,甚至也是船长,这进一步削弱了海商实践的复杂性。因此,相比于当代,中世纪与海上运输相关的法律虽然也涉及不同性质的法律制度,但其本身并不像当代海商法制度那样繁杂,其内部制度的综合程度实际也是相对有限的。

第三节 海商法自体性在中世纪后的延续

中世纪之后,海商法自成一体的性质仍在很大程度上得到了延续,海商法作为一套围绕海上运输运行的规范体系在近现代仍具有显著的特殊性和独立性。不过,需要注意的是,中世纪之后,海商法自体性的含义已经与中世纪有了显著的区别。"在中世纪的观念和实践中,近现代'国家式'的中央权力,近乎闻所未闻之物。相对而言,权力多元、法律多元比'信仰时代'更适合作为中世纪政治社会现实的写照。"[1]中世纪的法律与法权,也是在王室的、教会的或地方封建主的法律与法权的意义上成立,并按照这种意义被适用的。[2] 因此,中世纪海商法的自体性是相对于教会法、其他世俗法

[1] 何勤华:《中世纪欧洲世俗法》(法律文明史第6卷),商务印书馆2014年版,第14页。

[2] 参见何勤华:《中世纪欧洲世俗法》(法律文明史第6卷),商务印书馆2014年版,第16页。

以及陆上商法这些不同的法律渊源体系而言的，而且由于中世纪海商法的效力并不局限于某个城市或者地区，而是在某一海上贸易区内具有广泛的效力，[1]因此其自体性也不是在某一国家的地域范畴上而言的。但在中世纪之后，随着政治上的集权、主权概念的提出[2]以及各国法律统一活动的开展和法律体系的构建，各国的法

〔1〕 中世纪时，城市是商人主要所在地的政治治理单位，并依靠城市法作为约束城市和市民的规范。在这种背景下，当时各城市间的法律是极不统一的，“每个城市都有自己的法律和习惯，以及自己的司法体系”。不过，海商法却是一个例外，它的效力范围并未限制在某一城市之内，而是以当时航海贸易所形成的贸易区为其产生效力的地理范围。对此，我们可以试举几例：《阿玛菲表》在意大利南部地区具有广泛的影响力，甚至在1570年时仍有人称赞《阿玛菲表》是裁决所有海商事务的依据，它超越了《罗得海法》，是它那个时代最具权威性的海商法；《康梭拉多海法》，尤其是其第二部分古代海上习惯的汇编，在当时的地中海地区具有深远的影响力，有学者甚至将其称为当时地中海的海洋共同法（the common law of sea）；《奥列隆惯例集》被视为欧洲所有海商法的基础，特别是邻近大西洋和北海的很多国家都采用了这部海商法，使之成为当时北海和大西洋地区的海商普通法（maritime common law）；《维斯比海法》延续了古代和中世纪大西洋和北海、波罗的海的海商法规则，受到这两个区域商人和船员们的认可，认为其所确立的规则不仅便利而且值得信任，更有学者认为其影响力早已超越北海和波罗的海的界限，从俄罗斯到地中海的欧洲海岸，这部海商法都被认为是正义和公平的，进而得到了广泛的尊重和追随。因此，从中世纪海商法的效力范围来看，虽然还没有达到整个欧洲适用同一部海商法的程度，但它已经突破了当时城市的政治地域，在中世纪形成的地理范围广阔的航海贸易区具有广泛的效力。See M. D. A. Azuni, *The Maritime Law of Europe*, *Vol. I*, Translated from the French. I. New York, Riley & Co., 1806, p. 376; Gormley, W. Paul, “Development of the Rhodian-Roman Maritime Law to 1681, with Special Emphasis on the Problem of Collision”, 2 *Inter-Am L. Rev.* 320, 1961, p. 333; Frederic Rockwell Sanborn, *Origins of the Early English Maritime and Commercial Law*, New York, The Century Co., 1930, p. 67; Travers Twiss, *The Black Book of the Admiralty* (*Vol. IV*), London, Longman & Co., Patternoster Row, Trubner & Co., Ludgate Hill, 1876, p. lxxxvi.

〔2〕 近现代意义上首先提出“主权”概念的是法国学者让·博丹（Jean Bodin），根据其在1576年所著的《国家六论》（The Six Books of a Commonweale，又被译为《共和六书》《国家论六卷集》）中的论述，主权是国家对臣民最高的、绝对的权力，是最高的指挥权。主权观念的确立使被视为主权组成部分的立法权由主权者集中掌握。主权概念的影响是深远的，正如学者所言，“对中世纪的思想家来说，国王是一位法官；但对博丹和几乎所有他那个时代开始以后的学者来说，国王首先是一位立法者（a law-giver）”。See Charles H. McIlwain, *The Growth of Political Thought in the West: from the Greeks to the End of the Middle Ages*, New York, The Macmillan company, 1932, p. 284.

律环境相较于中世纪发生了根本性的变化——在中世纪以后,海商法的自体性是指其相对于本国法律体系中的其他法律部门或者法律领域而言的。区分中世纪前后这种法律环境的差异对于理解海商法自体性在中世纪之后的表现具有重要的价值,因为在中世纪之后,英国与以法国为代表的欧洲大陆在法律体系的构建方式上采取了截然不同的路径,海商法自体性在两大法系也呈现不同的发展样态。因此,与中世纪海商法自体性可以从不区分海商法产生效力的地理范围的笼统视角来理解不同,中世纪后海商法的自体性需要注意其在两大法系的不同。

同时,需要注意的是,中世纪后海商法自体性的演进并不是单一方向的,它在得到传承和延续的同时同样也面临着冲击和挑战。出于结构安排的考虑,本章以下部分暂只述及海商法自体性在中世纪后的延续,有关海商法在中世纪后面临的挑战见本书第四章详述。

海商法自体性在中世纪后的延续,具体而言仍可从海商法的外部独立性和内部综合性两个维度展开论述。

一、海商法外部独立性在中世纪后的延续

(一)海商法文本独立性的延续

中世纪后海商法文本独立性的延续需要区分英美法系和大陆法系加以阐述。

在英美法系,作为英美法系肇始国的英国自 1066 年的诺曼征服[1]之后就逐渐开始走上一条程序优先于权利、遵循先例的法律发展道路。到 13 世纪,随着国王对司法管辖权的全面确立,王室法院的完备(尤其是三大普通法法院),令状制度和诉讼形式的发展成

---

[1] 很多学者认为,英国法的历史真正开端于诺曼征服,并将之形容为“决定着整个英国法特征的大变故”。参见孟凡哲:《普通法系的判例制度——一个源与流的解读》,吉林大学 2004 年博士学位论文,第 15 页。

熟以及普通法法律职业阶层和法律职业共同体的初步形成，早期普通法中不可或缺的各个要素已经完备，与欧洲大陆国家截然不同的普通法传统在英国宣告基本形成。在英国法下，判例法占据重要的地位，法律制度和规则的构建并不完全依赖于制定法，而且即使编纂制定法，其也不具有制定大型法典的传统，更多采用单行法律和法规的形式。具体到海商法领域，判例法在英国法下的重要地位对于延续海商法的文本独立性具有重要价值，因为成立于14世纪的英格兰海事法院直接将《奥列隆惯例集》收入法院判案所使用的《海事黑皮书》，认为其具有决定性的参考价值，应当予以遵循。[1]通过这种吸收，中世纪海商法文本上的独立性实际在英国法下得到了较为完整的传承和延续。虽然此后《海事黑皮书》在历史进程中逐渐失去其原有的作用，相关的制度与规则也溶于数目繁多的判例中，但海商法的文本独立性并未就此在英国消失——英国此后在海商领域仍制定了许多形式独立的海商制定法。例如，在1894年，英国就制定了囊括了多项航运公法和私法内容的《商船航运法》(Merchant Shipping Act)。该法历经数次修订后一直被沿用至今(现为《1995年商船航运法》)。此外，英国还制定了《1906年海上保险法》《1971年海上货物运输法》《1992年海上货物运输法》等单行海商立法。这些单行立法连同《1995年商船航运法》构成英国海商法的基本框架。

与英国类似，不少英美法系国家也都制定有形式独立的海商制定法，并注重保持海商法在文本上的独立性。对此最好的例证便是各国在修改其海上保险法时的态度。例如，澳大利亚法律改革委员会(Australian Law Reform Commission)在2000年左右对澳大利亚《1909年海上保险法》进行修改审议时就曾提出三个方案：一是继

---

〔1〕 See Travers Twiss, *The Black Book of the Admiralty* (*Vol. I*), London, Longman & Co., Patternoster Row, Trubner & Co., Ludgate Hill, 1876, p. xxviii.

续保持现有的立法模式,即海上保险法独立于一般保险合同法存在;二是将海上保险法并入一般保险合同法,不再立单独的海上保险法;三是将现有的保险合同法和海上保险法进行综合,制定全新的海上、航空和陆路运输保险法(MAT Act-Marine, Aviation and Transport Insurance Act)。[1] 最终,澳大利亚法律改革委员会选择了第一个方案,继续保持海上保险法的文本独立性,理由是现行单独立法的模式是实务界和法律界所熟悉和认可的,对其进行过于激进的改革没有必要,而且采用其他两种方式会割裂澳大利亚与其他英美法系国家在海上保险立法上的联系,危及澳大利亚海上保险市场的发展。[2] 由此,澳大利亚的保险合同法体系仍保持两分体系,普通保险合同适用《1984 年保险合同法》,海上保险合同适用《1909 年海上保险法》。这一情形在英国的海上保险法改革中也曾出现,英国的法律改革委员会也最终摒弃了制定适用于所有商业保险合同的普通保险合同法的设想,保持了其《1906 年海上保险法》的独立性。

而在大陆法系,作为大陆法系的肇始国,法国中世纪后的法律制度构建道路与英国完全不同。与英国依靠快速建立的中央集权和普通法体系完成法律统一化进程不同,法国的法律统一化是通过整合习惯法以创建一个相对统一的"法国法"的道路进行的。[3] 早在百年战争结束后的第二年(1454 年),查理七世就迫不及待地颁布敕令,要求各地将当地的习惯、惯习和实践规则简化并书写成文

---

〔1〕 See The Australian Law Reform Commission, "Report 91: Review of the Marine Insurance Act 1909 (ALRC 91), Sydney: ALRC, May 2001", http://www. austlii. edu. au/au/other/lawreform/ALRC/2001/91. html#ch3Heading1, May 5, 2019.

〔2〕 See The Australian Law Reform Commission, "Report 91: Review of the Marine Insurance Act 1909 (ALRC 91), Sydney: ALRC, May 2001", http://www. austlii. edu. au/au/other/lawreform/ALRC/2001/91. html#ch3Heading1, May 5, 2019.

〔3〕 参见陈颐:《立法主权与近代国家的构建:以近代早期法国法律为中心》,法律出版社 2008 年版,第 30~32 页。

呈递给国王，由国王国务会议或者巴列门审查后付印发行。而查理七世的儿子路易十一对习惯法法典化的兴趣更浓，他甚至设想用一个单一的权威文本来统一法国各地的习惯法。[1] 不过，由于缺乏合适的习惯法文本审查机制，早期的习惯法法典化进程并不顺利，除了形成《奥尔良习惯汇编》、《巴黎习惯汇编》和《布列塔尼习惯汇编》等屈指可数的几部习惯法汇编外，该项工作并无大的进展。1498 年，随着新的审查机制的设立，[2]习惯法法典化的进程得以大大加快，在 16 世纪结束之时，法国习惯法区的所有习惯都已经充分地法典化了。[3] 将习惯法以成文法典化的方式确定下来使法国有可能彻底地对这些分散、不统一的地方习惯法进行系统的整理，这对于法国法的统一至关重要。这些习惯法法典的汇编也为后期法国具有深远历史影响的近代法典的编纂奠定了渊源上的基础。正如学者所形容的，"习惯法的法典化在中世纪和现代法之间的巨大鸿沟上，架起了一座连接两者的基本的桥梁"。[4] 大陆法系的法典化传统在某种程度上也是受到这一习惯法法典化的历史影响。具体到海商法领域，对中世纪海商习惯法的统一化和法典化也是海商法在中世纪后早期发展的主要线索。法国 1556 年鲁昂（Rouen）地区的《海上指南》、1681 年路易十四时期制定的《海事敕令》都是其中的典型。在法国的影响下，欧洲许多国家也都制定了形式独立的

---

〔1〕 参见陈颐：《立法主权与近代国家的构建：以近代早期法国法律为中心》，法律出版社 2008 年版，第 32 页。

〔2〕 这种新的审核机制是习惯法在由地方等级会议投票前先行公布，并赋予地方居民的陈述更高的证据价值，但其最终文本必须在形式上以国王的名义公布。该机制解决了之前地方等级会议在"什么是习惯""更改不公正或过时的习惯的要求向谁提出"等相应习惯法编纂的问题。参见陈颐：《立法主权与近代国家的构建：以近代早期法国法律为中心》，法律出版社 2008 年版，第 32～35 页。

〔3〕 参见陈颐：《立法主权与近代国家的构建：以近代早期法国法律为中心》，法律出版社 2008 年版，第 46 页。

〔4〕 陈颐：《立法主权与近代国家的构建：以近代早期法国法律为中心》，法律出版社 2008 年版，第 51 页。

海商法典,例如丹麦1561年的腓特烈二世海商法典、1683年的克里斯蒂安五世法典、瑞典1667年的克里斯蒂安十一世海事法典、荷兰1721年的鹿特丹海事条例、普鲁士1727年的海事条例、威尼斯1786年的海事商法典等。可以说,到此时为止,海商法文本的独立性在大陆法系国家得到了很好的延续。不过,随着法国1807年《商法典》将海商法中的商事法律部分纳入商法典以及其他大陆法系国家对法国立法模式的效仿,海商法的组成内容在大陆法系呈现被肢解和被其他一般立法统合的趋势,海商法的文本独立性遭到了严峻的挑战(详见本书第四章的论述)。当然,海商法文本的独立性也并未就此在大陆法系国家失去传承,一些早期追随法国将海商法纳入《商法典》的国家在此后也进行了变革,转而制定独立的海商法典。其中,意大利是典型的例子。意大利1865年的《商法典》曾将海商法作为第二编规定其中。不过随着意大利于1942年制定民商合一的《民法典》,废除《商法典》,有关海商法的内容也被单独分离出来,并形成意大利《航海法典》(The Italian Code of Navigation)。同样,俄罗斯、挪威、瑞典、芬兰等国也都制定有形式独立的海商法典。

综上所述,中世纪后海商法的文本独立性在英美法系和大陆法系都有一定的延续,并总体呈现英美法系的传承强于大陆法系的状况。

(二)海商法规范特殊性的存续

如前所述,海商法规范的特殊性构成海商法独立于其他法律部门的核心,是海商法独立性的重要基础。在中世纪之后,海商法规范特殊性的存续可以从两方面加以阐述,一是中世纪特殊海商法制度的传承;二是新的海商特色制度的涌现。

1. 中世纪特殊海商法制度的传承

如前文所述,无论是以英国为首的普通法系国家,还是以法国为首的大陆法系国家,它们在早期本国海商法律制度的构建中都注重对中世纪海商法的吸收,因此中世纪时期所形成的那些特殊海商法制度也大多在各国海商法中得到了传承。以船货抵押借款制度为例,作为海商法领域一项独特的兼具融资和保险功能的制度,其在中世纪有着广泛的运用。而在中世纪后,各国早期的海商法也仍都将其作为一项重要的制度加以规定。例如,1838 年的荷兰《商法典》第 2 编第 8 章对船货抵押借款制度进行了专门规定,根据其第 569 条的规定,船货抵押借款是出借人和借款人之间达成的一种协议,出借人以利息为对价借给借款人一笔钱,但如果被抵押物灭失,则出借人请求偿还借款和利息的权利丧失;如果被抵押物部分灭失,则出借人请求偿还借款和利息的权利只及于其剩余的价值。[1] 类似地,1886 年西班牙《商法典》第 3 编第 3 章第 2 节将船货抵押借款合同作为一种海上贸易领域的特殊合同(contracts peculiar to maritime commerce)进行了规定。根据其第 719 条的规定,船货抵押借款是指一种借款,该种借款及其约定的利息只在被抵押物安全抵达合同约定的港口,或者在遭遇不幸的情况下仍有获救的价值时才需偿还。[2] 上述规定都与中世纪海商法,甚至早期罗马法中有关船货抵押借款制度的规定基本一致,根据《学说汇编》第 22 卷第 2 章第 6 条的规定,“海运借款契约是以这样的方式订立的:只有船在约定时间内平安返回,债权人才能请求偿还借款。如果条件未成就,那么,似乎借款契约也就不存在了。(D. 22,2,6)”[3]不过遗憾的是,随着此后在分散海上风险方面更具优越性的海上保险制度以及在融资方面更具优越性的船舶抵押等担保制度

---

[1] See F. W. Raikes, *The Maritime Codes of Holland and Belgium*, London, Effingham Wilson, 1898, p. 58.

[2] See F. W. Raikes, *The Maritime Codes of Spain and Portugal*, London, Effingham Wilson, 1896, p. 54.

[3] [意]桑德罗·斯奇巴尼选编:《契约之债与准契约之债》,丁玫译,中国政法大学出版社 1998 年版,第 93 页。

的发展,船货抵押借款制度逐渐退出了海事实践的舞台。

除了船货抵押借款制度之外,中世纪时期就已成形的有关船舶拍卖价款分配顺序、共同海损、海难救助、船长船员权利义务等方面的特殊规定也都得到了延续,而且一直延续到当代。其中,最具代表性的是共同海损制度。共同海损作为最为古老、最富海商特色的海商法制度从海商法诞生之初就一直延续至今。这项允许共同海损损失方要求其他各受益方按照他们获益财产的价值比例分摊其牺牲、费用的制度设计与民法上的其他制度都不尽相同——无论是合同说[1]、代理说[2]、不当得利说[3]还是紧急避险说[4],都很难

---

〔1〕 合同说为一些英美法系学者的主张,认为在货物交运之后,船方与货方之间就推定成立了一项有关共同海损的协议。不过该种学说很难解释遭受共同海损损失的货方向其他收益货方要求损失分摊的权利,因为在各货方之间,显然不存在任何的合同关系。同时,该学说在与货方签订合同的当事人是租船人或者无船承运人的情况下也面临无法解释的问题,因为显然在此种情况下,很难去拟制或者推定船东和货方之间存在一项默示的协议。

〔2〕 代理说认为当船货遭遇共同危险时,船长被推定为有权代理各利益方对货物或(和)船舶进行恰当的处置,因而其行为应被视为是代表各利益方作出的,由此造成的后果也自然应由各方承担。代理说符合传统海商法赋予船长广泛权力的做法,但是在通信手段发达的今天,采取共同海损措施的决定往往是由船舶所有人而非船长作出的,而理论上显然不能将船长的代理权延伸赋予船舶所有人。而且代理说也无法进一步解释分摊请求权究竟为何种债权请求权。

〔3〕 不当得利说认为在共同海损下,通过牺牲一部分财产而获得保全其他财产属于无法律上原因的不当得利,故利益方应当返还或者给予牺牲者补偿。不过,在不当得利说下无法解决的问题是如何理解不当得利的构成要件之一——"一方取得财产利益"。通常认为,不当得利方取得的消极利益增加只包括以下三种情形:(1)得利方所负担的债务被不当减少或者消灭;(2)本应设定的权利负担未设定;(3)本应支出的费用没有支出或者减少支出。而共同海损下受益人的获益虽然可以理解为本应遭受的损失没有遭受的消极增加,但却不属于上述任何一项。

〔4〕 紧急避险说认为共同海损行为是一种紧急避险行为,其目的是以较小的损失避免较大的损失,因此对于牺牲的损失,在存在过错人的情况下,应由过错人承担,在没有过错人的情况下,则由各受益方共同分摊。紧急避险说符合共同海损的目的本质,但也存在解释上的矛盾,如紧急避险制度只要求避险行为所保护的法医处于危险之中即可,而共同海损制度要求各方利益处于共同的危险之中。同时,紧急避险制度要求在采取避险行为前衡量损害利益和保护利益,只有在前者小于后者时才可以采取,而共同海损虽然也对措施的合理性有要求,但却并不要求严格的利益衡量。此外,在补偿或分摊数额的计算上,两者也存在显著的差别。

完全解释共同海损损失分摊请求权这种债权请求权的权利性质。这项最富海商特色的制度在近现代遭到了一些质疑,例如,挪威学者克纳特塞尔默在其1958年出版的《共同海损的存续——必要抑或过时?》一书中对共同海损制度在当代存续的必要性提出了质疑并主张可用海上保险制度对其进行替代,[1]而且,此后不少论著也对这一问题进行了关注并提出如下废除共同海损制度的理由。第一,共同海损制度过于繁杂,不仅只有少数的海损理算师能够完全理解和掌握其规则,而且其理算成本昂贵、漫长,极其耗费时间和金钱。在海损分摊额较小的情况下,共同海损的理算费用甚至可能高于分摊金额。第二,船货双方在共同海损制度下权利义务有失衡之嫌。根据《约克-安特卫普规则》规则D[2]以及绝大部分国家的立法,过失的存在不影响要求分摊共同海损的权利,而由于以《海牙规则》为基础的现代海上货物运输法律都规定了承运人可对其受雇人、代理人的某些过失(如航海过失)免责,因此对货方来说,其经常需要分摊承运人受雇人及代理人过失造成的损失,这与一般民法上的公平理念和责任规则大相径庭。第三,在海上保险日益发达的今天,共同海损风险分担的作用已经完全可以被替代,通过类似让船舶保险人和货物保险人直接承保相关损失的安排便可达到其分摊风险的目的,而且这样还不会存在共同海损下担保和分摊困难的问题。[3] 但是,上述反对理由仅仅看到了共同海损制度存在的不足以及可能的可替代性,却忽视了共同海损在当代依然存在的不可替

---

[1] See Knut S. Selmer, *The Survival of General Average: A Necessity or an Anachronism?*, Oslo, Oslo University Press, 1958.

[2] 《约克-安特卫普规则》规则D规定:即使引起牺牲或者费用的事故可能是同一海上航程中一方的过失造成的,也不影响要求分摊共同海损的权利,但这不妨碍就此项过失可能向该方提出的任何索赔或者抗辩。

[3] 这种担保和分摊的困难尤其在分摊方处于实施外汇管制的国家尤其显著。而采用保险手段就不会面临这样的问题,因为保险人和被保险人通常在同一国家。

代的价值。例如,如果用海上保险制度取代共同海损制度,则会导致船长在选择避险措施时将更倾向于选择不使其雇主遭受损失的措施,而不是客观上更为合理的措施。比如,在船舶搁浅的情况下,究竟是抛货还是冒着使船舶受损的危险强行脱浅,船长可能出于维护雇主利益的要求而倾向于前者,虽然这样做实际造成的损失更大。而这正是共同海损制度的优势,它可以鼓励船长或者船舶所有人以最小的牺牲换取最大的避险效果。也正是出于上述等方面的原因,废除共同海损制度的呼声始终未能占据主流,共同海损制度在可预见的未来应当仍会发挥其在减损及分摊风险方面的作用。

2. 新的特殊海商制度的涌现

除延续中世纪时期就已存在的特殊海商制度之外,新的特殊海商制度也伴随着海商实践的发展不断涌现。这种新制度的涌现无疑又加固了海商法在规范层面的特殊性。

具体而言,中世纪之后出现的特殊海商制度可举以下两例:(1)承运人责任的强制性规则。所谓承运人责任的强制性规则,是指从19世纪末海上货物运输法律领域发展出来的对承运人应当承担的最低义务的法定限制。之所以出现这种限制,是因为早期各国法院(特别是英国法院)一直坚持"合同自由"原则,允许承运人通过合同的特别约定来改变普通法下承运人对货物承担严格责任的默示地位。[1] 这使承运人在实践中利用其优势地位[2]大肆在提

---

[1] 在英国普通法下,如果没有特别的约定,法律的默示地位是除了天灾、女王的敌人、货物的潜在缺陷、不良包装以及弃货(Jettison)这几个例外,承运人相当于货物的代保管人(bailee),应当对货物承担严格责任。基于承运人的此种责任,承运人曾经,甚至现在有时还被认为是货物的保险人。See Guenter Treitel, F. M. B. Reynolds, *Caver on Bills of Lading*, London, Sweet & Maxwell, 2011, pp. 593-595.

[2] 在当时,随着资本主义生产关系的不断壮大,商品生产和交换得到了进一步发展,资本的触角也需要伸向更广阔的空间。而由于海上贸易在开拓市场、掠夺资源方面的重要性,各国都十分重视对商船队伍的发展。海上贸易和海上运输的繁荣导致了船方的相对供不应求,这给了承运人在谈判中的优势地位。

单中加入各种免责条款，以至于到后来发展成了“承运人除收取运费以外，似乎已无其他责任可言”[1]的地步。基于提单条款下货方的不利地位，实践中出现了保险公司不敢承保货物险、银行不肯汇兑、提单在市场上难以转让流通等一系列不良局面，[2]这对货方来说是十分不利的。这种情况在当时作为货主大国的美国引起了强烈的不满，美国最高法院也先后在 1873 年的 Railroad Company v. Lockwood[3]、1886 年的 Phoenix Insurance Co. v. Erie and Western Transportation co.[4]，1889 年的 Liverpool and Great Western Steam Co. v. Phoenix Insurance Co.[5]以及 1897 年的 Compania De Navigacion La Flecha v. Brauer[6] 等案中以承运人在提单中加入的“疏忽免责”条款违反公共政策为由判决其无效。同时，为应对英国船东通过在提单中插入英国法院管辖和适用英国法的合同条款来达到规避美国法院管辖和适用美国法之目的的做法，保护美国货方的利益，美国于 1893 年通过了《哈特法》(Harter Act)，规定承运人不得在提单中加入免除由于自己在装载、积载、保管、照料或交付货物中的过失而造成货物灭失或损害责任的条款，并不得在提单中插入减轻或免除承运人谨慎处理使船舶适航，妥善配备船员、装备船舶和配备供应品责任的条款。上述强制性义务强制适用于进出美国港口的承运人，无论提单中是否有法律选择条款或管辖权条款。此后，1924 年《海牙规则》对上述承运人不能免除其法定义务的强制性规则进行了采纳，承运人责任的强制性规则成为海商法领域一

---

[1] 傅廷中:《海商法论》，法律出版社 2007 年版，第 202 页。

[2] See John F. Willson, *Carriage of Goods by Sea*, London, Person Education Limited, 2001, pp. 119-120.

[3] See Railroad Company v. Lockwood, 84 U. S. 357.

[4] See Phoenix Insurance Co. v. Erie and Western Transportation co., 117 U. S. 312.

[5] See Liverpool and Great Western Steam Co. v. Phoenix Insurance Co., 129 U. S. 397.

[6] See Compania De Navigacion La Flecha v. Brauer, 168 U. S. 104.

项得到普遍应用的规则,海上货物运输法律领域的强制性特征也成为海商法领域的特色制度之一。(2)航海过失免责。航海过失免责作为承运人的法定免责事由之一,实际是前述承运人责任的强制性规则的一个附带品。为平衡当时船货双方的利益,《哈特法》在限定承运人最低义务的同时也赋予了承运人特定的法定免责权利。承运人的法定免责情形包括过失免责和无过失免责两类,其中,过失免责即为航海过失免责——通过立法明确规定承运人对因船长、船员、引航员等在驾驶船舶和管理船舶中的过失而造成的货物损失不承担赔偿责任。航海过失免责的确立是立法上的一次突破,因为"此前的法律从来不会明文规定任何人可以对所犯的错误无须负责"。[1] 而且在航空、铁路、公路运输等其他运输方式都不存在过失免责的情况下,航海过失免责无疑是近现代极富海商法特色的一项规则。

当然,除了上述列举的两项之外,中世纪后海商法领域的特殊制度还有许多,例如海上保险领域的最大诚信原则以及与之对应的告知义务和保证制度,船舶油污损害赔偿领域"谁漏油谁负责"的基本原则,航运管理领域班轮公会的反垄断豁免,船舶安全领域的《国际船舶安全营运和防止污染管理规则》(International Management Code for the Safe Operation of Ships and for Pollution Prevention,简称 ISM 规则),有关船员任职统一标准的《海员培训、发证和值班标准国际公约》(International Convention on Standards of Training,Certification and WatchKeeping for Seafarers,简称 STCW 公约)等都具有鲜明的海商特色。因此,综合上述两方面的传承和发展,中世纪后海商法在规范层面的特殊性和独立性仍然有着十分显著的表现,而这也继续推动海商法成为各国法律体系中一个具有显著专业

[1] 杨良宜:《提单及其他付运单证》(修订版),中国政法大学出版社 2007 年版,第 322 页。

性、独立性的领域。

(三)海事司法独立性的延续

中世纪后海事司法的独立性也在一些国家得到了延续。例如在英国,自海事法院于 14 世纪作为海军上将的审判机构正式登上历史舞台以后,海事法院就一直独立存在,直至 1875 年海事案件的管辖被并入高等法院,由遗嘱、离婚和海事分庭(The Probate, Divorce and Admiralty Division)进行审理。[1] 在此过程中,海事法院对维护海上运输和海商贸易的发展起到了重要的作用,这一点从海事法院存续期间海事商人对海事法院管辖权的支持中就可以看出。在 17 世纪,由于受到普通法至上思想的影响,英国海事法院的管辖权遭到了普通法院的严重挤压,[2] 海事法院丧失了对绝大部分合同案件的管辖权。对此,很多海事商人提出了异议,1641 年,英国上议院收到了三份请愿书,请求国会通过立法确认海事法院对海商事案件的排他性管辖权。其中,引航公会的请愿者(Trinity House)写道:普通法没有任何关于海商事务的规定,而且对于海外的法律一无所知;而船只的必需品供给商和造船人则说:海事法院允许他们就自己的债权对船舶提起诉讼并且就船舶受偿,这对于他们而言是至关重要的,因为这样他们就能够得到切实的补偿,而普通法院无法给与他们这样有效的保护。1655 年,又有 40 名伦敦商人向国会请愿,抱怨普通法院的禁令干涉海事法院的诉讼,并且要求国会对此予以处理。1660 年,99 位伦敦市民,其中包括许多著名的商人

---

〔1〕 之所以将风马牛不相及的遗嘱、海事组合在一起,是因为这两个领域也都不属于普通法的管辖。

〔2〕 海事法院之所以受到普通法院的挤压是因为早期英国海事法院在审理海事案件时适用的并不是普通法,而是以《奥列隆惯例集》为首的中世纪海法。

再次向查理二世请愿,要求维护海事法院的管辖权。[1] 由此可见,专门、独立的海事司法赋予海事商人的,不同于普通司法的保护具有重要价值。不过,令人遗憾的是,1971 年后,英国海事案件的管辖被并入高等法院的王座法庭(Queen's Bench Division),海事法院和海事审判人员在编制上的独立性彻底消失。当然,海事审判机构在编制上独立性的消失并不意味着长期以来海事诉讼所形成的特殊规则也随之消失;相反,其仍在许多国家得到保留。在英国 1999 年新《民事诉讼规则》实施后,其司法指南第 49F 部分——《海事诉讼程序规则》仍将所有特殊的海事诉讼制度集中于单独的一部分,海事审判在诉讼程序规则上仍然自成一体。[2] 同样地,在美国,虽然 1966 年后海事诉讼和一般民事诉讼开始适用统一的诉讼规则,但是海事审判仍保留了独立的司法管辖范围和诉讼程序,海事案件不仅是在没有陪审团的情况下由法官主持审理,而且较之陆路运输案件的诉讼程序,其在其他方面也要简洁明快得多。[3] 此外,中国自 1984 年设立专门的海事法院以来,也一直保持海事司法的独立性。

当然,就在世界范围内的整体状况而言,中世纪后海商法在海事司法独立性方面的延续不如前述两个层面——海事司法的独立性总体呈现衰弱之势,这在本书的第四章第一节中会进一步阐述。

---

[1] See George F. Steckley, "Merchants and the Admiralty Court during the English Revolution", *The American Journal of Legal History*, Vol. 22, No. 2, Apr., 1978, pp. 151, 164-165, 166. 转引自肖崇俊:《英国海事法院的历史探析(1360-1873)》,华东政法大学 2010 年硕士学位论文,第 45 页。

[2] 参见傅廷中:《海商法论》,法律出版社 2007 年版,第 573 页。

[3] 参见[美]G. 吉尔摩、G.L. 布莱克:《海商法》,杨召南等译,中国大百科全书出版社 2000 年版,第 21 页。

二、海商法内部综合性在中世纪后的延续

与中世纪海商法的内部综合性主要表现为有关海上运输的各方面法律制度多集中于同一海商法文本中，海商法文本在涵盖的制度内容和规范性质上具有显著的综合性不同，中世纪后海商法的内部综合性主要是指海商法是由各种性质的有关海上运输的法律规范和制度有机构成的统一体。

（一）中世纪后海商法制度的延续与扩张

如本节之前所述，虽然中世纪后海商法的外在法律样态已经发生了根本性的变化，但各国海商法并没有对中世纪海商法进行全盘否定，而是采取了实质性吸收和改造的方式，因此中世纪海商法下辖的制度也都基本进入了中世纪后各国早期的海商立法，海商法的内部综合性也在这一过程中得以保留。在这过程中，最为典型的例子当属法国1681年路易十四颁布的《海事敕令》，该法整合了中世纪时期在法国地区使用的海商习惯法，在内容上包括海事审判人员、管辖权、船员、船舶、海事契约、港湾、海洋警察、渔业等，囊括了当时与海上运输有关的大部分法律规范，充分延续了中世纪海商法的内部综合性。

而再往后，随着海上运输方式的现代化、参与主体的增多以及由此带来的法律需求的多样化和复杂化，海商法的内部综合性相比于中世纪而言有了进一步的扩张。具体而言，海商实践的变化首先从根本上源自海上运输的现代化。如前所述，中世纪船舶在材质、结构和动力上的局限性决定了海上运输在当时只是少数人的事业，进而决定了其参与主体的有限性以及法律需求的相对简单性。但在近现代，这种运输工具的局限性被逐渐打破，1807年，美国人富尔顿建成第一艘采用明轮推进的蒸汽机船“克莱蒙特”号，标志船舶

在动力上可以不再完全受制于自然力；1839 年，第一艘装有螺旋桨推进器的蒸汽机船“阿基米德”号问世，标志着船舶在航行速度上的又一次提升；1879 年，世界上第一艘钢制船舶问世，标志着船舶在船体材料上的巨大进步，意味着船舶抵抗海上风险的能力大幅提升。到 19 世纪后期，蒸汽机船已不再使用风帆，螺旋桨彻底代替了明轮，船壳也由木壳发展为铁壳和钢制船壳，这些都标志着蒸汽机船进入成熟期。[1] 蒸汽机船的发明使船舶在大海中航行的速度、安全性和运载能力均大为提高，到 20 世纪上半叶，蒸汽船的动力设备获得快速的发展，单船的载重突破万吨级别，这为其在当时快速发展的国际贸易中的枢纽地位奠定了基础。同时，伴随着近现代通信技术的发展，人类在提高航行效率、保障航行安全上的能力进一步增强，海上运输的冒险性逐步褪色。

伴随着海上运输的现代化，蓬勃发展的航运领域也随之出现日益精细的社会分工，参与海上运输的主体呈现更为多元化的趋势。首先，中世纪“商航一体”的情况开始式微，从事航运和贸易的主体在身份上开始分离，“职业”船东和承运人成为常态；其次，货运代理人、船舶代理人、船舶经纪人、船舶经营人、港口经营人、无船承运人、航运保险人、航运联盟、船员派遣公司等辅助、衍生主体在海上运输中日益发挥重要的作用；最后，政府对海上运输业的管理和调控职能日益加强——政府在航行安全监督保障、航运市场竞争监管、海洋环境保护、船员劳动权利保护等方面都有广泛的参与。

在此背景下，海上运输的法律调整需求也呈现多样化、复杂化的趋势。对此，我们可以通过以下几例加以阐述。第一，具有流通

---

〔1〕 参见陈燮阳、乔惠英：《蒸汽机船——第一种近代交通工具的发明》，载《汽车研究与开发》2000 年第 1 期。

价值的提单的广泛应用带来的提单法律关系调整需求。虽然提单作为货物已交付运输的收货凭证早在14世纪就开始出现,但提单作为货物的权利凭证却是16世纪后的事情。[1] 提单可以使抽象的权利得到具体的表彰,使权利易于识别,其作为有价证券在市场上的可流转性对于加速货物的流转,提高国际货物贸易的效率具有积极意义。当然,提单的出现也改变了海商法中的许多制度,如海上货物运输法最突出的强制性体制特征很大程度上就是为了加强对本不属于运输合同当事方的提单持有人的保护而产生的。英国、美国等国甚至制定了专门的提单法来应对这种提单法律关系的调整需求。第二,船源污染问题的日益突出导致中世纪时期尚不存在的环境立法需求骤生。海上运输过程中的污染问题在中世纪时期尚未引起人们的注意,因为当时船舶的数量、结构和动力来源尚不会给海洋环境带来显著的负面影响。不过随着船舶数量的快速增加,煤炭、燃油成为船舶的动力源,以及船舶材质、结构变化带来的船舶防腐、压载水技术等,船舶故意地、任意地或意外地排放油类或其他有害物质成为海洋污染的一项重要来源。[2] 为应对这种环境立法需求,从19世纪末开始,各国政府和国际社会在防止、控制船源污染的技术标准和监督机制,船源污染损害的责任和赔偿机制,以及国家间对处理船源污染的合作协调机制(如管辖权的协调)等方面付出了诸多努力——海洋环境保护成为海商法的一个重要议题。第三,航运市场在高速发展之后容易产生局部竞争过度或竞争不足的"失调"状态,造成航运市场自我调整"失灵",进而带来航运经济法的立法需求。中世纪仍是商航一体的时期,这种运输服务

[1] See Richard Aikens, Richard Lord, Michael Bools, *Bills of Lading*, London, Informa Law Press, 2006, pp. 1-2.

[2] 参见陈德恭:《现代国际海洋法》,海洋出版社2009年版,第468页。

提供者与运输贸易消费者的身份重合使得船舶运力供给和需求之间很大程度上是平衡的，因此航运市场的外部调整需求在当时并不存在。不过，随着近现代航商一体的分离以及船舶运力的急剧发展，航运市场具有自然垄断性[1]和价格弹性低[2]的特点便逐渐暴露，航运市场“市场失灵”的情况开始得到重视，以航运市场宏观调控和市场规制为主要内容的航运经济法应运而生。

因此，正如学者所言：“法的形态发生根本变化，总是以社会结构变化为前提条件，即由社会结构的变化来促进，使之成为可能。进入近代社会后，社会复杂性急骤增大。而社会复杂性增大最终导致整体社会系统的功能分化，功能分化形成了种种社会子系统，为解决各种特殊的社会问题提供了可能。法的功能发生分化，使立法成为必要。”[3]海商实践的复杂化和主体的多元化使海商法的立法需求出现了大幅度的膨胀和分化，形成了许多新的分支领域，海商法的内部综合性也在这一过程中扩张，由此形成了近现代语境下海商法的内部制度体系。

（二）近现代海商法律制度体系的构建

结合当前各国海商立法所涉及的法律制度，近现代围绕海上运

---

[1] 航运市场具有天然的垄断性主要出于两方面的原因，一是航运市场资本投资大，容易导致自然垄断；二是航道、港口等航运资源由于天然的分布和不可移动性，一般都具有天然的垄断性，而航运产业要素是围绕航运资源集聚的，因此资源的自然垄断性决定了航运产业分布的地区性，加上航运活动具有外部性等因素，难以形成统一的、竞争充分的航运经济市场。参见李光春：《中国航运法的法律属性研究》，大连海事大学 2013 年博士学位论文，第 25~26 页。

[2] 航运市场具有价格弹性低的特点是因为从市场总运量来看，待运货物的运输量不会因为运价的下跌而增加，即使减低运输成本，也很难刺激交易或贸易量。因此，航运市场竞争导致的低价格并不能产生更多的需求效应，具有边际成本小、需求弹性小、供给刚性的特点。参见王秋雯、姜政扬：《我国航运市场的垄断问题及其法律制度之构建》，载《中南大学学报》（社会科学版）2011 年第 4 期。

[3] 曲阳：《卢曼〈法社会学〉述评》，载《华东政法大学学报》2001 年第 2 期。

输而形成的海商法律制度可视为一个由船舶法律制度、船员法律制度、航运市场法律制度、海上运输合同法律制度、海上运输侵权法律制度、特殊海商法律制度以及海事诉讼相关法律制度这 7 个分支制度有机构成的整体。具体而言：

船舶法律制度是指以船舶的建造、登记、检验、买卖、使用、安全管理、特殊事件处理、报废、拆解、污染防治等事项为调整对象的特殊法律规范的总和。海上运输活动的开展离不开船舶这一载体，因此，围绕船舶而产生的一系列法律关系是海商法必然需要调整的对象之一。船舶法律制度是一套“诸法合体”的法律制度，其中既有实体法性质的内容，又有程序法方面的规定，还有与船舶建造和检验等相关的技术规范，具有典型的特殊性和综合性。[1] 在该制度领域，又可进一步归纳出船舶管理、船舶物权和船舶污染防治四大核心法律制度。

船员法律制度是指以船员在商船上从事海上运输活动所涉及的特殊法律关系为调整对象的法律规范的总和。海上运输活动的开展同样离不开包括船长、船员、引航员等在内的船员职业群体的操作、管理，他们是海上运输活动安全、有序进行的重要人力保障。而船上工作作息时间及劳动量的非固定性、船内居住与家庭和社会的分离性、海上风险带来的工作危险性以及工作性质的流动性、断续性和不稳定性使船员成为一个特殊的职业种类，[2] 需要法律在一般劳动法律制度之外特别调整。因此，围绕船员管理和保护而产生的一系列法律关系也是海商法必然需要调整的对象之一。与船舶法律制度相同，船员法律制度也是一套具有鲜明特殊性和综合性

[1] 参见刘磊：《我国船舶法的立论研究》，大连海事大学 2003 年硕士学位论文，第 14 页。

[2] 参见王秀芬、朱玉柱：《论船员劳动的特点》，载《大连海事大学学报》（社会科学版）2005 年第 2 期。

的制度,它从船员资质的行政管理,到船员在劳动合同下的权利、义务,再到船员基于其职责可能承担的行政、刑事责任,在规范性质上涵盖行政法、民法、社会法、刑法等多个法律部门。在该制度领域,船员职业资质、船员职责、船员劳动合同和船员社会保障四大法律制度是其核心。

航运市场法律制度是指以国家调制航运市场形成的特定经济关系和国家调制航运业内部各要素以及整个航运业与国民经济其他相关行业发生的特定经济关系为调整对象的法律规范的总和。[1] 海上运输活动的展开必然形成航运市场,航运市场的健康、稳定发展是航运活动各参与主体的整体利益诉求。而航运市场的供求机制、价格机制以及竞争机制有时会出现自我调控失灵的情况,为实现对航运资源的高效配置,国家对航运市场的干预和调控就成为必要,航运市场法律制度遂在近现代成为一项与海上运输活动密切相关的法律制度。在该制度领域,包含市场主体制度、准入制度、竞争制度和宏观调控制度四大核心制度。

海上运输合同法律制度是指调整围绕海上运输经营活动而产生的合同法律关系的法律规范的总和。海上运输合同作为海上运输活动开展的纽带,是海商法调整的核心对象之一。海上运输合同法律制度在遵循民法和合同法基本原则的基础上,有自己的特殊性——它们在合同双方权利义务、责任形式和责任分配等方面都具有不同于一般合同法律制度的差异性。海上运输合同产生于海上运输活动的各个环节,有各种各样的形式,但以海上货物运输合同、海上旅客运输合同、船舶租用合同、海上保险合同和海上拖航合同这五种合同制度最具特色。

---

[1] 参见李光春:《中国航运法的法律属性研究》,大连海事大学 2013 年博士学位论文,第 24 页。

海上运输侵权法律制度是指以围绕海上运输经营活动而产生的侵权法律关系为调整对象的法律规范的总和。海上运输活动的展开难免伴随事故的发生,由此带来对侵权法律制度的需求。在海上运输过程中,最典型的侵权情形包括船舶碰撞、人身伤亡以及海域污染三种,与此相对应的法律制度也自然成为海商法的重要组成部分。

特殊海商法律制度是指基于海商法特殊的历史沿革和价值目标而形成的,与一般法律制度相区分和独立的特殊制度,具体又以共同海损、海难救助、海事赔偿责任限制这三项最为典型。

海事诉讼相关法律制度是指与海事案件的审理密切相关的法律制度。海事诉讼是海商法适用的重要方面,海商法规范在实践中如何理解,相关权利通过何种程序行使,相关权益在何种方式下能够得到保护和实现,在很大程度上都与海事诉讼法律制度密切相关。因此,海事诉讼法相关法律制度是海商法的重要组成部分。在该法律领域,具体包括海事案件的管辖制度、海事诉讼特别程序制度、海事诉讼时效制度[1]和涉外海事法律关系适用制度[2]这四项核心制度。

更为直观地表述,近现代与海上运输有关的制度体系在理论上的归纳可如图 1 所示。

---

〔1〕 诉讼时效通常被视为一种实体法律制度,不过考虑到该制度通常在海事诉讼过程才会加以运用,故本文将其放在海事诉讼法律制度中加以论述。

〔2〕 与涉外海事法律关系的法律适用理论上应当属于国际海事私法的范畴,但考虑到该制度通常也是在海事诉讼过程才会加以运用,故本文也将其放在海事诉讼法律制度中加以论述。

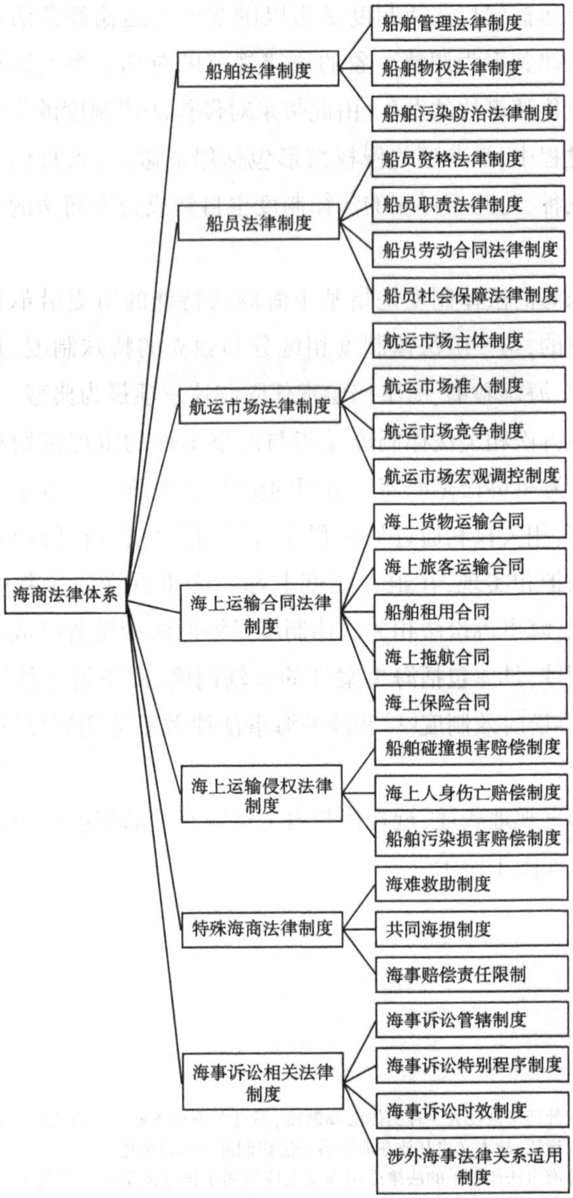

图1　近现代海商法律制度体系的理论归纳

(三)综合性海商法典的构建

除了海商法制度的扩展以及近现代海商法律制度体系的形成,海商法内部综合性在中世纪后的延续还进一步表现为综合性海商法典的构建。所谓综合性海商法典,是指与调整单一事项的海商单行立法相对的一种立法模式,其不以单一类型的法律关系为调整对象,并在同一部海商立法中涵盖多种调整方法。具体而言,综合性海商法典的综合性表现在多个方面:其既包含公法性质的制度规范(如基于国家干预或协调航运市场的纵向经济关系而形成的经济法律关系,基于航运安全监管主体监管航运活动的权限、程序而形成的行政法律关系等),也包含私法性质的制度规范(如从事海上运输活动主体间的财产关系、人身关系等);可能既包含实体法规范,也包含程序法规范;可能既运用权威的法律调整方法(主要以命令、禁止、强制、处罚等为主),也运用自治的法律调整方法(主要以允许、授权、激励等为主),并且涵盖多种法律制裁方式(刑事制裁、民事制裁和行政制裁)。无论在英美法系国家还是大陆法系国家,综合性海商法典都有范例。

在英美法系国家,由于判例法的传统,海商法规则和制度的呈现总体来说是分散的。[1] 不过,由于作为英美法系母法的英国法没有接受源自罗马法学家的公法与私法的基本划分,也没有形成大陆法系那样的法律部门,甚至没有严格意义上的宪法,还没有大陆法系意义上的行政法,[2]并且认为法律不应追求完美的形式或理想的结构,而是成为一种实用技艺,[3]因此,内部综合性在英美法系的一些海商制定法中还是有所表现。其中,英国 1894 年制定

---

[1] 详见本书第四章的论述。

[2] 参见高鸿钧:《英国法的主要特征(中)——与大陆法相比较》,载《比较法研究》2012年第4期。

[3] 参见[英]P. S. 阿蒂亚:《英国法中的实用主义与理论》,刘承韪、刘毅译,清华大学出版社 2008 年版,第 34 页。

(1995 年修订)的《商船航运法》是最典型的一个。该法在内容上涵盖了包括船舶国籍、船舶登记、船长船员、船舶安全、渔船、污染防治、船东的责任、灯塔、海难救助、沉船沉物打捞、执行官及其权力、事故调查和询问以及法律程序等内容,兼具公法和私法,实体法与程序法,并涵盖多种法律调整方式和法律制裁方式。《商船航运法》的综合性在其每一章中都有体现,例如在其第三章“船长船员”中,除了有关船员的雇佣与解雇,船员工资,船员安全、健康与福利,配备船员、资格、培训与统一制服等劳动法领域的规定外,还有关于船员违法行为的刑事规定,船员不适任及其调查的行政规定,以及关于海员违法行为民事责任的规定,甚至包括关于商船海军预备役这种带有军事法性质的规定。正是基于此种综合性,《商船航运法》构成调整英国海上运输活动的基础性法律文件。

而在大陆法系国家,虽然由于遵循公私法分离和部门法体系的法律构建原则与方法,海商法的具体制度内容在整体上呈现碎片化甚至是死法化的状况(具体参见本书第四章的论述),但近来一些大陆国家的海商立法改变了这种立法倾向,转向制定综合性法典。其中,最为典型的例子就是法国 2010 年的《运输法》。法国 2010 年《运输法》将各种运输方式的立法进行了系统的法典化,海商法也不例外——除了海上保险之外,其他与海上运输相关的法律都被统合于该法第 5 编中。具体而言,在调整事项上,法国 2010 年《运输法》“海商法编”下设的 7 章对海上运输涉及的有关船舶、海上航行、海港、海上运输、海员、国际船舶登记以及海外岛屿这 7 个方面的法律关系进行了系统的覆盖;而在调整方式上,该编的内容也广泛涵盖了与海上运输有关的民事、行政以及刑事性质的法律规范,例如第 1 章中有关船舶标识的规定,第 2 章中有关船舶安全和污染预防的规定,第 3 章中有关港口组织、治安、安全的规定,第 6 章有关船舶国籍登记制度的规定都属于传统行政性质的范畴;第 4 章中有关船上暴力、违反船员职业义务等的刑事处罚的规定则属于刑事性质的范畴;而第 1 章中有关船舶物权、责任体系、海上事故,第 4 章“海上运输”的相关规定等则属于民事性质的范畴。相似地,《俄罗斯联邦商船航运法典》也是一部综合性极强的海商法典。这种综合性从其第一章的一般规定中就可以看出:其第 1 条开宗明义就规定“本法典调整商船航运中发生的各种关系”。[1] 同时,在第 2 条对“商船航运”的解释中,其进一步明确调整的商船航运活动包括:(1)货物、旅客及其行李运输;(2)水上生物资源捕捞;(3)海床和底土矿物及其他非生物资源的开发利用;(4)为运输而进行的引航和破冰辅助行为;(5)搜寻、救助和拖航行为;(6)打捞沉没财产;(7)水利技术、水下技术和其他类似作业;(8)卫生、检疫及其他控制;(9)海洋环境保护和保持;(10)从事海洋科学研究,为教育、体育运动及文化之目的的活动;(11)其他目的的活动。而从《俄罗斯联邦商船航运法典》各章的内容来看,其综合性也十分明显——该法共 27 章,在有关实质性内容的第 2 章至第 26 章中,依次对包括船舶(包括船舶所有权、船旗与船籍、船舶识别、船舶技术检验和船舶文件),船舶与船舶权利登记,船员、船长,港口国监督,海事引航员,海上货物运输合同,海上旅客运输合同,定期租船合同,光船租赁合同,拖航合同,海运代理合同,海上保险合同,共同海损,船舶碰撞损害赔偿,船舶油污的损害赔偿责任,海上运输有害有毒物质的损害赔偿责任,对船舶及其他财产的救助,海事赔偿责任限制,船舶优先权、船舶或建造中船舶的抵押权,船舶扣押,海事声明,索赔与诉讼、诉讼时效以及法律适用在内的事项进行了调整,内容同样兼具实体法与程序法,公法与私法,并包括刑事制裁、民事制裁和行政制裁在内的各种法律制裁方式。

---

[1] 本文有关《俄罗斯联邦商船航运法典》的条文如无特别说明均引自韩立新教授主编的《各国(地区)海商法汇编(中英文对照)》(下卷)一书。参见韩立新、王秀芬编译:《各国(地区)海商法汇编(中英文对照)》(下卷),大连海事大学出版社 2003 年版,第 1362~1447 页。

第三章　海商法自体性的成因

基于前文对海商法自体性具体表现的论述,海商法自体性作为海商法本质特性的客观存在应当毋庸置疑。但海商法为何具有自体性,如何从理论上解释海商法这种自成一体的特征却是需要我们进一步探索的问题。这一问题的探索是对促使海商法自体性形成和延续的因素的深层次发掘,从根本上关系到我们对海商法自体性的理解。鉴于此,本章希望通过对海商法自体性在实践和理论层面的成因探索,对上述问题作出回答。

第一节　海商法自体性成因的实践基础

对海商法自体性成因的探索首先必须从海商法调整的对象——海上运输说起,因为海商法产生于海上运输实践,也受制于海上运输实践,它不是由商人们凭空创造出来的,而是紧紧依赖于产生它的海上贸易经济。[1] 正如商法学者所总结的,在商法领

[1] 参见王小波:《〈罗得海商法〉研究》,中国政法大学出版社 2011 年版,第 59 页。

域，“是商业实践创造了法律，而非法律主导了商业实践”，[1]“商法是，或者至少应该是有理智的商人们的共同意识。这个法律部门相对来说不受政治和其他情感方面的压力的影响”。[2] 作为从商人法的一个分支发展而来的海商法当然也不例外。尤其在海商法以习惯法的形态存在和发展的早期阶段，海商法具有很强的自主性和民间性——它不受陆法和国家权力或者领土的管辖而独立存在，不是由君主制定，而是逐渐地被编集成典并得到大家遵守。[3] “与航运业息息相关的海事法历史悠久，在不间断的发展中形成了独特的国际惯例而自成一体。这显然区别于和海事法相互渗透，但仍保持许多联系的陆上运输之法律。”[4] 因此，海上运输的现实与需求构成海商法的实践基础，是海商法制度依托的外部环境，构成海商法制度特性的根本依据。基于此种认识，海上运输实践的现实需求是探寻海商法自体性成因的关键所在。

具体而言，促成海商法具有自体性的实践因素主要在于海上运输在以下三方面的特殊性：海上运输环境的特殊性、海上运输的国际性、海商实践的历史传统。

一、海上运输环境的特殊性

海上运输的特殊性首先在于海上运输活动开展的空间环境的特殊性，即海洋环境的特殊性。海上运输环境的特殊性及其对海商法的影响主要包括两方面：一方面，恒变不居的海洋环境使海上运输具有高风险性，这种高风险性要求海商法在制度层面进行针对性

---

〔1〕 何勤华主编：《中世纪欧洲世俗法》（法律文明史第 6 卷），商务印书馆 2014 年版，第 691 页。

〔2〕 [英]施米托夫：《国际贸易法文选》，赵秀文选译，中国大百科全书出版社 1993 年版，第 97 页。

〔3〕 参见何勤华、李求轶：《海事法系的形成与生长》，载《中国律师和法学家》2005 年第 5 期。

〔4〕 [美]G. 吉尔摩、C. L. 布莱克：《海商法》，杨召南等译，中国大百科全书出版社 2000 年版，第 1 页。

的特殊设计对其加以平衡,由此使海商法成为一个围绕海上运输特殊风险而发展演变的法律领域,进而表现出显著的特殊性与独立性;另一方面,即使海上运输活动的特定环节不具有特别的高风险性,但海洋环境相较于陆地环境的显著差异性使得适用于海上运输领域的法律制度必须考虑海上要素的差异性和区别性,由此导致适用于陆上的法律制度往往不能或不宜直接适用于相应的海上运输领域,这进一步凸显了海商法的特殊地位。具体而言:

1. 海上运输环境给海上运输带来的特殊性最集中地体现于海上运输的高风险性。根据通常的理解,风险是指某一特定危险情形发生的可能性及后果——危险情形发生的概率越高,造成的后果越严重,其风险也就越高。对海上运输而言,由于变幻不定的海洋环境相比于陆上始终更具有难以预见性和难以克服性,海上运输始终是一个高危行业,而且海上事故造成的损失通常价值巨大,[1]因此高风险性是海上运输与生俱来的特点。尤其在海上运输的早期,由于航海技术和人类对自然规律认知能力的局限性,征服和利用大海绝非易事:对自然科学和海洋环境的未知意味着当时能够有效防止遭遇海上意外概率的手段极其有限;木质船舶相对于海上风浪、暗礁的脆弱性意味着船舶抵抗海上恶劣天气或触碰事故的能力亦十分有限;通信条件的限制意味着船舶一旦离开岸边就成为一个孤立于海上的个体,获得支援或救助的可能性十分渺茫。所以,航海活动在早期也被称为海上冒险(marine adventure)。这一点我们从古希腊时期流传的一个典故中就可以看出:"有人问希腊七贤之一的阿那哈斯:'您说什么样的船只最安全?'这位智者一本正经地回答说:'那些离开了大海的船只。'"[2]不过高风险亦意味着高回报,受

〔1〕 船舶本身就是价值巨大的财产,再加上其所运输的货物价值以及事故可能引发的责任(如碰撞责任、油污责任等),海上事故造成的损失通常不是一个小数目。

〔2〕 郭瑜:《海商法的精神——中国的实践与理论》,北京大学出版社2005年版,第68页。

到顺利完成航行后所能获得的巨大财富的吸引,以及为了战时能够编成舰队,航海活动仍受到积极鼓励。于是,如何在制度层面降低参与主体对海上运输风险的畏惧,分散和平衡海上运输主体所承担的高风险成为海商法的重要使命。

在此背景下,共同海损、海难救助、海事赔偿责任限制、船长船员对船舶安全的责任、船货抵押借款制度、海上保险等一系列专门为分散或降低海上特殊风险而设计的制度应运而生。可以说,这些早期海商法最为核心的制度完全是围绕海上运输的高风险特征而量身打造的,它们在制度特性上完全体现海上运输实践的特殊需求,彰显海上运输特有的价值目的。而在近现代语境下,虽然随着航海技术和人类对自然规律认知能力的提升,航海活动的风险性已经大幅降低,但正如学者总结的,"风浪、天气、火灾、海啸、暗礁等自然危险因素,船艺要求与船东实际失控的技术危险因素,漫长海上航程中船员的身心危险因素,以及各国港口的暴动、罢工与海盗等无法预期的危险因素,构成了海上活动永远存在的、陆上无法比拟的海上特殊风险",[1]海上运输相比于其他运输方式仍是一项具有高风险的活动。例如,虽然当前直接由于恶劣天气等自然因素造成的海上事故数量并不多,但海上随时可能遇到狂风巨浪、暴雨、雷电、浮冰等海上特有的风险,海上运输面临的自然环境仍是相对最恶劣的,再加上漫长的航程以及相对孤立的生活环境对船员心理及身体造成的负面影响,海上运输发生货损以及触碰、搁浅、沉没等海上特有事故的风险仍然相对较高并无法避免。因此,不仅前述许多传统上旨在为分散或降低海上特殊风险而孕育的制度仍是现代各国海商法中的重要组成部分,而且在近现代海商法发展过程中产生的航海过失免责、船舶检验、海上避碰规则、船长船员适任制度、

〔1〕 李天生:《国际海上承运人责任基础历史演进及启示——海上特殊风险与产业利益的双重流变》,载《河北法学》2013年第2期。

ISM 规则等制度也是呼应海上风险的特殊性而设计的。

所以,总结来说,应对海上运输不同于其他活动的风险性是海商法创设不同于其他法律的制度,拥有不同于其他法律理念和传统的根本驱动力。正如学者所言,海商法独具一格的制度和规范很大程度上也正是围绕应对海上运输风险的特殊性,保证海上运输活动的顺利开展而产生的,其所涵盖的一整套涉及船舶所有人、出资人、船长船员、货主等众多主体,包括为进行带有危险性航海时所需资金的筹集、维持处于孤立状态的船舶上的秩序和治安、确保船员合格称职、调配航海所需物资、分担由避免危险所采取措施造成的损害、航海失败导致损害发生时限制船舶所有人责任并分担损害,以及救助遇难船舶、保护受损货物等在内的一系列制度都是为了这个目的。[1]

2. 海上运输环境给海上运输带来的特殊性还表现在海洋环境相较于陆地环境的显著差异性上,它使海上运输多数情况下不能简单适用依据陆上情形设计的一般法律规则与制度,需要海商法依据海上要素或作出针对性的调整,或自行创设专门的规则与制度。例如,一般合同领域的意思自治原则适用于海上货物运输领域就曾造成形式公平但实质不公平的现象,需要通过规定承运人最低法定义务的方式来矫正意思自治原则在海上货物运输领域的适用,从而使海上货物运输法体现出独有的强制性特征。又如,陆上的行政执法程序也不能直接适用于对海上运输领域的执法监管,因为考虑到没有陆地上的方便条件,执法船艇往往需要独立执法,且由于船舶的流动性,通常存在书面告知不能或者不容易送达的情况,只能通过使用无线电话、高音喇叭广播、旗语、灯语、灯光、VTS 系统(Vessel Traffic Service System,船舶交通管理系统)、AIS 系统(Automatic I-

---

〔1〕 参见[日]中村真澄、箱井崇史:《日本海商法》,张秀娟、李刚、朴鑫译,法律出版社 2015 年版,第 2~3 页。

dentification System,船舶自动识别系统)、电报、电传等方式进行告知。[1] 这就需要对海上运输领域的行政执法方式和程序进行针对性的调整。再如,与陆上发生事故外部救助力量能在较短时间内赶到不同,海上事故发生后岸上救助力量通常无法及时到达,这就要求海难救助需更多依赖于自力救助以及过往船舶的救助,进而需要对船长船员的救助义务以及海难救助法律制度进行特别设计。同时,由于海上环境污染的易扩散性和难处理性,环境救助概念的提出也成为必要。

因此,海上运输环境的高风险性和与陆上环境的差异性是海商法众多制度背后共同的逻辑起点,它既是海商法制度特性的根本来源,也是将海商法各个制度辍连在一起形成一个整体的纽带,是海商法至今仍能独立于其他法律成为一个相对独立的领域的重要实践基础。海商法的自体性很大程度上也由此产生并凸显。

二、海上运输的国际性

不同地域间货物或商品使用价值的交换或互补是海上运输活动产生的根本动力,而海水对陆地的分隔决定了海上运输所连接的往往是具有不同文化的地域,且船舶之上的船员、货物也常常来自不同的地方,海上运输也由此具有天然的跨地域性或国际性。海上运输的国际性要求航程所及地区的海商法应当具有国际统一性,以此减少法律冲突带来的不确定性,提高海上运输的效率,这使海商法在各国法律体系中具有独特的地位:海商法因国际统一的需求而更多地具有移植性或外来性,这与内发性更强的其他法律制度之间形成鲜明的对比,并进而使海商法的发展经常脱离相对应的其他国内法,从而成为一国法律体系中相对独立的部分,体现自成一体

---

[1] 参见阎铁毅:《海洋立法应注意区分海洋管理体制和海洋执法体制》,载《光明日报》2016年1月3日,第8版。

的特性。

海上运输的国际性对海商法自体性的影响从中世纪时期就已存在。早在那个时期,适用于不同地区的海商法之间就具有共同的渊源和概念、制度体系,并在内容上体现明显的传承性和借鉴性。“海商法的早期历史在某种程度上与商法不同……我们可以发现《康梭拉多海法》《奥列隆惯例集》《维斯比海法》《吕贝克海法》〔1〕所形成的一系列海商法都统治着欧洲数量繁多的海商城市(maritime states)。因此,在中世纪早期,海商法比一般商法更具世界性的特征。”〔2〕“尽管是在不同的国家以及十分不同的时代被写成文字的,但与这些国家的对应的民事习惯所显现出的巨大差异性相比,海商习惯显示出了令人注目的相似性。”〔3〕而探究这种统一性的原因,其中很重要的一点便是当时不同港口之间对海事习惯的相互模仿。正如英国著名法律史学家威廉姆·霍尔兹沃思教授所分析的,“海上贸易意味着相对较远的地区间的交流,而且地理条件也限制了这些地区的数量。这些事实导致了规则的相似性,因为一个港口模仿另一个港口的习惯是容易的。同时,它们也倾向于使编纂的规则便捷化,因为这样能使外地商人了解其法律地位”。〔4〕也就是说,在中世纪时期,不同地区的海商法之间就存在广泛的相互借鉴,这使海商法可以依据其跨地域性的实践需求发展而不受地域和本土法律传统的局限,形成不同于其他法律领域的制度特征。

而在中世纪之后,在海商法的国内化过程中,海商法国际统一的

---

〔1〕在威廉姆·霍尔兹沃思教授的原文中,这些海商法名称对应的英文分别是“Consolato del Mare”“laws of Oleron”“laws of Wisby”“the laws of Lubeck”本文对此进行意译。

〔2〕William Searle Holdsworth, *A History of English Law*, London, Sweet & Maxwell, 1945, p. 100.

〔3〕Frederic Rockwell Sanborn, *Origins of the Early English Maritime and Commercial Law*, New York, The Century Co., 1930, p. 55.

〔4〕William Searle Holdsworth, *A History of English Law*, London, Sweet & Maxwell, 1945, p. 100.

价值仍被继续强调，因为各国都认识到，相互孤立的海商法对海上贸易的发展是极为不利的——其有碍于法律所追求的公平、有序、经济、合理的价值目标在海上运输领域的实现。第一，不利于航运活动的有序开展。各国海商法的差异，尤其是公法性质规范的差异（如船舶安全、航行规则等）将使海上运输活动的参与主体难以适从。各国政府各执一套标准将使海上运输活动处于无序的状态，造成对商事活动的不当干扰。第二，有损公平理念。各国海商法的差异将一个相同的海商案件在不同国家、地区提起诉讼就可能会产生完全不同的判决结果，这会促使相关当事人在发生纠纷时采用择地诉讼（forum shopping），[1]致使"机会主义"诉讼的产生，进而有损于实质公平理念的实现。第三，影响商业效率。各国海商法的差异和冲突导致跨国海商贸易适用法律最低限度地稳定性与可预期性保障只能依靠海事冲突法完成。[2] 虽然海事冲突法在发展过程中逐渐形成了一些具有国际共识的冲突法规则，但海事冲突规则的趋向一致并不能确保国际海事纠纷处理的确定性与可预期性，因为海事冲突规则最多只能确保连结点的统一，统一的是如何选择法律的问题，而无力控制实体法律如何处理争议。[3] 这造成海上运输和贸易的合同当事方在订立合同的过程中仍难以快速、准确地评估其法律风险和法律成本，需要花费大量的精力在合同纠纷的法律适用问题上，增加谈判环节和交易成本，有碍于商业决策效率的提高。第四，不利于更好地分散海上运输以及国际贸易中的风险。各国海商法的不同将使法律的可预见性受损，合同各当事方的权利义务将

[1] 一国法院可通过扣押船舶而取得对案件的管辖权更为这种择地诉讼现象提供了可能和方便。

[2] See A. N. Yiannopoulos, "The Unification of Private Maritime Law by International Conventions", 30 *Law and Contemporary Problems* 370, 1965, pp. 370-371.

[3] 参见王秋雯：《海商法的国际统一：从海商自体法到国际海商统一实体法》，载《社会科学辑刊》2012年第2期。

难以明确,进而导致各当事方难以就其承担的责任和风险合理安排保险,并易产生重复保险以及漏保现象,使海上运输以及国际贸易中的相关风险无法以最经济的方式得到最充分、有效的分散。基于上述各国海商法孤立将会导致的弊端,海商法的国际统一在当代具有不可替代的价值,在国际层面维护海商法的一体性依然必要。这一点,从我国《海商法》的修改中即可以看出:虽然我国《海商法》修改的呼声从2000年之后就不断升温,但国际立法与实践的发展始终是我们考虑的一个重要因素——由于海商法的国际性,在国际规则并未发生重大变化的背景下,《海商法》的修改也一直未正式提上日程,这与《公司法》《证券法》《保险法》等典型商法的法律修改频率相去甚远。而在本次《海商法》修改正式启动后,与国际接轨的大原则依旧没有改变:在是否取消承运人航海过失免责以及是否提高单位赔偿责任限额等事项上,普遍的观点是,在其他国家的立法未发生整体性的变化的情况下,我国也不宜贸然改变。

国际统一性对海商法自体性的推动最突出地体现在各国对海商法进行改革时,通常在同国际接轨和同国内一般法保持一致之间选择前者。对此,我们可以海上保险法的改革为例加以说明。对于各国海上保险法的立法来说,由于当前海上保险和再保险的中心在伦敦、东京、奥斯陆和苏黎世,而这些中心所在国的法律与实务皆维持海上保险法及水险条款的相对独立性,因此其他国家的立法就不能不考虑这些主要海上保险人的习惯做法和再保险的安排。[1] 在澳大利亚《1909年海上保险法》的改革报告中,曾有一种提议的方案是海上保险中的告知义务可借鉴其《1984年保险合同法》所采取的消极告知义务模式,但法律改革委员会最后拒绝了这一方案,其给出的一个重要理由就是如此改革会有损于本国海上保险法与其

---

〔1〕 参见朱作贤:《海上保险法补偿原则研究》,大连海事大学2008年博士学位论文,第2页。

他普通法国家海上保险法的协调。[1]

当然，与国际化共存的一个概念是本土化。持法律本土化的观点认为法律作为一种调整实际生活的强制性规范，与特定国家，甚至是地区的政治环境、民族精神、风俗习惯、宗教信仰等因素都具有实质性的联系，所以法律必须根植于特定的法律环境而不可能具有普适性。在此基础上，他们否认存在放之四海而皆准的法律，强调法律应注重寻求本土资源，继承传统法律文化中与现代社会相契合的法律思想、法律制度和法律技术，只有这样才能真正产生具有良好社会效益的法律。对海商法来说，海商法本土化的话题也常被提及，并突出表现在如何使海商法成为符合本国航运需求和法律传统的"本土"制度，以及如何从本土法律资源中寻找解释海商法问题的资源等问题。在上述本土化探寻的过程中，海商法基于国际统一性而具有的自体性必然会受到影响，出现被本土一般法律同化的现象。可以说，国际统一性对海商法自体性的支撑必然受到本土化的牵制。这一点，从当前各国对《鹿特丹规则》的观望态度中也可以进一步看出——基于从最有利于本国利益的角度出发，很多国家对《鹿特丹规则》的态度都较为审慎，相比于直接加入公约，不少学者都提出应当采用修改国内法的形式对公约进行选择性的采纳。例如在我国，一种代表性的观点即为"我们应该采取积极而冷静的态度看待其(《鹿特丹规则》)内容和生效情况，以修改和完善我国《海商法》为基本路径，对于公约中成熟先进且适应中国航运业发展的内容进行借鉴和吸收"。[2] 不过本土化思维在海商法领域的适用实际是有界限的，正如学者所指出的，在现代社会已经于全球范围

---

[1] See The Australian Law Reform Commission, "Report 91: Review of the Marine Insurance Act 1909 (ALRC 91), Sydney: ALRC, May 2001", http://www.austlii.edu.au/au/other/lawreform/ALRC/2001/91.html#ch3Heading1, May 5, 2019.

[2] 袁发强:《谨慎迈进——中国对待〈鹿特丹规则〉的应有态度》，载《当代法学》2013年第4期。

基本成型的情况下，有些法律并不存在严格意义上的法律本土化问题，因为这些法律制度的内容在任何国家，除了极少数奉行原教旨宗教或者尚处于原始状态的国家之外，都应该大致相同，其中商法就是其中之一——由于现代商业模式在全球的展开，人们的商事行为逐渐趋同，于是相应的法律也随之类似以避免无谓的损耗。[1]同时，在国际海事公约[2]、海事示范法[3]、海事标准合同和标准合同条款等的共同推动下，一个不争的事实是海商法领域本身已经成为一个融合大陆法系和英美法系传统的法律领域，任何国家想要挣脱这种共同、统一的法律环境并非易事。例如，有观点认为，海事责任没有全局性、系统性的原则指导，只有局部的、具体的规定的现象很大程度上就源于海商法的国际性，因为各国海商法都不免受本国法传统的影响，而各国法又有很大的不同，为达成国际统一，海商法就只好避免对根本性问题进行直接回答，而只就特定问题的实际处理方式进行规范，从而有利于最大限度地国际统一。[4] 这种观点虽然并不一定完全准确，但却反映了国际统一对海商法制度特性的影响力。

因此，尽管我们不否认本土化的价值，但在海上运输领域，国际统一无疑仍是主旋律，其对海商法自体性的支撑也将持续存在。

---

〔1〕 参见陆幸福：《全球化语境中的法律本土化及其中国应对》，载《政法论丛》2013 年第 5 期。

〔2〕 从 19 世纪末开始，以国际海事委员会、国际海事组织和联合国国际贸易法委员会为首的国际组织牵头制定了一系列海商法公约。

〔3〕 海事示范法是指由相关海事国际组织草拟的，用以推荐给各国在制定国内法时予以参考或采纳的法律文本，它本身不具有拘束力，各国可以视自身需求全部采用、部分采用或不予采用，如 1990 年的《国际海事委员会电子提单规则》和《国际海事委员会海运单统一规则》。

〔4〕 参见郭瑜：《海商法的精神——中国的实践和理论》，北京大学出版社 2005 年版，第 187~188 页。

三、海商实践的历史传统

海商法自体性一直得以延续的另一个实践层面原因是海商实践的历史传统。传统一经形成，便具有非常强的稳定性，这种稳定性有时甚至被一些学者认为是传统本身所具有的保守性格。[1] 在海商领域，海商实践的历史传统同样具有顽强的稳定性，并表现为海事商人基于使用和沟通的便利，更倾向于沿袭业内所熟知的传统，进而导致海商话语体系的高度传承性、专业性和自治性。具体而言，在海商领域，海事商人奉行的是一套为海事商人所熟悉的话语体系。在这套话语体系中，不仅有海商领域独有的概念和术语，而且涉及许多技术性规范和专业知识，很多都是国际航运领域的习惯做法和约定俗成的规矩，类似"共同海损""无效果、无报酬""光船租赁""滞期费""速遣费""船舶优先权""海事强制令""分道通航"等一系列其他生产领域闻所未闻的术语。这些术语和习惯在长年累月的使用中不曾轻易改变。这使海商领域始终被视为一个极为专业、特殊甚至是深奥的领域，而技术性、专业性也常被视为海商实践的特点之一。

海事实践的历史传统及其由此形成的话语体系的传承性、专业性和自治性对海商法自体性的影响虽然难以量化，但却毋庸置疑。对此，商法学者在商法领域已有广泛的认识，在他们看来，商法领域的专业性和独特性之所以始终如此地引人注意，很大一部分原因便是其在产生之始便不是民族国家法律体系的组成部分，它们的母亲是欧洲中世纪晚期，甚至更古远时代的商人法。[2] 沿着中世纪商人法的传承，商法始终保留着在调整方法、调整规则、表现形式、价

---

[1] 参见姚建宗：《法律传统论纲》，载《吉林大学社会科学学报》2008年第5期。

[2] 参见鲁楠：《匿名的商人法——全球化时代法律移植的新动向》，载《清华法治论衡》2011年第1期。

值取向、体系结构等方面的独特性，这种历史传统的延续性使其始终区分于其他法律部门。而继承于中世纪商人法的新商人法也同样如此——“新商人法”是高度专业化、技术化的法律沟通，是商法的特殊语言所编织起来的系统，它并非像埃利希所说，是扎根于扩展的市民社会基础上的“活法”，因为由市民社会本身孕育生成的“活法”缺乏专业性，它往往难以脱离日常语言的实践。[1] 即使在“民商合一”呼声高涨的情况下，学者也认为单一法典新理念的提出仅仅意味着不需要在民法典之外再另制定商法典，而不是要去取消商法。在大部分民法法系国家，不管他们是否只有一个单一民法典还是另有一个商法典，商法直至今天仍保留着其学理上的自治性。[2] 而究其原因，不少学者将历史与传统归结为其中一个重要，甚至是决定性的因素，例如德国学者托伦就指出：“民法与商法的划分与其说是一种科学的划分，还不如说是一种历史的沿革。传统因素对民商分立的形式具有压倒一切的影响。”[3] 我国学者也总结认为“理性与单纯的价值判断不是推动民商合一的全部因素，更不是决定性因素，历史与传统才是商法产生和存在的基础，也是民商分立的真正支持，正是历史与传统的因素真正阻碍着民商合一”。[4] 在此基础上，有学者认为“多少年来，由原始规则和古老习惯相沿而成的商行为规范并没有因商业的发展而发生根本性变化，只是随商业的发展在内容上有所增加，范围上有所扩大而已”。[5] 还有学者发现一个非常有趣的现象，即“在商法诸领域

---

〔1〕 参见鲁楠：《匿名的商人法——全球化时代法律移植的新动向》，载《清华法治论衡》2011 年第 1 期。

〔2〕 参见殷安军：《瑞士法上民商合一立法模式的形成——兼评“单一法典”理念》，载《中外法学》2014 年第 6 期。

〔3〕 转引自覃有土：《商法学》，中国政法大学出版社 1999 年版，第 57 页。

〔4〕 李永军：《论商法的传统与理性基础——历史传统与形式理性对民商分立的影响》，载《法制与社会发展》2002 年第 6 期。

〔5〕 赵旭东：《商法的困惑与思考》，载《政法论坛》2002 年第 1 期。

中，产生年代越古远的部分，其相对于民族国家独特性和封闭性就越发强烈”。[1]

对于作为由中世纪商人法的一个分支发展而来的海商法来说，基于中世纪前就开始传承的海商传统，历史因素对海商法自体性的影响绝对不容忽视。事实上，正如学者所总结的，“如果排除时代变化和技术进步的因素不谈——这导致海商法中增加了如海上油污处理等新兴的部分，当今海商法关于船舶租赁、货物运输、海损等制度的设计都可以追溯到遥远的年代，它们最初源于商人之间的约定，体现在提单的背面条款上，之后才演变为法律，包括海上保险这样的法律领域也直接来源于古代海商之间所形成的风险投资和互保机制”。[2] 这种历史传统的延续性和随之带来的话语体系的自治性使一个资深的民法理论家也很可能对海商法知之不多，[3] 甚至对于商法学者来说，虽然海商法是作为商人法的一个分支发展而来的，而且近代一些国家也将海商法作为商法的一部分编纂于商法典中，但海商法所具有的特殊性和独立性仍不是一般学者所能理解的。对此可为佐证的是，当前不少商法著作中都未将海商法纳入其研究范畴。

因此，铺设在海商实践历史传统之上的话语体系和法律沟通是确定海商法边界和独立性的重要因素，只有掌握这套语言，才可能进入到海上运输活动的法律沟通世界，不运用海商实践的专业语言，便意味着无法走进海商法的世界。从这个意义上来说，只要这种基于历史传统而形成的话语体系和法律沟通的特殊性和自治性

---

〔1〕 鲁楠：《匿名的商人法——全球化时代法律移植的新动向》，载《清华法治论衡》2011年第1期。

〔2〕 鲁楠：《匿名的商人法——全球化时代法律移植的新动向》，载《清华法治论衡》2011年第1期。

〔3〕 参见鲁楠：《匿名的商人法——全球化时代法律移植的新动向》，载《清华法治论衡》2011年第1期。

不消失,海商法的自体性就不会消灭。当然,历史和传统是可以被改变和打破的,法律甚至是所有文明的发展也是在改变历史和传统的过程中才得以实现的。例如,对于从商人法的传统论述海商法特殊性的路径,有学者就提出了类似"海商法既为商法,航空、铁路等运输法为何不为商法"[1]的挑战。应当认为,这种对历史传统的挑战和质疑是有价值的,它对于促进海商法的更新发展具有积极作用。不过作为一种在一定时代慢慢产生并在随后长期存在并相应变化、演进和发展的知识、经验和智慧,法律传统是人们认识、思考和处理日常生活中与法律相关的各种事务和问题的标准的意识、观念、思想、思维、行为及其模式,其所具有的历史延续性是任何人为的力量都没有办法真正中断的。[2] 从目前的情形来看,海商法相对独立、自成一体的历史延续性并未中断,海商法仍是一个具有相对独立话语体系和表达方式的系统,它根源和服务于海事实践的参与者,其形成的法律人团体也是熟知这套体系的"特别法专家"。因此,在可预见的未来,无视这种传统而强行人为改造海商法的行为是不符合法律发展规律的,海商法的自体性也将在这种影响下继续存在。

综合上述三方面的论述,海上运输的现实与需求和海商法自体性之间的联系可以总结如下:海上运输活动环境的特殊性、国际性以及海商实践的历史传统是海商法不同于其他法律的实践基础,正是基于这些现实基础,海商法才得以拥有自己的发展规律和发展动力,建立起一套自成体系的法律制度,成为一个自成一脉的法律领域,并在历史的发展过程中保留其自成一体的特性。换言之,海上运输的现实与需求是海商法自体性产生的根源,而海商法自体性则是海上运输的特殊需求在海商法中能够得到满足和体现的重要保障。

---

〔1〕 赵旭东:《商法的困惑与思考》,载《政法论坛》2002 年第 1 期。

〔2〕 参见姚建宗:《法律传统论纲》,载《吉林大学社会科学学报》2008 年第 5 期。

第二节　海商法自体性成因的理论解释

海上运输的现实与需求有助于理解海商法自体性产生的实践背景和基础，但尚需从理论的高度对海商法自体性的形成机制加以解释。对此，笔者认为法社会领域的自发秩序理论和法律功能主义思想能为海商法自体性的形成提供理论上的解释——自发秩序理论能够从理论层面勾画出海商法自体性形成、发展的路径，法律功能主义可以从法律制度背后的价值功能层面解析促使海商法自体性形成的内在机理；而我国学者近来提出的领域法学理论则可为海商法自体性在当代的保持提供理论支撑。

一、自发秩序理论的解释

自发秩序理论作为20世纪影响巨大的理论学说，最早可追溯到16世纪西班牙萨拉曼卡学派（school of Salamanca）关于商品、货币以及由天主教自然法教义引申到经济原理的首个普遍价值理论（first general theory of value），[1]其核心主张在于人类秩序是“人类行为的结果而非人类设计的结果”，强调秩序的自发性和人类理性的有限性。自发秩序理论最初主要发展于经济学领域。亚当·斯密（Adam Smith）有关“无形的手”的市场经济理论就体现了“自发秩序”理论，即市场是一种最自然的制度，是每个市场中的个体自发形成的秩序。对于这种秩序，国家最好的经济策略就是不干预，由“无形的手”自我调整。此后，自发秩序这个概念逐渐被引入其他领域用以解释人类文明的形成，“语言、法律、道德甚至国家的

---

〔1〕“The Tradition of Spontaneous Order, Norman Barry, at B12, B13”, http://www.econlib.org/library/Essays/LtrLbrty/bryTSO1.html#xx14. Novermber 15,2019.

形成都具有这种进化的自生自发的特点”。[1] 不过“自发秩序”理论的真正集大成者是英国学者弗里德里希·冯·哈耶克(Friedrich August von Hayek),其不仅更为明确、清晰地阐述了市场自发秩序的形成过程,而且对“自发秩序”思想的认识论背景和整个社会秩序的自发形成过程进行了阐述。根据其阐述,社会秩序可以分为两种:一种是“人造的秩序”、“外来的秩序”或“组织”(made order, exogenous order, artificial order or organization),另一种是“自发的秩序”或“自生自发的秩序”(spontaneous order, self-generating or endogenous order)。[2] 其中,“人造的秩序”推崇理性至上,认为凭借人的理性足以知道并能根据社会成员的偏好考虑到社会制度所必需的所有细节,因此它强调秩序的可操作性,主张社会秩序是人有意而为的产物;而“自发的秩序”则强调理性的限度,认为只有在积累性进化的框架内,个人的理性才能得到发展并发挥作用,因此它推崇秩序的自发性和自愿性,主张社会秩序是经过个人之间的自我调适而形成的。[3] 相比“人造的秩序”,“自发的秩序”更为温和,它的发展并不是由系统外的力量所创造的,而是由其内部要素自发推动的,体现为一种循序渐进的过程。

虽然有观点认为自发秩序理论的最大贡献只在于为“自由秩序的演进提供了某种理想化的自由模态而非自由秩序所实际演变的轨道”,[4]但正如邓正来先生所评价的,哈耶克的自发秩序理论对现代自由主义理论的转向或发展以及对当代社会理论研究领域的

---

[1] 张进铭、高雪萍:《自发秩序与建构秩序的相容性——以哈耶克法治理论为视角》,载《江西社会科学》2010 年第 8 期。

[2] See F. A. Hayek. *Law, Legislation and Liberty: a New Statement of the Liberal Principles of Justice and Political Economy*, Henley, Routledge & Kegan Paul, 1982, p. 37.

[3] 参见向前:《国际商法自治性研究》,法律出版社 2011 年版,第 47 页。

[4] 刘磊:《自生自发的秩序? ——哈耶克自由理路的迷思》,载《法制与社会发展》2006 年第 2 期。

拓宽所做的知识上的贡献是极其重要的。[1]

自发秩序理论对社会秩序的阐述具有普遍的适用性,具体到法学领域,哈耶克主张“法律”(law)与“立法”(legislation)的二元区分,即“法律”是人类社会自发形成的,其作为一种被执行的行为规范与社会同步发展,在人类能够使用语言或文字之前就早已存在;而立法是主权者刻意的发明,是统治者发布的特定命令,它的产生远远晚于法律的产生。在他看来,法律与语言、道德等其他社会秩序一样,都是一种典型的自生自发的社会秩序,它不是被制定出来的,而是被法律职业者(如法官)发现的。因此,他认为法律实证主义关于法律源自立法者的意愿的观点只是建构主义(constructivism)的谬论的产物。[2] 根据他的观察,事实上早期立法者的法律制定活动只是对既存法律的叙述,而非创造法律。“在当时的数个世纪中,人们所公认的一项原则乃是,君王或者任何其他的权力机构只能宣布或发现已经存在的法律,或纠正其间所隐含的对既存法律的种种滥用情况,而绝对不可能创造法律,只是中世纪晚期,经由主观构设而制定的法律——亦即我们所知的立法——的观念才开始逐渐为人们所接受。”[3] 因此,法律的发展和变化在他看来并不是法律制定者发明或设计的成果,法律独立发展所形成的自发秩序也经常会与法律制定者的意愿产生冲突。[4] 不过他也承认,这种通过自发过程发展而来的法律也会出现依靠其自身力量难以快速纠正的僵局,而造成这种僵局的重要原因之一是这种缓慢的自发过

---

〔1〕 参见邓正来:《哈耶克社会理论》,复旦大学出版社 2009 年版,第 17 页。

〔2〕 See F. A. Hayek. *Law, Legislation and Liberty: a New Statement of the Liberal Principles of Justice and Political Economy*, Henley, Routledge & Kegan Paul, 1982, pp. 72-73.

〔3〕 [英]弗里德里希·冯·哈耶克:《自由秩序原理》,邓正来译,三联书店 1997 年版,第 204~205 页。

〔4〕 See F. A. Hayek. *Law, Legislation and Liberty: a New Statement of the Liberal Principles of Justice and Political Economy*, Hayek, Routledge & Kegan Paul, 1982, pp. 81-82.

程无法适应特定时期快速变幻的社会环境。在这种情况下,采用有意的立法活动对其进行修正可能是解决的途径之一,虽然这并不是唯一可行的办法。[1]

哈耶克的主张实际与自然法的传统理念(自然法以人类的理性为基础,认为法律从本质上来说是一种客观规律,立法者制定的法律必须以客观规律为基础,体现公平、正义的目标)和法社会学领域埃利希·尤金(Ehrlich Eugen)所提出的"活法"理论[2]存在某种契合,与法律实证主义(法律实证主义强调法律是人定的规则,是主权者意志之产物,而且法律与道德之间没有必然的联系)相左。

"自发秩序"理论被誉为是"哈耶克最伟大的发现,亦是法学和经济学的根本原理"。[3]再具体到海商法领域,我们发现"自发秩序"理论恰可以为海商法的自体性提供理论解释——海商法的自体性很大程度上就是海商法自发秩序的体现。

我们知道,海商法是作为中世纪商人法的一个分支发展起来的。而商人法的产生和发展过程可以表述如下:随着农业生产率的提高和城市化的推进,职业商人作为一个社会阶级出现。[4] 不过当时的贸易仍面临很多的阻碍,如不同的语言、文化背景等,其中也

---

[1] See F. A. Hayek. *Law, Legislation and Liberty: a New Statement of the Liberal Principles of Justice and Political Economy*, Hayek, Routledge & Kegan Paul, 1982, p. 88.

[2] 根据其观点,法律有两种,一种是国家制定的法(state law),另一种是非国家制定的法(non-state law)。其中非国家制定的法又被称为"活法"(living law),是指社会组织的内在秩序,即社会成员的日常生活规范。而即使是国家制定的法,它所构建的大量的法律秩序也并非基于法律规定本身,而是基于社会组织的内在秩序。(See Ehrlich Eugen, *Fundamental Principle of the Sociology of Law*, New York, Arno Press, 1975, pp. 13, 34.)进一步而言,埃利希·尤金的观点可表达为:"无论是现在或者是在其他任何时候,法律发展的中心不在立法,不在法学,也不在司法判决,而在社会本身。"(参见沈宗灵:《现代西方法理学》,北京大学出版社1997年版,第271页。)

[3] 邓正来:《自由与秩序:哈耶克社会理论的研究》,江西教育出版社1998年版,第8页。

[4] 据学者估计,在公元1050年,西欧商人阶级的数量仅为几千人,但到了公元1200年,这一数量已经达到了十几万人之多。参见梁鹏:《商人概念的历史考察》,载《河北法学》2010年第2期。

包括极为不统一的交易规则。为克服这种交易规则不统一所造成的困境,商人们开始了一场自发的统一运动。根据实践效率的高低,商人们对不同的规则进行比较和挑选,结果是实践效率高,符合商人需求的交易规则得以保留,并且逐渐从个人或者局部交易之间的规则推广成为普遍的规则,对整个商人团体产生普遍的适用性。当然,这一过程如同生物进化的自然选择一样并非刻意或者一蹴而就的,而是由无数商业个体在不断的实践中逐渐自发推进的。同时,为保障商业交易不受外来干扰(主要指封建主和教会),商人阶层还争取并发展了自己的纠纷解决机构——商人法院。[1] 商人法院适用商人的普遍规则解决商人间的纠纷,这些普遍规则在经过商人法院的判决之后更具影响力。此后,民间或者主权者将这些判例或普遍规则本身进行汇编,使它们得到系统化地整合并广为传播,成为"习惯"或"惯例",[2]具有习惯法的效力。[3] 中世纪的商人法就是在这样一个过程中逐步形成的。因此正如学者所总结的,中世纪商人法"主要的是由商人自己按照秩序和正义的新概念

[1] 商人法院的判决对争议双方具有约束力是因为一旦他们不遵守就面临着被整个商人共同体联合抵制的威胁(threat of ostracism)。See Bruce L. Benson, "The Spontaneous Evolution of Commercial Law", 55 *S. Econ. J.* 644, 1989, p. 649.

[2] 对于习惯(custom)和惯例(usage)这两个概念,目前通常不对它们加以区分,认为它们是两个同义的概念。例如,《布莱克法律词典》就对这两个概念相互参照解释(See Brayan A Garner, *Black's Law Dictionary*, New York, Thomson Reuter, 2014, p. 1113.)。本文对这两个概念的使用也不作区分。

[3] 对于习惯和习惯法之间的关系,虽然有学者主张只有经过相应国家机关承认其法律效力的习惯才能构成习惯法(如沈宗灵:《比较法研究》,北京大学出版社 1998 年版,第 174 页),但考虑到习惯法的产生明显早于国家的产生的事实,更为合理的认识应是只要具备了"必要的确信",即能为社会共同体提供行为指引的习惯即可称为习惯法,而无须相关国家机关的承认。因此,如学者所总结的,习惯法并没有因为戴上了"法"的头衔而与国家法更加接近,相反在习惯与国家法的比较中习惯法与习惯更为接近,习惯与习惯法之间具有统一性。参见艾围利:《商事习惯研究》,武汉大学 2012 年博士学位论文,第 14~15 页。

把各种商业关系制度化和系统化的结果”,[1]经历了一个由个别规则到普遍规则,再到习惯和惯例的过程。它不是主权立法者发明的产物(事实上当时主权和国家的概念也尚未普及),而是“基于传统和实践的发展而产生的自发秩序”。[2] 其中,习惯的性质(customary nature)是商人法发展过程中最重要的一个要素——它使商人法成为符合商业实践需求的实用法律。[3] “充分保护商人阶层的利益,维持商品交易活动的快捷而有序进行是中世纪商人法规范商事活动的初衷,也是最终的归宿。”[4]在这种机制下,当商业活动出现新的发展时,商业习惯也会随之改变,进而形成新的惯例和习惯法,推动中世纪的商人法不断向前发展。

对海商法来说,海上运输国际性使这一领域的商人更渴望统一的交易规则,海商法也沿着上述商人法个别规则——普遍规则——习惯(习惯法)的发展路径逐渐成型。以海商法中极具特色的海难救助制度为例,由于中世纪以前人类抵抗海上风险的能力很弱,[5]当船舶航行在海上遭遇风险时,与其任船货被风浪吞噬、被海盗掠走,不如请他人前来救助,即使救助成功后需要给予合理的报酬。久而久之,这种做法成了大家都遵循的惯例,最终形成了“无效果,无报酬”的海难救助制度。[6] 这种现象在海商法发展的早期比比皆是,而这也可从中世纪的相关海商法典中得到印证。例如,中

〔1〕 [美]哈罗德·J. 伯尔曼:《法律与革命——西方法律传统的形成》,贺卫方等译,中国大百科全书出版社 1993 年版,第 407~408 页。

〔2〕 Bruce L. Benson, “The Spontaneous Evolution of Commercial Law”, 55 *S. Econ. J.* 644, 1989, p. 644.

〔3〕 See Fuller, Lon L, *The Morality of Law*, New Haven, Yale University Press, 1964, p. 12.

〔4〕 朱慈蕴、毛健铭:《商法探源——论中世纪的商人法》,载《法制与社会发展》2003 年第 4 期。

〔5〕 当时船舶在海上航行主要面临两种风险:自然风险主要是大风浪,人为风险主要是海盗。

〔6〕 参见司玉琢:《保障海洋发展战略 改革完善中国特色的海事司法管辖制度》,载《中国海商法研究》2015 年第 2 期。

世纪最早的一部海商法——《阿玛菲表》就明确写道:“法律是经过制定的规则,但善良风俗是更为神圣、公平的规则。于习惯存在之处,一切法律皆保持沉默。”[1]类似地,《康梭拉多海法》中也写道:“这里倡导良好的海洋习惯,这些是有关海洋事务的优良的法规和习惯,这是世界各地旅行的聪明的人们开始传授我们的祖先,由他们使之融入优良的习惯的智慧之书中。”[2]而“习惯之所以具有法律效力,甚至可以否定或超越一些已有法律规定,是由其内在属性决定的。这些习惯大多长期反复适用,得到船员和商人团体的认可,体现了实质公平、衡平理念或所谓的自然法原理”。[3] 而且一旦某个商人不遵守商人法或者商人法院的判决,他就面临着被整个商人共同体联合抵制的威胁。[4] 因此,海事商人在海商规则的形成过程中起到了决定性的主导作用:他们自发地推进海商规则的统一,建立自己的海事法院,推动海事习惯法的汇编,维护海事习惯法的效力,构建围绕海上运输的法律统一体。而海商法的自体性正是海商法这种内在自发秩序的外化:海商法作为基于海事传统和实践产生的自发秩序,其始终围绕着海事商人在海上运输实践中的特殊需求而发展,因此其也不可避免地具有围绕海上运输实践自成一体的特征。

即使进入近代主权国家的立法时期之后,海商法的首要表现形式由海商习惯法变成主权国家实施的国内法,习惯法已不再是最为主要的海商法渊源,但海商法依然是海商自发秩序的外化,由海商

[1] 荚振坤:《中世纪欧洲海商法研究(11至15世纪)》,华东政法大学2013年博士学位论文,第16页。

[2] [美]约翰·H. 威格摩尔:《世界法系概览》(下册),何勤华等译,上海人民出版社2004年版,第774页。

[3] 荚振坤:《中世纪欧洲海商法研究(11至15世纪)》,华东政法大学2013年博士学位论文,第18页。

[4] See Bruce L. Benson, “The Spontaneous Evolution of Commercial Law”, 55 *S. Econ. J.* 644, 1989, p. 649.

自发秩序所决定。

首先,无论是何种性质的海商法规范和制度,都源自海事实践,以海事实践的需求为根本依据。也就是说,虽然海商法在外部表现为由国家制定并颁布的权威性法律文件,但其绝大部分规范和制度(尤其是私法领域)只是对业已在实践中自发形成的海商秩序的一种确认,而非制造或者改造。即使是那些非自发、强制性的规范和制度(主要体现在公法领域,如环境保护、安全监管等),其表面上是对海商自发秩序的纠正与规制,但实际也是基于整个航运业或者全社会对海商秩序的诉求和期望而形成的,并非立法者的专断与臆造。因此,从这个角度来看,虽然规范的性质不一,但海商法下的各个制度在整体上无疑是一个基于海商自发秩序形成的制度体系。

其次,海商自发秩序在海商法中的体现还表现为海商行业主体在海商法制定过程中所起到的作用。无论是在国际海事公约还是各国海商法的制定过程中,海商行业主体向来都是积极参与和推动海商法制定的重要力量。其中,在国际海事公约的制定过程中,海商行业主体的参与度极高,如国际海事委员会的缔造者所言,“没有船东、海事贸易商、海损理算人、银行以及其他与海事贸易有利益关系的主体的参与,就无所谓海事公约”。[1] 而在海商国内法的制定过程中,海商行业主体的推动作用也不可忽视。例如,由于在具有显著国际性的海上运输和贸易中,本国海商法给海商行业主体设定的权利义务往往直接关系到其在国际上的竞争力,所以,海商行业主体总是希望本国立法给予自己足够的便利和保护。由此,一旦发现其他国家的立法使其国际上的竞争对手获得了某种制度优势,海事商人就会尽力呼吁并推动本国立法给予其相似的制度保障。对此,我们可以英国对海事赔偿责任限制制度的引入为例加以说明。

---

〔1〕 Patrick J. S. Griggs, “Uniformity of Maritime Law-International Perspective”, *Tulane Law Review*, 1999, p. 1555.

在1733年前,与已在各自国内法中广泛赋予承运人海事赔偿责任限制权利的欧洲大陆国家不同,[1]英国由于其早期遵从的《奥列隆惯例集》中没有这方面的规定,因而其普通法下对于承运人的责任仍遵循将公共承运人视为保险人的原则,承运人对于其雇员造成的损害须全额赔偿而不能限制责任。这种情况使英国的船东相比于欧洲其他国家的船东处于不利地位,这种不利地位在1733年的Boucher v. Lawson[2]案中被进一步放大。在该案中,一艘英国船在葡萄牙港口装载的贵重金属被该船船长偷盗,法院依照英国普通法的传统判令船东应当全额赔付货主的损失。该判决引起了英国船东的整体恐慌,他们遂向英国议会请愿要求给予他们适度的保障,否则英国的船东就会在国际竞争中处于不利的地位。英国议会在审查欧洲其他国家,尤其是当时在海上贸易中与其处于激烈竞争地位的荷兰的相关立法后,决定引入对船东的海事赔偿责任限制制度,并于1733年立即通过并颁行了《船舶所有人责任法》。所以,海商行业主体对海商法的推动作用绝对不容忽视,由此也促使海商自发秩序在海商法中的体现。

最后,以海事国际惯例、海事标准合同和标准合同条款等为首的,代表海商自发秩序的次级法律渊源对海商法的补充也彰显出海商自发秩序对海商法的影响和价值。其中,海事国际惯例(国际航运惯例)是指在国际航运中经长期反复实践而逐渐形成的,为大多数航运国家接受的,具有拘束力的行为规则。其特点可归纳为:第一,经过反复实践逐渐形成;第二,多数不成文而具有法律拘束

[1] 在1681年法国编纂的《海事敕令》中就有明确的关于船东海事赔偿责任限制的规定:"船舶所有人应对船长的行为负责,但在委付船舶和运费后,应免除责任。"《海事敕令》的该种规定受到了其他国家广泛的认可。See James. J. Donovan, "The Origins and Development of Limitation of Shipowners' Liability", 53 *Tul. L. Rev.* 999, 1979, p. 1004.

[2] Boucher v. Lawson, (1734) Cas. Temp. Hardw. 85.

力;[1]第三,不得违背适用国家的法律和公共秩序、善良风俗;第四,通行于国际社会或某一地区,具有国际性或区域性,即为国际或区际航运界所公认。[2] 因此,海事国际惯例肯定源于海商自发秩序,并构成后者的重要载体。目前,海事国际惯例已经构成各国海商法普遍认同的海商法渊源之一。这种认同既可表现为国内法对海事惯例的直接援引,如1994年《瑞典海商法》第17章第1条规定"除非另有约定,共同海损的含义及分摊应遵循《1974年约克-安特卫普规则》";又可表现为赋予海事习惯解释、补充合同,甚至是国内法的效力,如我国《海商法》第268条第2款规定"中华人民共和国法律和中华人民共和国缔结或者参加的国际条约没有规定的,可以适用国际惯例"。而海事标准合同和标准合同条款则是指航运活动中为简化缔约过程而事先拟定的,供反复使用的具有广泛认可度的合同和条款。在海商领域,标准合同广泛存在,如租船领域中的GENCON(航次租船)、NYPE(定期租船)、BARECON(光船租船),海上保险领域中伦敦保险人协会(Institute of London Underwriters)制定的"协会保险条款"。标准合同条款也是如此,提单中常被并入的首要条款(Paramount Clause)、新杰森条款(New Jason Clause)、运费和留置条款(Freight and Lien Clause)、喜马拉雅条款(Himalaya Clause)等都是典型。除个别例外,各国海商法都普遍注重对合同意思自治的尊重,因此海事标准合同和标准合同条款通常有着广阔的自治空间。从"法的强制性不一定是国家的,社会约束力同样可以构成法的强制要素"[3]的认识出发,海事国际惯例以及海事标准合同和标准合同条款所代表的海事自发秩序实际上已经具有法律上的约束力,它们不必经繁杂的制定程序,也无须主权的

[1] 但也有成文的,如共同海损领域著名的《约克-安特卫普规则》。

[2] 参见司玉琢:《海商法》,法律出版社2007年版,第18页。

[3] 姜明安:《软法的兴起与软法之治》,载《中国法学》2006年第2期。

效力认可,对海上运输活动起到实际的调整作用。

综上所述,海商法在根本上是基于海上运输实践的需要,在海事商人和海商社会推动下自发形成的一种行为规范和秩序,它的产生与发展始终以这种内在的自发秩序为核心,并外化表现为海商法自主生成、独立发展、国际统一以及自成体系的自体性。在此基础上,“自发秩序”理论显然能为海商法的自体性提供理论层面的解释。

二、功能主义思想的解释

作为法社会学领域的另一个重要思想,功能主义虽然与自发秩序理论所强调的法律自治存在立场上的对立,其主要关注点是法律的规制和便利功能,注重法律的意图和目标,采取工具主义的社会政策路径,[1]但亦能从另一个理论框架为海商法自体性的形成和发展提供理论上的支撑。

功能主义是社会学家于19世纪初期基于人类学、生物学中的系统理论而延伸发展出来的一种社会学思想。其作为一种明确的方法论和社会理论,起源于孔德、斯宾塞、迪尔凯姆和涂尔干的相关著述(相关理论被称为传统功能主义),中间经由帕森斯、默顿的修正和完善(相关理论被称为结构功能主义和分析功能主义),并在20世纪中后期由亚历山大和卢曼(亦被译成鲁曼)等人进一步发展(相关理论被称为新功能主义),是社会学中一个重要的源头性理论。虽然不同时期不同学者对于功能主义思想的论述各有侧重,但功能主义的思想内核一直是一贯的,即社会作为一个有机体与生物有机体之间存在某种相似性,它是由具有不同功能的子系统构成的统一体。在这个统一体下,各个子系统都具有不同的功能,它们相

〔1〕 参见[英]马丁·洛克林:《公法与政治理论》,郑戈译,商务印书馆2013年版,第85页。

互独立、自主发展,但又互相构成其他子系统的环境,彼此刺激,进而调整自身。因此,在功能主义的视角下,有三个核心理念是传承一贯的,即“功能”、“系统”和“整合”。其中,“功能”是功能主义理论体系中最为基础的概念,是所有功能主义学者坚持和强调的基本立场。功能大致是指社会系统与外部环境相互联系和作用过程的一种秩序和能力,所有社会系统或者社会事实存在的意义,就在于二者在适应外部环境的过程中所表现出来的种种功能。〔1〕功能概念的提出具有重要的价值,正如学者评价的,“从亚里士多德开始,人们把事物看成只是由要素和结构(质料和形式)两方面构成的,功能主义指出了有关事物规定性的另一方面——功能,从而使人们对事物的理解有了一大进步,事物被看成是由要素、结构、功能三方面构成的,这是思维方法论的一大飞跃”。〔2〕“系统”则是功能主义思想的第二个核心理念,被誉为“一切形式的社会学功能主义的中心概念”。〔3〕功能主义强调每个社会系统所具有的独立功能以及由此而来的自主性(自生性),但其并不主张孤立地对它们进行研究分析,而是将他们置于整个社会大系统中来综合考察。在他们看来,政治、经济、法律、宗教、科学、艺术、教育、大众传媒等社会大系统中的子系统虽然各自发挥着不可替代的功能,但它们之间同样互为外部环境,产生相互影响,故应当将他们视为一个整体,从系统、联系的视角对它们进行研究。而“整合”是功能主义思想的第三个核心理念,是功能分析的最终落脚点,也是功能主义思想体现其价值的关键。整合理念强调不能机械地对功能和系统进行分析,而

〔1〕参见马姝:《论功能主义思想之于西方法社会学发展的影响》,载《北方法学》2008年第2期。

〔2〕周农建:《功能主义:人文科学研究中的一种方法论》,载《湖北社会科学》1987年第6期。

〔3〕[英]艾伦·斯温杰伍德:《社会学思想简史》,陈玮、冯克利译,社会科学文献出版社1988年版,第238页。

应注重各要素功能之间的联系与互动，以及由此产生的系统功能的整合与调适，只有在各部分功能整合、协同合作的基础上，社会系统才能有序运转。[1] 正如迪尔凯姆所主张的："要想对社会生活作出令人满意的解释，就必须指出反映在社会生活上的各种现象是怎样互相协助，以使社会自身达到和谐并与外界保持和谐的。"[2]在上述三个核心理念的支撑下，功能主义不仅成为一种广受关注的解释社会运行机制的宏观理论，也成为一种重要的方法论，它对于在社会系统中解释社会事实，探寻社会事实发生的原因和机制具有积极价值。

而作为社会这个大系统的有机组成部分，法律自然也是功能主义涉猎的对象。根据功能主义学者的观点，法律是社会系统的一个分系统，社会是其法律系统的环境。虽然法律被视为仅仅依靠自己的合法/非法符码进行运作的封闭系统，具有自治性，但其绝不是一个隔离的系统，其依然受到其他社会子系统的激扰，并通过认知开放从这些外部环境中获取信息，进而调整自身。也就是说，法律系统所有的运作始终是在社会中的运作，亦即是社会的运作。[3] 所以，法律作为社会子系统对外部环境所发挥的功能成为功能主义对法律系统的关注焦点，"法律功能要探讨的是，全社会系统的什么问题会透过专门法律规范之分出，并且最后透过一个特殊的法律系统地分出而获得解决"。[4] 因此，与传统上只重视法律规则内部逻辑演进的概念法学、分析法学不同，功能主义法学方法将研究视角放在法律与外部世界的关系、法律在社会中所发挥的功能等问题上，这种新的法学方法和研究进路可以尽可能地避免庞德所说的，需

---

〔1〕 参见钱卿、周佑勇：《论行政裁量规制系统的建构——基于功能主义的范式》，载《湖北社会科学》2012年第11期。

〔2〕 [法]E.迪尔凯姆：《社会学方法的准则》，狄玉明译，商务印书馆1995年版，第113页。

〔3〕 参见[德]卢曼：《社会的法律》，郑伊倩译，人民出版社2009年版，第14~15页。

〔4〕 [德]鲁曼：《社会中的法》，李君韬译，五南图书2015年版，第152页。

要警惕的法学研究机械化的危险。[1]

在功能主义视角下,显然法律在社会控制和社会整合方面起到的作用更受到关注,法律及其特性的产生也与其所处的社会环境和承担的社会功能密切相关,这为海商法及其自体性的成因提供了理论上的解释,即海商法之所以能够作为法律系统的一部分从整个社会系统中分出是因为其对于与之相关的外部环境,尤其是海上贸易和海上运输所具有的不可替代的功能,而海商法的自体性亦是基于外部环境对海商法的刺激和需求而形成的。申言之,海上贸易和海上运输业在中世纪的蓬勃发展使其成为当时社会经济、生活中的一个重要组成部分,而这种经济系统的改变对法律系统也产生了强烈的外部刺激,法律系统需要从这些外部环境中获取信息以改变原有法律内容无法满足海事商人对规则合理性、便利性和确定性需求的弊端。于是,海商法作为商人法的一个分支在吸收海事惯例的基础上从当时的教会法和世俗法体系中脱颖而出,成为法律系统应对社会发展,满足其在控制和整合海上贸易和运输方面的社会功能而做出的自我调整。而海商法的自体性也恰是在这种法律系统功能的自我调适中形成的,因为海上贸易和海上运输的特殊性要求海商法必须形成一套不同于传统法律,能为不同地区的海事商人所普遍接受的,且涵盖海上运输各方面调整需求的法律制度,唯有如此才能满足其控制和整合海上运输活动的社会功能。所以,海商法实际是作为社会系统组成部分的法律系统基于其承担的社会功能而开辟出的一个特殊领域。在这个特殊领域中,所有制度都围绕海上运输和海上贸易的特殊需求展开,以其承担的特定社会功能为依托。这种目的和功能上的针对性自然也决定了海商法自其产生之初就具有不同于其他法律领域的发展动力、制度特性和制度体系,体现自

〔1〕 参见马姝:《论功能主义思想之于西方法社会学发展的影响》,载《北方法学》2008 年第 2 期。

成一体的特征。

三、“领域法”理论的解释

如果说自发秩序理论和功能主义思想为海商法的自体性提供了普遍意义上的解释力的话,则近年来我国学者针对传统部门法学理论所导致的困境而提出的“领域法”范式,对于我国法学理论语境下,尤其是法学学科划分语境下海商法自体性的理论提出提供了支撑。

根据学者的阐述,所谓领域法或者领域法学,是指以问题为导向,以特定经济社会领域全部与法律有关的现象为研究对象,融经济学、政治学和社会学等多种研究范式于一体的整合性、交叉性、开放性、应用性和协同性的新型法学理论体系、学科体系和话语体系;它是新兴、交叉领域“诸法合一”的有机结合,与传统部门法学同构而又互补。[1] 在领域法的视角下,一些领域的法律现象具有复杂性、整合性、交叉性、开放性的特质,其调整的社会关系或不具有单一性,或难以按当前传统部门法学“调整对象”或“调整方法”的标准划归任何一个既有法律部门,或无法仅在一个或几个法律部门内部解决这些领域中的重大社会问题,因此有必要通过领域法学的概念改变过去部门法学的研究范式,形成以特定社会领域内具有共性的法律现象为研究对象,以法律规范、社会经验和价值取向为标准的新研究范式,达到尊重社会关系的复杂性和多元性,避免因人为割裂社会因素和法律关系之间的本质联系而阻碍社会实践和法治完善的目的。[2] 领域法学理论的提出是对法律问题不再以纯粹的

---

〔1〕 参见刘剑文:《论领域法学:一种立足新兴交叉领域的法学研究范式》,载《政法论丛》2016年第10期。

〔2〕 参见刘剑文:《论领域法学:一种立足新兴交叉领域的法学研究范式》,载《政法论丛》2016年第10期。

部门法问题出现，任何现实世界的法律问题都是“跨部门法边界的法律问题”，“跨界的法律问题”需要跨领域的综合法学知识体系加以应对的现实的回应，它为整个法学在这个“法律现象领域化”或者说“法律问题综合化”、“社会问题跨领域化”的时代找到了自己最为适合的位置。〔1〕不同于部门法学意在先划定部门范围，实际的问题产生后，首要任务是将其搁置进某个既有的部门范围之中（尽管有的范围并不合理），领域法学关注的是问题，问题发生以后，首要任务是将具体问题可能涉及的法律规范（无论是哪个部门的法律规范）及其价值指向进行技术和法理上的整合，这些能够解决问题的法律规范及其背后价值蕴含所形成的集合就是“领域法”。〔2〕

领域法是部门法范式基础上的“跨界资源整合”，也是应用法学对理论法学的提问和对话。〔3〕领域法学理论虽然目前仍是一种新兴的学说，有很多理论的架构和细节仍需完善，而且也有观点认为领域法和部门法的界限其实是模糊的，因为作为部门法逻辑起点的“调整对象”，也多少具有“领域”之属性，〔4〕但其理论的出发点以及关注的法律问题却无疑具有重要价值。而正如领域法学的支持者所观察到的，网络、海洋、航空、文化、教育、知识产权等多个“法律领域化”现象正迅速发展，〔5〕本书所研究的广义上的海商法从领域法学所主张的“法律现象领域化”以及“法律问题的综合化”出发，实际就是一个领域法学所言的以海上运输领域内具有共性的法律现象为研究对象的特定领域。在该特定领域中，制度规范间彼此

---

〔1〕 参见梁永文：《知识竞争中的法学领域和领域法学》，载中国社会科学网：http://ex.cssn.cn/sf/bwsf_fx/201701/t20170105_3371006.shtml，2019年11月25日最后访问。

〔2〕 参见刘剑文、胡翔：《“领域法”范式适用：方法提炼与思维模式》，载《法学论坛》2018年第4期。

〔3〕 参见李大庆：《法学范式竞争与领域法学的知识创新》，载《汉江论坛》2019年第4期。

〔4〕 参见侯卓：《“领域法学”范式：理论拓补与路径探明》，载《政法论丛》2017年第1期。

〔5〕 参见李大庆：《法学范式竞争与领域法学的知识创新》，载《汉江论坛》2019年第4期。

关联,构成一个围绕海上运输的整体,而且它并不局限于某一特定的部门法,而是一个具有显著复杂性和多元性的综合整体。具体而言,海商法规范间的相互关联性、整体性和跨法律部门性是广泛存在的,并体现在多个视角中。例如,恒变不居的海洋环境要求所有海商法制度的设计都必须考虑此种海洋环境特征带来的特殊性——不仅需要对船舶所有人(承运人)进行特殊保护(如航海过失免责、海事赔偿责任限制、共同海损等制度等),还需要针对船舶的安全和海洋环境保护设计一套不同于陆上的监督管理、应急防备和处置机制。同时,海洋的连通性使海商法制度具有普遍的涉外性——如何在与国际接轨(包括履行所参加的国际公约的义务)和与国内法协调之间达成平衡是所有海商法制度都需要解决的问题。而且在各国立法均以陆上立法为中心展开的背景下,[1]所有海商法制度的制定都无法回避一个共性问题:为何相对应的陆上立法不适于或不能完全满足调整与海上运输相关的法律关系的需要,其相比于对应的陆上法律关系的特殊性何在?而对这个问题的探讨,又不可避免地需要从海上运输的特殊性入手。因此,海洋环境赋予海上运输的特殊性是所有海商法制度存在的基础,使所有海商法领域拥有相近的实践基础、逻辑起点和制度特性,由此彼此连缀。再如,公法性质和私法性质的海商法制度广泛存在的交互影响使海商法制度虽然有公私之分,却彼此关联——如为实现清洁航运之目的,与之相关的各项海商法制度,包括船舶的技术标准、航行规则,交通主管部门的船舶安全监督机制、海洋环境污染的应急处理机制,污染损害的民事、行政和刑事责任制度等,都应在制度设计时将海洋环境保护问题考虑其中,继而达成各个制度间价值取向的协调统一;又如,有关船舶安全、航行安全的行政规范是判断船舶是否

〔1〕 这一点大陆法系国家表现得尤为明显,其最好的例证就是法国、德国、日本等国都将海商法纳入以陆上立法为中心的商法典中。

适航的重要依据，所以公法领域相关制度的变化（如 ISM 规则的出台）会实质性地改变私法下运输合同当事方的权利义务关系；还有，政府部门对航运经营主体在经营资质、经营条件以及经营手续上的要求也会对私法性质的问题产生影响，如在我国，无船承运业务经营者不按照《国际海运条例》的规定向行政主管机关缴纳保证金或不按照规定登记其所使用的提单，不在行政主管机关办理相关的登记手续即开展相关业务，则在私法层面会带来未经交存报备的提单是否具有法律效力以及未经办理登记手续的无船承运业务经营者是否有权享有海事赔偿责任限制等问题。此外，海商法刑事、行政和民事性质的规范间也存在广泛的关联。以海上货物运输法律关系为例，这一法律关系可能引发的其他法律关系有：行政机关对船舶进行的检验与登记、船员的劳动权利保障、因船舶碰撞造成的燃油污染、海盗犯罪，以及军事武装护航等，并给相关主体带来民事责任、行政责任以及刑事责任。[1]

因此，根据上述当代海商法所具有的整体性、关联性以及跨领域的综合性，海商法在客观上就是一个由多种性质的法律规范和制度有机组成的特殊领域。而海商法的自体性也与此密切相关：无论是海商法的外部独立性还是内部综合性，实际都以海商法作为一个独立、综合的法律领域为基础，海商法自成一体的特性在某种程度上也就是海商法自成一个法律领域。所以，在此视角下，领域法学理论对当代海商法依旧能够保有其自体性具有正面的解释力。

---

〔1〕 参见司玉琢、李天生：《中国海法典编纂论纲》，载《国际法研究》2015 年第 4 期。

第四章　当代海商法自体性面临的挑战

虽然基于海上运输实践的特殊性和海商法在生成机制、承担的社会功能上的独特性，自体性已经成为海商法的基本特性，但亦应觉察的事实是，海商法自体性在得到承认和延续的同时也面临着许多挑战。这种挑战直接关系到海商法的法律地位，与当代海商法发展面临的关键问题密切相关。本章旨在梳理、分析这些挑战，一方面客观、全面地呈现海商法自体性在当代发展的状况，另一方面通过对现状的反思总结海商法自体性的当代价值。本章可视为海商法自体性的反思论、价值论，是进一步将海商法自体性理论运用于我国的前提。

第一节　海商法外部独立性面临的挑战

海商法自体性在当代面临的挑战首先体现在海商法的外部独立性层面，并具体包括微观和宏观两个层面：在微观层面，一些特殊的海商法规则和制度面临着被废除或修改的处境；在宏观层面，海商法的特殊地位在整体上面临着一般法的冲击。

一、微观层面：海商法特殊规则面临的挑战

如前所述，规范与制度的特殊性是海商法外部独立性的重要基础与体现。虽然如本书第二章所述，海商法规范的特殊性总体而言得到了传承与发展，但也有不少面临着被废除或修改的处境。以下，本书列举三项最具代表性的，处于此种境地的规则与制度。

（一）海事赔偿责任限制的存废之争

作为传承于中世纪海商法的一项制度，海事赔偿责任限制制度对于鼓励航运事业的发展发挥了重要的作用。不过，这项制度的公平性和合理性在近现代也不断遭受质疑，主张这项制度已经过时、应当废除的呼声时常出现。总结来说，主张废除海事赔偿责任限制的理由主要包括以下两点：第一，当初设立海事赔偿责任限制制度的环境已经发生根本性改变。一方面，随着有限责任公司和单船公司这种商业组织和运营形式的广泛应用，船东的责任相比于过往其实已经有了限制，因此无须再用海事赔偿责任限制制度进行二次限制；另一方面，随着科技的发展，尤其是在电子通信、天气预测手段方面的提高，海事赔偿责任限制制度赖以存在的风险依据——海上风险的不可预见性和船员的不可指挥性已经有了很大的改观，所以与过去相比，海事赔偿责任限制制度的基础已经松动。[1] 第二，海上保险制度的发展已经能使相关责任主体的风险得到很好的分散，尤其是近代责任保险体系的发展使海事赔偿责任限制制度存在的必要性大大降低。基于上述理由，废除海事赔偿责任限制制度的呼声在国际范围内获得了一定的支持，尤其是在船东利益处于劣势的美国。虽然出于对船东所承担风险的怜悯和对建立一支强大的

---

〔1〕 参见张新平：《海商法》，中国政法大学出版社 2002 年版，第 63 页。

商船队伍的重要性的认识，美国国会于1851年通过了责任限制法案，[1]但此后该项制度不仅遭到了索赔人与日俱增的抱怨，而且法官也对它抱有敌意。[2] 在1954年的 Maryland Casualty Co. v. Cushing[3] 案中，布莱克（Black）法官更是直言不讳地指出："导致国会在1851年通过该法案的许多因素已不复存在。今后国会若要扶持航运业，与其通过责任限制制度让受害者分担，还不如直接让国库给予补贴。"不同法院的法官在此后也表达过类似的看法，如认为海事赔偿责任限制制度"已经过时且不再必要"；[4]"从产生之初就是错误的，是'水垢'并患有时代的'关节炎'"，"在现有公司、保险以及其他制度的保障下，其与当代经济已经严重脱轨"。[5] 当然，也有不少学者认为海事赔偿责任限制制度在当代仍有存在的必要，代表性观点包括：第一，虽然船舶和航海技术的发展使航运风险有所降低，但海难事故仍频繁发生，事故绝对数并没有真正减少，而且诸如全球性灾难性天气日益增多、港口通航密度增大、方便旗船舶激增使船舶管理难度加大、局部海域存在武装冲突及海盗活动猖獗等因素使海上运输仍具有其他运输方式无法比拟的风险，海上风险的特殊性并未彻底改变。[6] 第二，相比于船东，货主更了解货物的价值和性质，由其为货物投保财产险比承运人为货物投保相应的责任险更经济、更合理。事实上，海事赔偿责任限制制度所确立的限额正是确定承运人责任险费率和保险金额的重要依据，如果没有

---

〔1〕 See Walter W. Eyer, "Shipowners' Limitation of Liability. New Directions for an Old Doctrine", 16 *Stan. L. Rev.* 370, 1964, p. 372.

〔2〕 See Graydon S. Staring, "The Roots and False Aspersions of Shipowner's Limitation of Liability", 39 *J. Mar. L. & Com.* 323, 2008, p. 315.

〔3〕 See Maryland Casualty Co. v. Cushing, 347 U. S. 409. (1965)

〔4〕 Signal Oil & Gas Co. V. The Barge W-701, 1982 AMC 2603. (1981)

〔5〕 Esta Later Charters, Inc. v. Ignacio, 1989 AMC 1480. (1989)

〔6〕 参见邬先江：《海事赔偿责任限制制度研究》，大连海事大学2010年博士学位论文，第22页。

这个限额,承运人的责任风险将缺少二次限制[1]的保障,从而必然造成承运人保险成本的大幅度上升,并最终分摊到相关的市场消费者身上。所以从保险的角度来看,用责任保险制度替代海事赔偿责任限制制度并不是最经济、最合理的方式。第三,海运界围绕着海事赔偿责任限制制度已经建立起一套经济合理的制度体系,废除它并不能增加任何的社会价值,与其在它之外发展一套并不能带来更多经济效益的制度,还不如放下成见对它进行合理完善。[2]

从目前来看,在海上运输还没有摆脱高危行业之列,航运经营者(尤其是船舶所有人)承担的风险仍然显著,尤其是在燃油污染损害赔偿请求与其他海事请求共用一个限额以及海上运输有毒有害物质污染损害的单独责任限额短期内因《国际海上运输有毒有害物质污染损害责任和赔偿公约》(HNS 公约)无法生效而难以建立的大背景下,海事赔偿责任限制制度仍有存在的价值。不过同时也应注意到的是,为应对上述废除的呼声,海事赔偿责任限制制度本身也已经做出了妥协,如责任限额的提高——仅是《修订 1976 年〈海事赔偿责任限制公约〉的 1996 年议定书》就将责任限额根据船舶吨位的不同在原来基础上提高了 2 倍至 5 倍。[3] 通过责任限额的提高,受限制的海事债权可以得到较为充分的保障,这在一定程度上缓和了对海事赔偿责任限制制度的批评,另外,这也使海事赔偿责任限制制度的适用机会明显减少,在某种程度上已经起到了废除海事赔偿责任限制制度的效果。

(二)航海过失免责的废除之争

航海过失免责虽非自海商法产生之初就已存在,但其无疑是近

---

[1] 在海商法领域,通常将单位责任限制称为“一次限制”,将海事赔偿责任限制称为“二次限制”。

[2] See Graydon S. Staring, “The Roots and False Aspersions of Shipowner’s Limitation of Liability”, 39 *J. Mar. L. & Com.* 323, 2008, p. 332.

[3] 参见司玉琢:《海商法专论》,中国人民大学出版社 2007 年版,第 533 页。

现代极富海商特色的一项规则。不过，随着人类抵御海上风险能力和船东控制船舶能力的增强以及货方发言权的提升，航海过失免责的公平性和合理性遭到了越来越多的质疑——废除航海过失，在海运领域恢复船东对船员过失的替代责任的呼声日益高涨。20 世纪中期，这种呼声在发展中国家尤为高涨，并直接推动了 1978 年《汉堡规则》的诞生。《汉堡规则》废除了航海过失并采用推定过错责任制，即只要货方能够证明损失（火灾造成的除外）发生在承运人责任期间内，则推定承运人有过错，除非承运人能证明已采取一切合理措施避免该种损失的发生。虽然《汉堡规则》最终因参加国在世界航运市场所占的份额过小而未产生预期的影响力，但其无疑对航海过失免责这项规则提出了强有力的挑战。在此基础上，2008 年通过的《鹿特丹规则》再次在国际公约层面否定了航海过失免责，在其第 17 条列举的免责事项中删除了航海过失，采用完全过错责任。[1] 受《鹿特丹规则》的影响，于 2013 年 4 月新修订的德国海商法（《商法典》第四编）也在其第 499 条列举的法定免责事项中删除了航海过失这一免责事项。不过作为缓和，德国海商法允许合同当事人双方对此作出不同约定，即承运人可以通过个别协议或预先印制条款（格式条款）的形式约定承运人不对因其雇员或者船舶公司的航海过失造成的损失负责。

当然，航海过失免责的取消的影响是整体性的，不仅关系到船货利益双方的利益平衡，也涉及与之相对应的保险体系的系统性调整。更为重要的是，在国际上大多数航运国家未取消航海过失免责的情况下，少数国家取消该免责将破坏法律的统一性，给航运实践

---

〔1〕 不过不同于《汉堡规则》，《鹿特丹规则》在举证责任的分配上规定承运人除了证明自己没有过错外，还可以通过证明存在一项或多项免责事项免除其对货物的赔偿责任，除非索赔方可以证明免责事项的产生系归因于承运人的过失。这在一定程度上平衡了取消航海过失免责带来的影响。

带来不确定性。因此,虽然在理论层面主张废除航海过失免责的呼声一直存在,认为取消航海过失免责"不仅不会大幅增加承运人的成本,反而有利于减少航行事故、平衡承托双方权利义务和降低社会成本";[1]"我国外贸业的发展速度远远超过航运业,对外贸易的结构性调整早已改变了船货双方利益平衡的旧格局",[2]但实践中各国对于取消航海过失免责仍会非常谨慎,[3]我国《海商法》在修改过程中也未贸然采取取消这一免责事项的立场。[4]

(三)海上保险法中告知义务与保证制度的修改

海上保险是现代保险的鼻祖,海上保险法也因海上保险承保风险的特殊性而一直保留其独立地位。而作为海上保险法中最大诚信原则的派生规则,告知义务和保证制度是海上保险法中最具代表性的制度。传统上,出于对信息严重不对称以及海上运输高风险的考虑,为鼓励保险人承保海上风险进而促进航运业的发展,以英国《1906 年海上保险法》为代表的海上保险法在对告知义务和保证条款进行设计时,偏向保护保险人的利益,对被保险人相对严苛。例如,就告知义务而言,被保险人应在订立合同成立前将影响一个谨慎保险人决定是否承保,或确定保险费率的所有重要情况主动告知保险人,一旦违反此项义务,保险人即有权解除保险合同,且解除效力溯及既往;就保证制度而言,保证是一项必须被严格遵守的条件,一旦违反,则不管被保险人违反的原因和主观状态如何,不管保证的违反与保险标的的损失之间是否存在因果关系,也不管违反保

---

[1] 吴煦、逯笑微:《论航海过失免责之废除》,载《中国海洋大学学报》(社会科学版)2011 年第 4 期。

[2] 张一祯、蒋正雄:《关于废除〈海商法〉中过失免责制度之思考》,载《华东政法大学学报》2019 年第 5 期。

[3] 一些国家在新制定的海商法中也还保留了航海过失免责,如法国 2010 年《运输法》第 5 编第 5 章第 4 节第 L5422-12 条和 1992 年荷兰《民法典》第 8 编第 2 章第 5 节第 383 条仍将航海过失列为承运人的免责事项之一。

[4] 从前期征求意见的草案中来看,承运人的航海过失免责一直得以保留。

证事项的行为在损失发生前是否已经得到更正,保险人的保险赔偿责任都从被保险人违反保证之时起自动解除。而在一般保险合同法下,被保险人一般只需承担询问告知义务[1]即可,且不存在如此严苛的保证规则。

海上保险法在上述两项制度上的严苛性在近十几年来招致了越来越多的批评,许多学者、法官都呼吁应当缓和上述两项制度,其中不少观点更是直接提出上述两项制度改革的途径就是让它们向更注重保护被保险人利益的一般保险合同法靠拢:这既可以达到改革海上保险法的目的,也可以促进海上保险法与一般保险合同法的协调。这种观点显然对各国海上保险法的改革产生了影响,如在最具影响的英国海上保险法改革中,《2015 年英国保险法》就将海上保险中被保险人履行告知义务的模式由原先完全的主动告知模式变为以被保险人主动告知为主,保险人询问为辅的模式:虽然被保险人在保险合同订立前仍需主动向保险人公平合理地陈述风险,但在其已告知能够引起一个谨慎保险人注意的充分信息时,保险人有义务为了查清这些重要的事实作进一步询问。[2] 同时,在对被保险人违反公平合理陈述义务后果的处理上,《2015 年英国保险法》也引入了在 2009 年《欧洲保险合同法原则》(The Principles of European Insurance Contract Law,PEICL)中就有所体现的"按比例原则救济"机制,[3]即根据被保险人主观过错的不同以及对保险人影响

〔1〕 即被保险人只需对保险人提出的与风险有关的问题进行如实回答即可,保险人没有询问的问题投保人无须主动告知。

〔2〕 参见《2015 年英国保险法》第 3 条。

〔3〕 《欧洲保险合同法原则》第 2:102 条第 3 款规定:如果保单持有人违反第 2:101 条(披露义务)并无过错,则保险人不得终止合同,但保险人能证明假使相关信息被披露则其根本不会订立合同时除外;第 5 款规定:如果保险事故是投保风险中的某种因素导致、且保单持有人未披露该因素或者就此有虚假述答,且该保险事故发生在保险合同终止或者变更发生效力之前,则保险人有权不支付保险金,但以其假使知道相关前述信息便不会订立合同为限。如果假使保险人知道前述相关信息后仍会以较高保险费或者以不同条款承保,则其应当按照实际保险费和较高保险费的比例支付保险金,或者按照该不同条款支付保险金。

的不同设定不同的救济方式。[1] 可以说,《2015 年英国保险法》对海上保险中告知义务的修改充分体现了向一般保险合同法靠拢的趋势。至于保证制度,《2015 年英国保险法》的变革也体现了这种思路,例如,其第 9 条第 2 款规定“陈述不能被保险合同中的任何条款或任何其他合同(无论宣告此类陈述是否构成合同的基础或其他)转换成为保证”,从而杜绝了实践中保险人通过在投保单或其他相关合同中加入“合同之基础”的声明条款变相设立保证条款的做法。同时,根据该法第 10 条的规定,被保险人可以对违反保证的行为进行更正,违反保证导致的后果也相应变为中止保险人的赔偿责任,直至违反行为得到更正。此外,根据该法第 11 条“与实际损失无关的条款”的规定,如果被保险人能够证明违约行为本不可能增加损失发生的风险,则保险人不得以被保险人有违约行为为由排除、限制或者解除自己的责任,这在很大程度上缓解了过去保证不要求保证的违反与保险标的的损失之间存在因果关系的严苛性。因此,从告知义务和保证制度的变革来看,一个清晰的方向是传统上因海上运输特殊性而偏向保险人的制度设计,正日益受到一般保险合同法理念和制度的影响,在整体上体现更多兼顾被保险人利益的转变。

二、宏观层面:海商法独立地位面临的冲击

除了规则与制度变革的微观层面,海商法特殊地位在立法和司

---

[1] 根据《2015 年英国保险法》附件 1 第 3 条至第 6 条的规定,对于被保险人故意或者放任的违约,保险人可以解除合同,拒绝赔偿,并且不用退还保险费。而对于非故意或者放任违约之外的其他情形,又细为三种情形:第一,如果不存在这种违约保险人就不可能签订保险合同,则保险人有权宣布合同无效,但是需要退还保险费;第二,如果不存在这种违约保险人仍可能会与被保险人订立保险合同,但会以不同的保险条款(不包括保险费条款)订立合同,则该种不同的保险条款应当视为包括在订立的保险合同中;第三,如果不存在这种违约保险人仍可能订立保险合同,但是会确定更高的保险费率,则保险人在理赔时可以对被保险人的索赔按比例扣减。

法宏观层面面临的挑战也不容忽视。

在立法层面,海商法独立地位面临的冲击主要体现在一些大陆法系国家采取将海商法与其他法律混合立法的模式。具体而言,这种混合立法的模式主要包括三种:

第一种是商法典模式。这种模式始于1807年的法国《商法典》。为了在当时法国境内(包括拿破仑攻占并划归法兰西帝国的领土)统一商事法律,避免地方性或习惯性商事法律的差异对于流动性增强的商业活动造成负面影响,并解决商业实践中商业道德沦落、法律规范缺失导致的问题,法国立法者制定、颁布了该部《商法典》。[1] 在该法中,法国改变了中世纪后将传统商人法的内容汇编成《商事敕令》和《海事敕令》两部分的两分模式,将1681年《海事敕令》中的私法部分并入《商法典》成为其第二编,从而实现陆商和海商的合一。法国《商法典》的模式很快被其他大陆法系国家模仿,如1830年的西班牙《商法典》(第三编)、1833年的葡萄牙《商法典》(第三编)、1838年的荷兰《商法典》(第二编)、1864年的比利时《商法典》(第二编)、1861年的德国《普通商法典》(第五编)、1865年的意大利《商法典》(第二编)等都通过单独一编的形式将海商法的内容涵盖其中。时至今日,仍有不少大陆法系国家沿用这一模式,如现行德国《商法典》的第四编、日本《商法典》的第三编以及韩国《商法典》的第五编等。

第二种是民法典模式。将海商法纳入民法典的体系是实行"民商合一"体例的国家在海商法立法模式上的新尝试,也是海商法内容丧失其文本独立性的另一模式。根据笔者搜集的资料,开创这一模式先河的是1992年的荷兰《民法典》:在该法中,海商法被作为其第八编"运输法及运输方式"的第二章纳入其中。实际上,如前所

---

〔1〕 参见聂卫锋:《法典化与〈法国商法典〉的最新发展》,载《国家检察官学院学报》2013年第2期。

述,早期荷兰与法国一样,奉行民商分立,海商法被作为商法的一部分纳入商法典中。不过,随着旧法典内容的逐渐过时以及商人与非商人在私法中区别的废止,[1]荷兰决定采取“民商合一”的立法体例制定一部“新的民法典”。这部被誉为“法典化体系中最具现代化的民法典”共8编,[2]其中第8编“运输法及运输方式”又下设7章,分别为:第1章“一般规定”(General Provisions),第2章“海商法”(Maritime Law),第3章“内陆航行法”(Inland Navigation Law),第4章“道路运输法”(Law for Carriage by Road),第5章“航空运输法”(Air Law),第6章“铁路运输”(Transport by Railway),第7章“最后规定”(Final Provisions)。[3] 而在“海商法”这一章中,其规定的内容包括五大部分:第一部分为“海船及其上事务”,主要包括船舶共有情形下的船东团体(shipowner society)[4]、海船的权利(主要涉及海船的登记、船舶抵押权)、船舶优先权、对船上其他物品的优先权、政府船舶等内容;第二部分为“海船的船员”,目前主要包括有关船长的一些规定;第三部分为“商业经

---

〔1〕到1934年,荷兰法律几乎废止了商人和非商人在私法中的区别,从而实现了民法与商法在实质上的统一。参见王利明:《中国民法典草案建议稿及说明》,中国法制出版社2004年版,第275页。

〔2〕荷兰《民法典》原计划还有第9编“知识产权法”(Law of Intellectual Property)和第10编“国际私法”(International Private Law),但该计划已经被放弃(虽然还没正式宣布),因为这两个领域主要由国际公约和欧盟立法调整。现有的八编分别为:第1编“人法和家庭法”(The Law of Natural Persons and Family Law),第2编“法人”(The Law of Legal Persons),第3编“财产法总则”(Patrimonial Law in General),第4编“继承法”(Law of Successions),第5编“财产和物权”(Real Property Rights),第6编“债法总则”(The law of Obligations and Contracts),第7编“有名合同”(Particular Agreements),第8编“运输法”(The Law of Carriage and Means of Transportation)。See “Foundation of Dutch Civil Law”, http://www. dutchcivillaw. com/civilcodebook088. htm, June 23, 2018.

〔3〕See “Dutch Civil Law”, http://www. dutchcivillaw. com/civilcodebook088. htm, April 25, 2018.

〔4〕根据《荷兰民法典》第8:160条的规定,如果船舶是两人以上共有,则认为存在一个船东团体,该团体在性质上不属于法人。

营”,包括船东责任的一般规定、海上货物运输合同、海上旅客运输合同、其他具体合同(如光船租赁合同)等内容;第四部分为“海上事故”,包括有关船舶碰撞、海难救助、共同海损、船上有毒有害物质、燃油污染损害责任的内容;第五部分为“海事赔偿责任限制”。因此,在荷兰《民法典》下,海商法在某种程度上与其他法律进行了两个层次的混合:一是海商法与其他运输法被统合到了一起,二是海商法被纳入民法典中。

第三种是运输法典模式。将海上运输与其他的运输方式在立法层面进行统合,使海商法与公路运输法、铁路运输法、航空运输法纳入统一的运输法典中是海商法与其他法律混合立法的另一模式。如前文第二章第三节中所提及的,当前采用该种立法体例的典型国家是法国。法国 2010 年《运输法》共 6 编,分别为第 1 编“一般规定”(Common Provisions)、第 2 编“铁路或轨道运输”(Rail or Guide Transport)、第 3 编“陆路运输”(Road Transport)、第 4 编“内河水道和河流运输”(Inland Waterways and River Transport)、第 5 编“海上航行和运输”(Transport and Marine Navigation)、第 6 编“民用航空”(Civil Aviation)。法国《运输法》相当于将 1992 年荷兰《民法典》中的“运输法”编单独立法。这种立法模式实际在某种程度上与国内学者所倡导的行业法理念相适应。[1] 而且,由于脱离了民法典整体框架的束缚,其所涵盖的海商法内容也更为全面。

上述将海商法与其他法律混合立法的模式的出现虽然并未完全否认海商法文本的独立性,海商法在这些法典中仍独立成章,体现一定的独立性,但无疑是对海商法独立地位的一种冲击,因为在这些立法模式的背后,其隐含的前提认识是海商法是商法、民法或者运输法的一部分,将海商法装入了另一法律部门的框架下。对

---

〔1〕 参见孙笑侠:《论行业法》,载《中国法学》2013 年第 1 期。

此,可作为进一步佐证材料的是,在 2004 年德国决定组成一个专家委员会对海商法进行修改时,其司法部前部长齐普里斯(Brigitte Zypries)要求他们商讨的四个问题中,就有两个与海商法的独立性密切相关,分别为:审查现有的海商法与一般运输法之间是否存在不合理的差异;评估海商法可与一般私法协调一致的领域。[1] 显然,上述审查和评估事项传递的信号非常明显,即应当重新审视海商法的独立性,注重其与一般法的协调,并尽量精简海商法制度。而这绝非个例——是否仍有必要在立法形式上对海商法内容做出相对独立的安排,海商法制度是否仍有必要保留其与其他一般法律制度的差异等问题是各国海商法发展面临的普遍问题。

而在司法层面,海事司法独立地位的丧失更为明显。虽然如第二章所述,海事司法的独立性在程序等方面也有一定的传承,但就整体而言,严格意义上的海事司法的独立性在当代已经没落。这种没落具体又可从两个层面加以阐述:一是商事司法独立性的整体没落,二是专门海事法院的逐渐消失。

就第一层面而言,中世纪海事司法的独立性以商事法庭的独立性为整体依托,以商人对商业纠纷自治审理的权力为基本前提。不过,随着近代民族国家的建立,司法权作为国家权力体系中的重要一环被不断强化其国家意志和主权的色彩,司法机关的设置和司法审判人员的配置都不断呈现国家化的样态。商事审判自然也不能例外,原本掌握在商人手中的商事审判权在这一过程中被剥夺,进而纳入整个国家的司法组织体系。随着商事审判被作为国家司法组织体系的一环统筹安排,商事审判的独立性呈现明显的没落之势。根据学者的总结,各国对商事审判的组织安排大致可分为以下几类:一是商事案件由普通法院、职业法官审理,不再设立专门的商

---

[1] 参见王彦:《德国海商法的改革及评价》,载《中国海商法研究》2015 年第 2 期。

事审判组织和商事诉讼程序，采取这种模式的国家包括爱尔兰、西班牙、日本等；二是商事案件由普通法院管辖，但由内设的专门审判庭负责审理，法官均为职业法官，如英国、罗马尼亚、中国等；三是商事案件由专门的商事法院来审理，但审判人员可能是职业法官（如卢森堡），也可能是由商人担任的非职业法官（如法国），还可能是由职业法官和商人法官的组合（如比利时、克罗地亚）；四是商事案件由仲裁法院审理，审判人员为职业法官，俄罗斯即为此种模式的代表。〔1〕 在这些模式中，商事审判独立性保留最完整的当属法国。自法国于1563年设立商事法院把原来掌握在商人团体手中的裁判权剥夺之后，〔2〕涉及商人之间或商行为的纠纷的一审案件（包括海事案件）都由商事法院管辖，〔3〕且除个别省份外，商事法院的法官都由同行推选的商人担任。〔4〕 担任商事法院法官的商人必须有5年以上的从事商业活动的经验，且在此过程中其企业不能有破产或者被清算的情形。他们从事的审判工作都是无偿的，不享有任何政府薪水，也不存在任何晋级及升迁情况。〔5〕 可以说，法国商人法院的运行模式在最大限度上保留了商事自治的传统，在近现代的商事审判模式中独树一帜。不过，在法国之外，虽然专门商事裁判组织的设计仍然受到一定的认同（据统计，目前世界上有数十个国家和

---

〔1〕 参见陈锦川、郑爱青：《改革中的法国商业法院》，载赵海峰主编：《欧洲法通讯》（第1辑），法律出版社2001年版，第178页。

〔2〕 参见叶秋华、王云霞主编：《大陆法系研究》，中国人民大学出版社2008年版，第203页。

〔3〕 William Teltely, *Maritime Lien and Claims*, Montreal, International Shipping Publications, 1998, p. 17.

〔4〕 参见［法］洛伊克·卡迪耶：《法国民事司法法》，杨艺宁译，中国政法大学出版社2010年版，第85~89页。

〔5〕 参见李玉林：《论法国特殊商事审判制度——以商事法院与商事法官为中心》，载《山东审判》2008年第3期。

地区在不同程度上设置了的专门的商事审判庭或者商事法庭[1]),但商事审判的运行模式无论在商事审判组织还是商事审判人员的独立性上都已大打折扣——不仅形式上独立的裁判机构不复存在,有时甚至限缩为民事一审法院的附属,[2]而且审判人员的商事背景也无从保证。因此,总体而言,相比于中世纪,商事司法的独立性在整体上呈现明显的没落之势,这也使传统上作为商事审判一部分的海事审判失去了独立存在的大环境。

就第二个层面而言,在商事司法独立性整体没落的大背景下,海事司法的独立性更是几乎呈现消失之态。例如,法国大革命之前海商纠纷由海事法庭管辖,有时也由海事劳资调解人或海事公证人管辖,但在大革命之后,海商纠纷案件就被并入商事法院的管辖范围。[3] 据笔者的收集,目前世界上除了中国之外,其他国家都已取消独立建制的海事法院。

海事司法在审判机构上独立性的没落对于海商法独立地位的冲击不容忽视,因为如前所述,独立的海事司法对于促进海商法的独立性具有积极价值,它是海商法特有的制度和精神能在司法层面得到全面、完整贯彻的关键所在,并对反哺海商法的独立发展具有重要意义。失去了在机制上独立存在的海事司法的保障和推动,海商法独立性在司法环节得到的重视程度无疑会受到影响。

---

[1] See A. McDowell, C. Flango, C. Campbell and N. Kauder, *Future Trends in State Courts 2011*, Williamsburg, National Center for State Courts, 2011, p. 74.

[2] See John H. Merryman, *The Civil Law Tradition*, Stanford, Stanford University Press, 1985, pp. 86, 98-99, 146-147. 转引自曹志勋:《商事审判组织的专业化及其模式》,载《国家检察官学院学报》2015 年第 1 期。

[3] 参见[法]洛伊克·卡迪耶:《法国民事司法法》,杨艺宁译,中国政法大学出版社 2010 年版,第 85~86 页。

第二节　海商法内部综合性面临的挑战

与外部独立性一样,海商法的内部综合性也面临着挑战,并主要体现在海商法概念的狭义化更替以及海商法表现形式的分散化两方面。

一、海商法概念的狭义化更替

如果说中世纪海商法的概念是指与海上运输有关的所有法律规范的集合,并经常使用“海法”这一概念来代称的话,则在近现代,海法的概念已经不再在立法层面使用,海商法的概念运用也表现为狭义化的更替趋势。

近现代各国与海商有关的法律概念主要包括“maritime law”(中文通常译为“海商法”)、“admiralty law”(中文通常译为“海事法”)及“shipping law”(中文通常译为“航运法”)。其中,“maritime law”这个概念是使用最广泛的。Maritime 一词源于“mare”,其在当时指“海上”之意,[1]亦即泛指海上一切相关事宜。换言之,在早期,对 maritime 含义的理解仍是十分广义的,其与海法之间并无太大差别。甚至到 17 世纪,海商法概念的理解仍是十分广泛的。以法国 1681 年路易十四颁布的《海商条例》(Ordonnance de la Marine)为例(其名称中的 marine 即为法语的 maritime),其内容包括海事审判人员、管辖权、船员、船舶、海事契约、港湾、海洋警察、渔业等,囊括与海有关的大部分法律规范。但此后,随着海上贸易的进一步发展,“maritime”一词在大陆法系国家慢慢演变为仅指狭义上

[1] 参见余甬帆:《试探名词〈海商法〉之源》,载《中国海商法年刊》2008 年刊。

与商事性质相关的“海商”事宜，而且此后有关海商的立法也逐渐将原本一体的海商公法与海商私法相分离：例如，以1681年《海商条例》为蓝本制定的1807年《法国商法典》“海商编”就缩减了很多公法方面的内容。法国对海商法概念的使用也影响到了很多大陆法系国家，如德国对海商法概念的使用也多局限于商法典下的海商法内容。

而在英美法系国家，对“maritime law”概念的理解虽然相对更为广义，但其也无法涵盖所有与海上运输有关的法律制度：在美国，按照学者的通常理解，海商法的研究范围除了实体法的内容之外，也包含一些程序法的内容。其中实体法的内容一般包括船舶物权（船舶留置权、船舶优先权）、海上货物运输合同、租船合同、引航合同、共同海损、海上保险、拖航合同、海难救助、船舶碰撞、油污、残骸打捞、海事赔偿责任限制以及船员人身伤亡；程序法的内容则一般包括：海事管辖权和海事诉讼程序（包括对人、对物诉讼）等。不过需要注意的是，在美国，有关政府对航运业的监督与管理制度通常不在“maritime law”的指涉范围内，而另采用“shipping law”这一概念。[1] 而在英国，海商法通常被视为海事法的上位概念，而航运法可与海商法概念替换使用。具体而言，海商法概念被视为海上运输法（law of carriage by sea）、海上保险法（law of marine insurance）和海事法（admiralty law）的集合，[2]而“admiralty law”则主要指那些英国海事法院在行使其对与海有关问题的管辖权时所发展的法

---

[1] 参见於世成：《美国航运法研究》，华东政法大学2006年博士学位论文，第1页。

[2] 美国学者对于航运法的理解则有狭义和广义之分：狭义的美国航运法仅指以“shipping act”命名的法律及其实施规章，指的是竞争法意义上的航运法规，旨在通过国际航运协议组织反垄断豁免、运价管理、远洋运输中介人、受控承运人等制度提高市场竞争程度、提高市场效率；广义的美国航运法，还包括美国商船法（“merchant marine act”）及其实施规章，另外，港口法、海岸警卫队法、贸易法、环境保护法等与国际航运相关的规定也属于广义航运法范畴。参见胡正良：《海事法》，北京大学出版社2012年版，第3页。

律,包括程序法在内,[1]其具体内容包括海事诉讼的性质和范围、船舶物权请求权、船舶优先权及其他责任、一般海事请求、海事扣押程序、扣押后续程序、基金的分摊、船舶碰撞案件的程序、海事赔偿责任限制、海事仲裁等。[2] 与美国学者对“maritime law”概念的使用相比,英国法下“maritime law”的研究范围通常并不涉及海上人身伤亡,但包括船舶买卖、建造、登记以及船舶安全管理方面的内容。[3] 基于上述论述,虽然英美两国对海商法概念的理解并不完全一致,但可以肯定的是,它们都只在不同程度上涉及了当代与海上运输相关的部分内容,海商法概念相比于中世纪以及中世纪后早期的狭义化更替是不争的事实。

概念理解上的狭义化更替对海商立法产生了直接的影响,其不仅影响了对海商法属性的定位,使海商法失去独立的综合性法律部门地位而被视为其他法律部门的特别法,而且与海商法内部综合性面临的另一个挑战——海商法表现形式的分散化、甚至是碎片化密切相关。

二、海商法表现形式的分散化

海商法表现形式的分散化是海商法内部综合性面临的另一个挑战,即除前述第二章提及的采取综合性海商法典模式的立法例之外,海商法的内部综合性通常无法在立法形式层面得到体现,因为更多的海商立法都是针对海上运输某一环节或某一性质的法律关系的单行立法。

无论大陆法系还是英美法系国家,海商法表现形式的分散化现

---

〔1〕 参见胡正良:《海事法》,北京大学出版社2012年版,第3页。

〔2〕 See Sarah Derrington, James M. Turner, *The Law and Practice of Admiralty Matters*, Oxford, Oxford University Press, 2007, content.

〔3〕 See Yvonne Baatz, *Maritime Law*, London, Sweet & Maxwell, 2011, content. Hill Christopher, Julius Starforth, *Maritime Law*, London, LLP, 2003, content.

象都在不同程度存在。

在大陆法系国家,法国在 2010 年《运输法》颁布之前曾制定过多部海商单行立法,如 1885 年《船舶抵押法》、1915 年《海难救助法》、1936 年《海上货物运送法》、1949 年《海上货物留置特权法》以及此后的《海上运送契约法》等。此外,在法国于 1964 年将海商法从《商法典》中脱离出来之后,还先后制定了包括关于租船合同及海上保险合同的 1996 年 6 月 18 日法、关于航海船舶及其他船舶地位的 1967 年 1 月 3 日法、关于海上事故(船舶碰撞、海难救助、共同海损)的 1967 年 7 月 7 日法以及关于船舶装备及海上买卖的 1969 年 1 月 3 日法在内的一系列单行海商立法。[1] 在德国,1861 年《德国商法典》第五编分十二章(共计 480 条)对德国的海商法制度进行了规定,内容包括总则、船东与共同所有、船长、船员、货物运输、旅客运输、船舶抵押借款契约、海损、海上救助、船舶债权、海上保险、时效,[2]但在 1897 年修订的《德国商法典》中,删去了原来的第四章"船员",转而对该部分内容单独立法,即 1872 年《船员法》。此后《德国商法典》2013 年的修订依然维持该种体系。以德国为立法参照的日本除了《商法典》中"海商"编外,也制定了大量的单行海商立法,如 1899 年的《船舶法》,1947 年的《船员法》,1949 年的《引航法》和《航路标识法》,1957 年的《国际海上货物运输法》,1972 年的《海上交通安全法》,1977 年的《海上避碰法》,1980 年的《船舶吨位计量法》,2004 年《船舶油污损害赔偿保障法》等。

而在英美法系国家,判例法对法律规则的呈现和法律制度的构

---

〔1〕 参见[日]中村真澄、箱井崇史:《日本海商法》,张秀娟、李刚、朴鑫译,法律出版社 2015 年版,第 8 页。

〔2〕 See Ernest Emil Wendt, *Papers on Maritime Legislation with a Translation of the German Mercantile Law Relating to Maritime Commerce*, London, Longmans, Green, and Company, 1888, pp. 687–790.

建本就分散。即使在判例法的基础上制定了制定法,除个别例外之外(如之前述及的 1894 年《商船航运法》这一综合性海商立法),整体仍以单行立法为主。比如英国在海商法领域的单行立法就包括 1885 年《提单法》,根据 1910 年《统一碰撞责任公约》和《海难救助公约》制定的 1911 年《海事公约法》,根据 1968 年《海牙维斯比规则》制定的 1971 年《海上货物运输法》,以及后续修订的 1992 年《海上货物运输法》等。美国也是如此,其甚至还没有《商船航运法》这样的综合性海商基础立法,基本都是针对特定事项的单行立法,包括 1851 年《船舶所有人责任限制法》、1893 年《哈特法》、1916 年《联邦提单法》、1920 年《公海人身死亡法》和《船舶抵押权法》,以及根据《海牙规则》制定的 1936 年《海上货物运输法》等。

海商法单行立法模式所导致的海商法表现形式的分散化现象在一定程度上呼应了海商法制度的细化发展,有利于灵活地应对海商实践的变化,但同时亦对海商法的内部综合性带来了严峻的挑战:不仅形式上自成一体的海商立法因此不再成为主流,而且对海商法的制度整体性和完整性也带来了冲击,这在本章第三节第二部分中将进一步阐述。

第三节　对海商法自体性挑战的客观理解

基于上文的论述,海商法自体性在当代面临挑战已是不争的事实,而且这种挑战已在一定程度上削弱了海商法的自体性。接下来的问题是应如何客观地理解海商法自体性面临的此种挑战,其是否意味着海商法自体性在当代已经没落,失去了存在的价值?对此,笔者认为客观认识海商法自体性面临的挑战应当包含两方面:一是海商法的自体性并不是绝对的,其自成一体的特征受一些因素的影响和制约只能是相对的;二是上述挑战的存在并不意味着海商法的自体性在当代已经没有存在的价值,相反,上述挑战所带来的一些弊端反而凸显出海商法自体性在当代的价值。

一、海商法自体性的非绝对性

无论是在海商法自体性形成的中世纪,还是在海商法自体性面临挑战的当代,海商法的自体性从来都不是绝对的。对于中世纪的海商法,如前所述,其虽以独立发展为主线,但尚不能说它完全独立于其他法律,因为其对罗马法的继承和借鉴是客观存在的。而对当代海商法来说,海商法自体性的非绝对性被放大,并外化为前述挑战。进一步分析,导致海商法自体性的非绝对性在当代被放大的因素主要有两个。

(一)海上运输风险对海商法特殊制度需求的相对弱化

海上运输风险对海商法特殊制度的需求在很大程度上取决于两个方面:(1)航海技术的发达程度,因为应对海上运输风险的途径主要有两个,第一,提高航海技术,从客观上增强人们抗御海上风险的能力;第二,是设立相应的制度和法律,对海运这一高风险行业提供特殊保护,并使所有参与海上航行的各方都能得到公正的对待,[1]所以,抵御海上风险的能力与海商法的特殊制度需求之间存在一种反相关的关系——抵御海上风险的能力增强将降低在制度层面对航运行业提供特殊保护的需求。(2)海上运输风险的应对是否必须依赖于特殊的海商法制度,是否有其他的一般制度可以替代?如果有,则也意味着海上运输风险对海商法特殊调整的需求将大大降低。

---

〔1〕 参见关阳:《废除共同海损制度的可行性研究》,大连海事大学2007年硕士学位论文,第21页。

从上述两个层面出发，显然相比于中世纪，海上运输风险对海商法特殊制度的需求已经相对弱化。

就第一方面而言，“随着自动识别系统（AIS）、航海通信卫星技术、气象导航仪、全球海上遇险安全系统（GMDSS）、全球定位系统（GPS）、高速内燃机、无人机舱、高强度造船材料、电子导航设备、综合航行管理系统、最适合航线计划系统、自动靠离泊系统和海况检测系统等的广泛应用，以及船舶的大型化、自动化、专业化和高速化，船舶和航海的安全性大大提高”，[1]人类从正面依靠航海技术应对海上风险的能力早已今非昔比。对此，可为印证的是在现代航海技术下，因海上自然风险、航海技术因素所造成的海上事故比例已经只占很小的一部分，反而是人为因素造成的海上事故的数量和比例占据大数。例如，根据英国海事调查局于 2012 年对之前十年英国商船海上事故原因的分类统计（见表 1），这十年期间由于恶劣天气导致商船发生海上事故的数量占所有海上事故的比例从未超过 4%，反而是触碰、碰撞、搁浅这些人为过失占据主导作用的因素以及机械、设备故障和火灾、爆炸这些不必然与海上特殊风险相联系的因素占据绝大部分的比重。因此，客观上来说，依靠制度设计应对海上运输风险的需求已经不像过往那么强烈，海商法制度的独立性和特殊性也由此频频遭受质疑。事实上，在前述主张废除或修改海商法特殊制度和规则的支撑论点中，海上风险对海商法特殊制度需求的弱化都是一个被重点提及的理由。

---

〔1〕 李天生：《国际海上承运人责任基础历史演进及启示——海上特殊风险与产业利益的双重流变》，载《河北法学》2013 年第 2 期。

表1 英国商船2003~2012年事故原因分类统计[1]

单位:件

类别	2003年	2004年	2005年	2006年	2007年	2008年	2009年	2010年	2011年	2012年
倾覆	—	2	1	—	2	—	—	—	—	—
管货过失	3	1	2	2	1	4	3	2	1	1
碰撞	12	16	37	25	14	21	24	28	20	22
触碰	38	29	34	20	29	27	31	38	24	27
有害物质泄漏	—	4	2	1	2	1	—	—	1	—
火灾、爆炸	21	22	19	6	8	8	3	6	13	14
漏水	3	3	6	4	2	4	4	3	3	1
搁浅	13	15	27	21	11	26	19	24	18	18
恶劣天气	3	4	1	5	4	4	5	3	3	3
机械、设备故障	41	42	51	31	36	23	24	25	21	38
人员伤亡	9	5	13	12	7	11	10	7	10	7
其他	3	1	4	3	—	2	5	5	1	2
总计	146	144	197	130	116	131	128	141	115	133

就第二个层面而言,早期海商法特殊制度的发展很大程度是因为当时既有的法律制度难以满足海商实践的需求,海事商人只好自发创设一套与海事实践需求相符,与一般法律制度迥异的制度。而在今天,随着法律制度的不断丰富,许多特殊海商法制度的功能和目的已经可以通过其他制度来实现。例如,就海事赔偿责任限制制度控制船东经营风险的目的而言,公司的有限责任制度(在海事实践中经常更为极致地表现为单船公司)和责任保险制度已经能够有

[1] See "MAIB annual report 2012", https://www.gov.uk/government/uploads/system/uploads/attachment_data/file/359967/MAIBAnnualReport_2012.pdf, November 2, 2019.

效替代海上赔偿责任限制制度完成该目的；再如，海上保险制度的发展使共同海损风险分摊的目的也在一定程度上可被替代；又如，随着基金、融资租赁等新制度模式的出现，海上风险的分摊和投资人权益的保护有了更多的选择，对传统海商法特殊制度的依赖已不像过去那么强烈。事实上，近现代海商法制度的发展更多表现为对其他一般法律制度的应用、借鉴和适当改造（如合同、侵权领域），像过去首创于海商法领域并进而影响其他法律领域的制度（如海上保险）在当代已很难看见。在自觉不自觉中，运用一般法律制度丰富和完善海商法制度已经是海商法近现代发展的重要途径。在此背景下，出现由其他一般制度代替海商法特有制度的呼声也就不足为奇。

因此，海上风险特殊性的相对弱化和一般法律制度的丰富使在制度层面对航运行业提供特殊保护的需求和对传统特色海商制度的依赖都出现了不同程度的下降，在此背景下，特殊的海商法制度的创新速度也已经不及其他商法（如公司法、证券法等），由此造成对海商法独立性和自体性的冲击。

（二）法律构建方式的变化

如果说中世纪海商法受罗马法的影响而普遍表现出诸法合一，文本上的综合性的话，则在中世纪以后，这种法律文本的综合性因法律构建方法的变化而被改变。

在大陆法系，法律体系构建方式的改变与人文主义法学的兴起密切相关。人文主义法学产生于16世纪，是在欧洲文艺复兴运动中崭露头角的人文主义于法学领域发起的一股思潮。人文主义法学作为对当时在欧洲法学界占据统治地位的注释法学派和评注法学派的一股反思和挑战力量，跳出了注释法学派和评注法学派那种就法典注释法典，就法律研究法律的框框，引进了当时所能掌握的各种科学方法，如哲学的、文学的、考古学的、历史学的以及比较的方法等,从而使法律研究成为整个科学研究以及文艺复兴运动的一部分,为法学重新成为一门科学奠定了基础。[1] 人文主义法学至少在以下三个层面做出了突破性的贡献:(1)对罗马法律文本进行历史哲学性的纯净化工作,即致力于恢复罗马法经典的原貌,将罗马法从中世纪的注释和评注中分解出来;(2)尝试系统的法律建设,即尝试发掘查士丁尼《国法大全》中隐藏着的,尚待发掘的逻辑体系,尝试为之构建一个科学的理论逻辑体系;(3)通过对罗马法进行体系重构,抽象出法律的科学秩序,以此为基础制定"国家法"或构建合乎理性的"普遍法",即将罗马法降格为法律的重要证据,新兴君主国的法律可以不完全受其束缚。[2] 其中,与海商法自体性的演变紧密相关的是人文主义法学在上述后两个层面做出的贡献——它在很大程度上终结了过去罗马法法律编纂方式和技术对海商法的影响,使海商法在内部结构上产生了巨大的变化。具体来说,人文主义法学家认为必须以更合理的方式,在历史相关性的基础上,重新将《国法大全》的素材和论据塑造为一个新的法律建筑。[3] 他们主张在体系的引导下,把罗马法的经典按照合理、明智的结构,体系化地重构与规划。同时,自古罗马到中世纪时期一直被奉行的个案形式的法律编纂模式也被他们所批判。在他们看来,通过该种法律编纂模式构建的法律可能建立在个人的偏见、错误的概念以及不定的原理之上,并不可避免地存在不协调的问题。为克服上述弊端,法律应当像其他科学学科一样,通过从一般到特殊的逻辑推理的形式来表达。所以,他们主张运用概括式解释和演

---

〔1〕 参见何勤华:《法国人文主义法学派述评》,载《中国法学》1996年第4期。

〔2〕 参见陈颐:《16世纪法国人文主义法学与法律科学的体系化》,载何勤华主编:《全国外国法制史研究会学术丛书——多元的法律文化》,法律出版社2006年版,第467~487页。

〔3〕 See Manlio Bellomo, *The Common Legal Past of Europe*, 1000-1800, Translated by Lydia G. Cochrane, Washington, The Catholic University of America Press, 1995, p. 207.

绎推理的一般方法，重视法律体系的科学性和完整性，并推动古罗马时期到中世纪奉行的个案形式、决疑术式的法学论证模式让位于"法学的体系化建构"模式——"博士们的共同意见"扮演重要角色的法律学术让位于建立在"公理体系"基础上的法律学术。[1] 在这种观念和方法论的影响下，体系化构建法学成为一个重要的命题，许多重要的法学体系化思想和方式也在这一过程中被提出。例如，16 世纪最富建设性的人文主义法学家之一雨果·德纽(H. Doneau)就认为市民法首先包括知晓法律上属于每个个体的权利是什么，其次是获得权力的程序手段，并在此基础上第一次将私法区分为实体法和民事诉讼程序。[2] 再如，16 世纪德国对构建法学体系最为热心的法学家尼克劳斯·韦格留斯(Nicolaus Vigelius)在其 1561 年出版的《民法的一般方法》以简明的方法阐释了整个民法体系，他把法律分为"公法"(第 1 编)和"私法"(第 2~7 编)，又把私法分为"人法""物法"(第 2~3 编)，然后讨论"取得的理由"(第 4 编)、"负担的理由"(第 5 编)、"惩罚的理由"(第 6 编)和"留置的理由"(第 7 编)。[3]

虽然人文主义法学家主导的法学体系化建构还未达到精致化的程度，其对法学体系化的讨论也更多局限于私法领域，整个法学的体系化构建还需要知识论上的转型和方法论上的更新(此项工作至少在整个 16 世纪和 17 世纪早期还不具备条件，是在随后的十八九世纪逐渐完成的)，但不可否认的是，人文主义法学家的努力催生

---

〔1〕 参见舒国滢：《欧洲人文主义法学的方法论与知识谱系》，载《清华法学》2014 年第 1 期。

〔2〕 参见陈颐：《16 世纪法国人文主义法学与法律科学的体系化》，载何勤华主编：《全国外国法制史研究会学术丛书——多元的法律文化》，法律出版社 2006 年版，第 467~487 页。

〔3〕 参见舒国滢：《欧洲人文主义法学的方法论与知识谱系》，载《清华法学》2014 年第 1 期。

了法学知识的范式变化,推动了法学的"科学化""公理化"改造,为近现代法律制度的形成做出了巨大贡献。[1] 在他们的影响下,法律的体系构建在欧洲大陆国家兴起,各国纷纷按照体系化的构建方法构建自己的法律体系。其中最具影响力的当属法国。如前文第二章所述,在16世纪结束之时,法国对各地区习惯的整理和汇编已经取得显著的成果,而在进一步统一、协调这些习惯法的过程中,人文主义法学所提倡的科学化、体系化受到了广泛的重视,并直接体现于路易十四时期针对过去繁杂、混乱的法律传统进行的法典化体系构建中。作为当时路易十四的重臣,柯尔伯明确主张要将王国的法令通过法典化的方式编纂为一个整体,建构一个完整统一的法律体系。在他的主持下,路易十四相继颁布了1667年《民事司法改革法令》、1670年《刑事法令》、1673年《商事敕令》、1679年《森林法令》、1681年《海事敕令》以及1685年《黑人法典》。在柯尔伯看来,通过制定这一系列法令和法典的目的就是将原先驳杂的法律渊源和传统统一为体系化的国家法典,以使法国能够在统一的体系框架下进行建设。这些法令和法典的颁布为此后对大陆法系形成具有重要影响的法国近现代法律体系的构建奠定了基础,例如,1667年《民事司法改革法令》几乎为此后的1806年《民事诉讼法典》所全部重复,该法令的其他一些内容则在1804年的《民法典》中被再次重复;而1673年的《商事法令》则是1807年《商法典》的基础,1681年《海事法令》构成《商法典》第二编"海商"的基础。[2] 而在德国,人文主义法学的体系思想也催生了"《学说汇纂》之现代应用"运动,逐渐生成出一种新的、独特的学问风格,这就是所谓的"学

---

〔1〕 参见舒国滢:《欧洲人文主义法学的方法论与知识谱系》,载《清华法学》2014年第1期。

〔2〕 参见陈颐:《腓力四世到路易十四时代法国的法律与国家建构——从司法主权到立法主权》,华东政法大学2006年博士学位论文,第130~131页。

说汇纂学”（Pandektenwissenschaft，或者 Pandektistik，也译作“潘德克顿之学”）。该学问的目的不再是简单地注释罗马法文本，而是通过“创造性（生产性）的教义学建构”，解释（注释）查士丁尼的《学说汇纂》作为超越实证的合法性基础，以“形式——概念的、体系——构建的方法”，从中抽出一般的法规则和法概念，并对之进行体系化，来形成一种共同私法（民法）之教义学上无矛盾的实证体系。[1]这种学问模式为此后德国潘德克吞式的立法模式奠定了基础。在该模式下，法典编撰需要将法律主体、客体和法律行为的内容抽象出来，以总则、分则的形式构筑一个严密的概念化、体系化和逻辑化的金字塔结构。[2] 该模式以其高度精细化和逻辑化的立法模式，被一些国家奉为圭臬，对大陆法系的形成和大陆法系国家的法律体系化具有重要影响。

因此，近现代大陆法系国家的法律编纂方式在法学体系化思潮的影响下已经与中世纪时期发生了根本性的变化——现代法律编纂建立在划分公私法的基础上，将公法细分为宪法、行政法、刑法、诉讼法和国际法，把私法细分为人法、家庭法、财产法、债法和继承法等。这种体系化划分方式的建立使中世纪集公法和私法于一体，以个案判决为收集对象，各内容混杂的海商法不再符合法律发展的整体大环境，对其进行概念化、体系化和逻辑化处理成为必然。在此背景下，中世纪时期集各种类型规范于一体的海商法模式自然无法继续，海商法规范需依法律体系的构建单位重新拆分、组合，或分门别类地制定特别法，或容于一般法律之中，海商法的表现形式也在这个过程中出现前述的分散化现象。

---

〔1〕参见舒国滢：《19 世纪德国“学说汇纂”体系的形成与发展——基于欧陆近代法学知识谱系的考察》，载《中外法学》2016 年第 1 期。

〔2〕参见李少伟：《潘德克吞立法模式的当代价值与我国民法典的模式选择》，载《河北法学》2009 年第 5 期。

而在英美法系国家，虽然不严格区分公私法，也没有像大陆法系国家那样的法律部门划分，但由于作为母法的英国法早期选择了一条以判例法构建本国法律基础的道路，因此，其法律原则和规则的构建多分散体现于各个判例的判决中，而非依赖于制定法。从这个角度来说，判例法制度的构建决定了英国法下法律的表现形式必然呈现分散化的状况。虽然自19世纪后期以来，由于诸多新法律问题的涌现、社会对于法律确定性的诉求、法典化思想的影响〔1〕以及议会权力的扩张等因素，英国的制定法大量增加，“许多曾是法官法所覆盖的领域，如今成了制定法的天下”，〔2〕但制定法在整个英国法律体系中的地位显然无法和其在大陆法系中的地位相比：它不是整个社会或某个领域的基础性、基本性规范，而只是普通法的补充或修正；很多时候它只是例外，而不是常规；它不是某个领域法律发展的起点，而只是对该领域法律发展的调整。〔3〕 而且英国法官在将制定法适用于具体案件时，并不严格遵循类似大陆法系法官的三段论模式，而是经常将抽象的制定法规则与具体的案例场景相结合，并总结出一个适合于该案的，新的、具体的规则或理论。当后来的法官遇到类似场景时，他所依据的可能就不是制定法本身，而是前述法官总结的规则或理论；后来的法律学生、律师、法官在阅读该先例并试图总结出其中蕴含的规则、理论时，他们总结出的也是后面的规则和理论，而不是前述体现在制定法中的规则。〔4〕 所以，即

〔1〕 边沁是英国主张法律法典化的代表性学者。在早期，边沁希望改革判例法，通过严格遵循先例，约束法官的司法裁量权。后来，他转而主张彻底废除普通法，以立法机关根据功利原则所制定的欧陆式法典取而代之。参见高鸿钧：《英国法的主要特征（上）——与大陆法相比较》，载《比较法研究》2012年第3期。

〔2〕 ［英］赖特勋爵：《判例（上）》，张志铭译，载《比较法研究》1991年第4期。

〔3〕 参见李红海：《“水和油”抑或“水与乳”：论英国普通法与制定法的关系》，载《中外法学》2011年第2期。

〔4〕 参见李红海：《“水和油”抑或“水与乳”：论英国普通法与制定法的关系》，载《中外法学》2011年第2期。

使在有制定法的法律领域，普通法也仍大有生存的空间，法律的分散化现象也就不可避免。此外，受实用主义和经验主义思想的影响，英国法很少制定体系庞大的法典，而多倾向于针对特定议题的单行立法。

英国法的上述传统自然也被传承到其他英美法系国家，因此，法律的分散化是英美法系的普遍现象。在海商法领域，虽然制定法的数量不在少数，但普通法的传统影响同样存在，海商法的分散化现象也自然不可避免。

（三）国际立法的影响

制定统一的国际公约，为缔约国创造统一的法律地理环境是国际社会实现国际商事法律统一的重要途径。由于国际公约对批准或者加入的缔约国具有约束力，能在缔约国法域内得到强制力的实施保障，因此其作为一种"硬法"亦在海商法领域被寄予厚望。从19世纪末开始，以国际海事委员会、国际海事组织和联合国国际贸易法委员会为首的国际组织牵头制定了一系列海商法公约。例如，国际海事委员会牵头制定了《统一船舶碰撞某些法律规定的国际公约》(1910年制定，1913年生效)、《统一海难救助某些法律规定的国际公约》(1910年制定，1913年生效)、《统一海上船舶所有人责任限制某些法律规定的国际公约》(1924年制定，1931年生效)、《统一提单若干法律规定的国际公约》(《海牙规则》，1924年制定，1931年生效)、《统一船舶优先权和抵押权某些法律规定的国际公约》(1926年制定，1931年生效)、《统一国有船舶豁免的某些法律规定的国际公约》(1926年制定，1937年生效)、《统一船舶碰撞民事管辖权某些法律规定的国际公约》(1952年制定，1955年生效)、《统一船舶碰撞或其他航行事故中刑事管辖权某些法律规定的国际公约》(1952年制定，1955年生效)、《统一海船扣押某些法律规定的国际公约》(1952年制定，1956年生效)、《海船所有人责任限制国际公约》(1957 年制定,1968 年生效)、《国际偷渡公约》(1957 年制定,尚未生效)、《统一海上旅客运输某些法律规定的国际公约》(1961 年制定,1965 年生效)、《核动力船舶经营人责任公约》(1962 年制定,尚未生效)、《建造中船舶权利登记国际公约》(1967 年制定,尚未生效)、《统一船舶优先权和抵押权某些规定的国际公约》(1967 年制定,尚未生效)等;国际海事组织主导制定了《国际船舶载重线公约》(1966 年制定,1968 年生效)、《国际船舶吨位丈量公约》(1969 年制定,1982 年生效)、《国际油污损害民事责任公约》(1969 年制定,1975 年生效)、《海上核材料运输民事责任公约》(1971 年制定,1975 年生效)、《国际集装箱安全公约》(1972 年制定,1977 年生效)、《国际防止船舶造成污染公约》(1973 年制定,1983 年生效)、《国际海上人命安全公约》(1974 年制定,1980 年生效)、《海上旅客及其行李运输雅典公约》(1974 年制定,1987 年生效)、《海事赔偿责任限制公约》(1976 年制定,1986 年生效)、《设立国际油污损害赔偿基金公约》(1971 年制定,1994 年生效)、《国际船员培训、发证和值班标准公约》(1978 年制定,1984 年生效)、《国际海上搜寻救助公约》(1979 年制定,1985 年生效)、《制止危及海上航行安全非法行为公约》(1988 年制定,1992 年生效)、《国际救助公约》(1989 年制定,1996 年生效)、《国际油污防备、反应和合作公约》(1990 年制定,1995 年生效)、《国际海上运输有毒有害物质损害责任和赔偿公约》(1996 年制定,尚未生效)、《国际燃油污染损害民事责任与赔偿公约》(2001 年制定,2008 年生效)、《控制船舶有害防污底系统国际公约》(2001 年制定,2008 年生效)、《国际船舶压载水和沉积物控制与管理公约》(2004 年制定,2017 年生效)、《内罗毕国际船舶残骸清除公约》(2007 年制定,2015 年生效)、《船舶安全与环境无害化回收再利用香港国际公约》(2009 年制定,尚未生效)等;联合国国际贸易法委员会推动了《联合国海上货物运输公约》(《汉堡规则》,1978 年制定,1992 年生效)、《联合国国际贸易运输港站经营人赔偿责任公约》(1991 年制定,尚未生效)、《联合国全程或部分海上国际货物运输合同公约》(《鹿特丹规则》,2008 年制定,尚未生效)。

以上述为代表的国际海事公约不仅在具体制度的构建上对各国海商法的发展起到了重要影响,使各国海商法在内容的实质趋同方面有了显著的进展,而且也在立法形式上对各国海商法的体系构建产生了不可忽视的影响:由于各国际公约多是针对特定问题或特定局部领域的立法,其不需要考虑海商法的体系构建问题,有时甚至为了规避分歧而故意缩限其调整事项,因此,国际公约基本都是十分简单的单行立法而没有综合性的立法,而各国为了及时跟进国际公约的步伐,在吸收、转化国际公约的过程中也更倾向于制定单行立法以降低法律制定和修改的难度。例如,为跟进《海牙规则》(以及后续的《海牙维斯比规则》)的制定,很多国家都对海上货物运输领域进行单独立法,如大陆法系法国的 1936 年《海上货物运送法》和日本的 1957 年《国际海上货物运输法》,以及英美法系美国的 1936 年《海上货物运输法》和英国的 1971 年《海上货物运输法》。因此,国际立法的特殊性也在无形之中推动了海商单行立法在各国国内法中的增多,使海商法的立法模式产生变化。

综合上文的论述,海商法自体性在近现代面临的挑战实际与海商实践需求的变化、法律的整体变迁以及国际立法的影响密切相关,是海商法自体性非绝对性的体现。事实上,海商法发展至今,其自体性始终面临着两方面的作用力:一是海商实践变化和法律环境变迁对它的影响和改造,起到弱化、挑战其自体性的效果;二是基于海商实践特殊需求和海商传统对海商法特殊性的需求和固化,起到强化、保留其自体性的效果。在中世纪时期,后一作用力明显大于前一作用力,海商法自体性的非绝对性不甚明显;而在近现代的发展历程中,前一作用力日益突出,海商法自体性的非绝对性也相对凸显。也就是说,海商法自体性在近现代面临的挑战是海商法自体性演变进程的一个阶段,我们应当承认其产生是有客观原因的,并在某种程度上具有合理性。例如,海商单行立法模式的运用有助于灵活应对不断变化的海商立法需求,有助于促进海商法的细化发展。

基于上述认识,在当代语境下,对海商法自体性的理解应当抛弃绝对化的认识:在理论层面,海商法与民法、行政法、刑法等并不是相互隔离的,源自一般法的理论对于海商法的滋养价值应当被肯定,不能因为刻意强调海商法的自体性而隔绝海商法与其他法律部门的联系。例如,合同法的基础理论对于海上货物运输合同法律制度的补充价值不容忽视,刑法的一般原理对于海上运输领域的犯罪规制也具有基础性的指导价值。在立法层面,海商法的自体性并不意味着所有有关海上运输的法律关系都必须由专门的海商立法加以调整,海商法只关注那些具有海上特殊性的法律关系更为可取——注意海商法与民事立法、刑事立法、行政立法等的互动协调与强调海商立法的特殊性并行不悖。

二、海商法自体性的当代价值

海商法自体性面临的上述挑战是否意味着海商法的自体性在当代已经没落或者失去了存在的价值?对此,笔者持否定的态度,因为不仅前文中提及的支撑海商法自体性形成的因素在可预见的未来仍将继续存在,而且海商法自体性在当代依旧具有显著存在和强调的价值。这种价值可结合当前海商法发展面临的问题从三个方面加以论述。

(一)避免海商法发展的边缘化

海商法自体性面临的上述挑战在某种程度上使海商法的发展

面临着被边缘化的困境，尤其是在大陆法系国家，法律部门的划分对海商法的肢解使不同法律部门下的海商法内容处于孤立，甚至是被同化的尴尬地位。具体而言，在大陆法系国家，随着法国在大革命以后按照诸法分立的原则将各种法律根据性质的不同分门别类地归入到不同的法典中，形成由宪法、民法、商法、刑法、民事诉讼法和刑事诉讼法构成的“六法”体系，大陆法系国家的法律体系构建都基本按此思路推进，并在理性主义〔1〕和科学主义〔2〕的影响下崇尚构建概念法学精致的金字塔体系，从而使海商法不同层面、不同性质的内容需要划分到已有的各个法律部门中。由此带来的问题是，由于成文法的制定过程在法律制定者的头脑中是归纳推理的过程——通过对纷繁复杂的社会关系的分析、比较、综合等技术处理，舍弃掉个别社会关系的特殊性，从而抽象出同类社会关系的一般共性，〔3〕因此，在这些法律部门中处于特别法地位的海商法很容易成为被部门核心立法舍弃掉的“个别特殊的社会关系”，进而造成海商法的边缘化以及海商法被其他一般法律的强制同化。有学者甚至认为这种法律部门划分下的法典构建导致了“海商法死法化”现象。〔4〕而即使海商法的内容未被作为“个别特殊的社会关系”忽视，其相关内容在该法律部门下也易处于孤立的状态。对此，我们

---

〔1〕法律理性主义认为法律是一种理性的社会秩序，法律规范应形成统一、完善、周密、明晰、系统、确定的理性体系。理性主义对近代西方法学的发展具有重要的影响，尤其在17世纪至19世纪，可称之为“理性法”时代——理性对该时期整个欧洲近代法制的发展与建立，包括各国国家法典的编纂，都有决定性的影响。参见刘艳红：《理性主义法律观之解读——以自然法的传统与历史为视角》，载《中国政法大学学报》2009年第6期。

〔2〕法律科学主义认为法律是客观的、确定的，应当如同对待物理科学一般运用逻辑推导和理性思维对待法律，通过建立科学合理的概念体系和文本结构，法律可以且应当被构建成一个逻辑严密的规制体系。在此规则体系下，人们只需通过逻辑推演的方法就能获得相关法律问题的答案。参见郑旭文：《法律解释的“科学主义”解构》，载《中南大学学报》（社会科学版）2012年第6期。

〔3〕参见董玉庭、董进宇：《成文法的局限及其法律价值选择》，载《北方论丛》2007年第6期。

〔4〕参见李求轶：《日本海法生成与体系研究》，载《中国海商法年刊》2007年刊。

可以被纳入商法典的海商法部分为例加以说明。如前所述，出于海商法在中世纪作为商人法的一个分支发展的事实，以及海商法与陆上商法都适用于商业贸易，有相似的立法价值取向等考虑，一些大陆法系国家在近现代将海商法纳入商法典与其他商事法律统一编纂。不过，从实际情况来看，这一立法模式显然未能充分考虑到海商法所具有的特殊地位——虽然海商法被纳入商法典，但作为一个已经获得独立发展的领域，海商法在商法典中实际处于孤立的状态：其与其他商法的交集甚少，只是由于法典编纂的需要被硬性纳入其中。从德国的情况来看，除非是大规模或者超大规模的法律文本，通常的法律文本都不包括海商法的条文，其属于“稀缺条文”；通常的商法著述，包括大部头的体系性著述，经典者如施密特教授撰写的《商法》以及卡纳里斯教授撰写的《商法》，均不覆盖海商的内容；通常的注释性文献，同样不包括海商的内容。各方面的情况都在毫无疑义地表明，在对待海商法的问题上，人们都是抱着“存而不论”的态度。[1] 在法国，情况也类似，“商法的内部主要划分为海商法和其他商事法律”。[2] 因此，将海商法作为商行为法和商组织法的一部分规定在商法典中的模式很难说是成功的。而作为这一模式开山鼻祖的法国在1964年放弃这一模式，将海商法规范从商法典中删除的做法显然也能在一定程度上说明这一问题。

因此，否认海商法的自体性，转而将海商法的内容肢解划归于不同的法律部门的做法一方面使海商法的各个部分在各自所属的法律部门中处于相对“游离”的状态，难以获得足够的重视；另一方面又因法律部门的划分无法“抱团取暖”，相互之间的协调发展更是困难重重。从长期来看，这对于海商法的健康发展构成了阻碍。在

[1] 参见卢谌对：《〈德国商法典〉：解构抑或重构》，载《德国研究》2014年第2期。

[2] [法]勒内·达维：《英国法与法国法：一种实质性比较》，潘华仿等译，清华大学出版社2002年版，第163页。

这个意义上,强调海商法的自体性在当代依然具有不可忽视的价值,它对海商法自成一体的特性的强调有助于避免海商法并入其他法律部门后出现的边缘化困境。

(二)厘清海商法的属性问题

同样在大陆法系国家,海商法自体性遭受的冲击还使海商法的属性问题成为争议。随着法律部门划分对海商法肢解,以及一些国家在商法典、民法典、运输法典中将海商法的部分内容纳入其中,海商法在法律体系中的地位以及海商法属性问题便随之产生:广义的海商法已经不具备独立的法律部门的地位,其也无法被归属到任何一个现有的法律部门中去;狭义或者形式意义上以私法为主的海商法则面临着其到底属于民法部门还是商法部门的困惑(在实施民商分立的国家)。

上述问题在日本已经引起了日本学者的关注,他们认为这一问题的解决并非易事。为此,有学者提出日本如今的海商法仍旧处于被商法化的过渡期,或者说是商法化未完了的状态。以此为基础,从当代法体系的角度出发考察这个问题时,只有作二元化的理解,即可将实质意义上的海商法理解为:将使用船舶从事的海上活动(航运)作为调整对象的法律规范中的,以同商事相关的内容为中心,基于沿革上的理由在一定程度上带有一体性的私法及与此密切相关的公法,且同时具有商法与航运法的双重性质。[1] 在笔者看来,上述认识显然是对海商法属性认识的一种折中和模糊处理,折射出的是海商法在现有法律体系下的尴尬地位——将海商法划归于任何一个现有的法律部门都有其不适应性,都不能完全适应海商法特殊的历史沿革以及实践的运行状态。事实上,海商法自成一体

---

〔1〕 参见[日]中村真澄、箱井崇史:《日本海商法》,张秀娟、李刚、朴鑫译,法律出版社2015年版,第17~18页。

的历史沿革、话语体系以及基于调整海上运输活动共同享有的实践基础都使广义海商法下分属于各法律部门的法律规范之间更具共同话语和内在联系。鉴于此,笔者认为对海商法的属性认识,与其将其削足适履地归入某一现有的法律部门中,并花费大量的时间与精力探讨其属性问题,还不如承认并保留海商法所具有的综合性以及在此基础上的自体性,不因现有的法律部门划分而将其肢解。英美法系国家海商法的发展已经证明了此种路径的可行性——英美法系国家基于实用主义的理念不关心海商法的属性问题,他们以判例法为核心,以不依赖于法律部门划分而制定的成文法为辅助的法律模式使海商法制度的构建完全建立在对海商实践的回应上,这在某种程度上更适合海商法的定位和发展。而法国、俄罗斯对综合性海商法立法的重构也表明大陆法系国家海商法对法律部门划分的突破并非不可能。因此,没有理由因为传统法律部门的分类而破坏海商法客观存在的整体性,破除海商法必须局限于某一现有法律部门的狭义认识,承认和重视海商法的整体性、综合性、自体性不仅与海商法作为一个综合性的整体孕育发展的传统和沿革相吻合,而且也可以解决海商法在现有法律体系中地位尴尬的问题。

在海商法自体性的视角下,海商法应当被认为一个自成一体的,相对独立的法律部门或法律领域。由此,海商法与民法、商法之间的关系也可顺利厘清,即海商法的部分内容具有民法特别法或者商法特别法的性质,但海商法的自体性,尤其是海商法的综合性意味着民法特别法或商法特别法性质的内容只是海商法的一部分。其中,就与商法的关系而言,海商法作为商人法分支的起源和当代海上运输仍主要是商事主体间商业活动的性质使海商法必然具有商法的特征,尤其是在法律制度的价值取向上,对效益、效率的追求在它们各自制度的构建中都占据相当重要的位置。不过,海商法与其他商法之间的区分也是明显的,一方面,虽然现代商法呈现公法化发展的特征,注重运用公法的调整方式调整私法性质的法律关系，但这尚不能说商法就能涵盖广义海商法的范畴，因为在现代语境下，即使商法体现一定的公法化趋势，但毫无疑问的是其仍未突破私法的范畴，无法涵盖传统上属于行政法等范畴的内容，不具有如同本书语境下的海商法的综合性；另一方面，虽然仍有不少学者将海商法列入商法的范畴，但实际海商法与商法的关联除了前述法律价值追求上的共同点之外，在制度层面，两者关联并不紧密。借用学者的描述，两者呈现的是水油混合或者貌合神离的状态，而这也是商法各部分面临的共同问题：各商法单行法所调整的具体商事关系或商事行为都具有相当的独立性，每个单行法都是一个基本独立的规范系统，他们自生自长，虽然血缘同根，但却各成体系。[1]基于上述两方面因素，在自体性的视角下，海商法与其他商法之间的界分仍是明显的。而就海商法与民法的关系而言，虽然民法性质的制度在海商法中占据着相当的比重，但海商法仍与民法具有显著的可区分性：一方面，相比于民法公平优先兼顾效益与其他的价值取向，海商法与商法的价值取向更为接近，推崇效益优先兼顾公平与其他；另一方面，民法纯粹的私法属性和其在此基础上形成的制度体系显然无法涵盖广义海商法的范畴，海商法公私法交融发展的特征以及公私法互动调整的需求在民法范畴下难以实现。

（三）引导海商法的再体系化

海商单行立法模式在某种程度上有利于灵活地应对不断变化的海商实践，细化海商法的制度体系，但海商单行立法模式的弊端同样不可忽视。在分散型单行立法模式下，各单行立法将某一领域的法律细分成若干部分各自为政，容易缺乏立法主导思想的一致性和延续性，更易倾向于关注该单行立法所调整的特定海商法律关系的特性而忽略与其他海商法律保持制度内容和价值取向上的协调性，对海上运输法律制度的整体性和协调性造成破坏。同时，过多

〔1〕 参见赵旭东：《民法典的编纂与商事立法》，载《中国法学》2016年第4期。

的单行立法易产生法律查找和适用上的困难，而这事实上也正是英美法系国家制定在判例法的基础上制定综合性海商立法以及以法国为首的一些大陆国家放弃海商单行立法模式转而制定综合性海商立法的重要原因。此外，同样不可忽视的一个问题是过于细分的单行立法容易使某些零散的、不足以单独立法的立法需求在立法资源紧缺的背景下难以被有效顾及，从而导致海商法律的缺失。因此，只考虑局部、个体因素，相互之间容易缺乏统一性和逻辑性是海商单行立法模式的固有弊端。长此以往，这种弊端的堆积将使海商法出现碎片化的危险[1]。

鉴于海商单行立法模式可能存在的上述问题，应当认为，在当代强调海商法的自体性（尤其是其内部综合性）是有积极价值的，其在某种程度上有助于弥补海商单行立法的缺陷，有利于引导海商法的再体系化。事实上，法学和自然科学一样都有从整体上把握研究对象的需要和愿望，体系思维能够打破法律各局部间的藩篱，对于发现、揭示法律内在秩序的关联性和一致性具有重要意义，因此，体系化地认知和整理法律早已成为我们完善法律的必要手段。正如王利明教授所言："在法学的研究中，体系思考具有悠久而重要的传统，体系方法是法律理论建构与分析所必需的基本方法，体系建构是走向法律科学化的必由之路。"[2]对海商法来说，虽然单行法模式也是法律领域常用的体系化方式之一，[3]不过该种模式不仅容易出现形式上的不协调（如规则、制度间的重复、遗漏甚至矛盾），而且也很难保持价值上的一以贯之，故经常会存在体系化目标落空的

---

〔1〕 参照学者对国际法领域法律碎片化现象的描述，所谓海商法的碎片化，是指各海商法规范和制度之间没有形成有机联系，"它们相互冲突、彼此矛盾，就像堆积在一起的'玻璃碎片'"。参见古祖雪：《现代国际法的多样化、碎片化与有序化》，载《法学研究》2007年第1期。

〔2〕 许中缘：《体系化的民法与法学方法》，法律出版社2007年版，序言。

〔3〕 法律领域通常使用的体系化方法包括单行法体系、法律汇编和法典化三种。详见本书第五章第二节的论述。

情况。而对海商法自体性(尤其是其内部综合性)的强调有助于从整体的视角对分散的海商单行立法进行体系化审视和梳理,这无疑有利于从形式和价值上统一海商法,进而克服前述海商单行立法模式下可能存在的海商法碎片化问题。

第五章　海商法自体性的中国视角

基于前文的论述,海商法自体性及其衍生的外部独立性以及内部综合性是决定海商法拥有自己相对独立的发展动力、发展规律、制度特性及规范体系的根本动力,而且它们在当代仍有存在的基础和强调的价值。因此,对于我国来说,以海商法的自体性为视角开展研究,对于抓住当前我国海商法发展面临的核心挑战具有重要的指导意义,尤其在海洋强国战略和“一带一路”倡议对海洋法律体系建设提出更高要求的时代背景下,如何将海商法的自体性与海商法的完善,甚至是我国海洋法律体系的完善相结合,具有现实的应用价值。故本章作为本书的应用论、目的论,旨在基于前文对海商法自体性及其衍生的外部独立性和内部综合性的分析总结,探讨我国海商法自体性的现状以及基于自体性视角的完善方向,从而为我国海商法的发展提供有益借鉴。

第一节　我国海商法自体性的审视

从自体性的视角出发,虽然无论是在立法、司法还是法学研究层面，海商法的自体性在我国都得到了一定程度的承认和应用：不仅海商法在我国作为一个相对独立、特殊、专业的法律领域得到普遍认同，海商法的特别法地位几乎无人质疑，海商法学研究与一般法学研究之间的独立性也被海商法学者戏称为海商法的“自闭症”，而且我国已经制定了以《海商法》《海上交通安全法》《海事诉讼特别程序法》为基础，以《船舶登记条例》《船舶和海上设施检验条例》《防治船舶污染海洋环境管理条例》《海上航行警告和航行通告管理规定》《海上交通事故调查处理条例》《防止拆船污染环境管理条例》《打捞沉船管理办法》《船员条例》《国际海运条例》《国内水路运输管理条例》等行政法规以及与之相配套、补充的一系列部门规章和地方立法为辅助的，形式独立的海商法律法规集群，海事司法也有独立建制的海事法院作为支撑，但海商法的自体性无论在我国的海商立法还是海事司法层面都未能得到充分的实现，并由此带来许多问题。

一、海商立法层面的自体性不足

在立法层面，虽然我国已经构建了一套形式独立的海商法律法规集群，但由于我国海商法制度的构建在整体上受制于法律部门的划分，奉行单一立法只具有单一调整对象和调整方式的立法方式，因而海商法的内部整体性、综合性未能在立法层面得到充分重视。同时，在单行立法模式下，由于立法基础薄弱，我国海商立法基本奉行“成熟一个制定一个”“宜粗不宜细”的方针，存在宏观顶层规划的不足，进而带来我国海商法体系化的缺失问题。

具体而言，按照体系化的要求，作为体系化的成果，一个成型的法律体系应当具备以下特点：(1)内容全面。虽然客观上由于认知能力的有限性,“没有一种体系能够演绎地支配所有问题”,[1]但这并不妨碍我们对此的追求,因为“全面调整前提下的体系化才是真正的体系化”。[2] 这要求构建的体系不仅应尽可能地全面涵盖所涉领域的既存内容,还应具有开放性,能够在既有体系框架内吸纳新衍生、发展的内容。(2)结构合理。体系内容的全面性和庞杂性决定了体系必须按照科学的结构构建,否则,各内容只能是杂乱无章的堆积而最终湮没在体系中。作为“一个依据逻辑的观点加以枝分的整体”,[3]体系应包括纵向和横向两个维度的结构,而纵横有序是对结构合理性的追求。(3)协调统一。协调统一从某种程度上是体系最为本质、最为重要的特征,其在承认体系内容差异性和多样性的基础上,要求体系的各部分、各层次之间不存在逻辑上的矛盾,从而形成一个有机的统一体。简言之,体系的协调统一要求其在逻辑上一以贯之。

以上述三个标准来衡量我国的海商法律规范集群,内容不全面、结构不合理、协调统一性不足这些体系化缺失的表征在我国海商法中都有体现,具体表现为:(1)许多法律制度存在法律形式分散化,不成体系,呈现碎片化,甚至是缺失状态的问题,这不仅造成了适用上的困难,而且也是造成法律制度冲突、不协调和部分实践问题无法可依的重要原因;(2)许多重要规范法律效力位阶低,许多制度的完善缺乏上位法的依据;(3)许多重要的法律规范陈旧,已经无法适应日新月异的实践发展,相关制度的更新进度滞后;(4)一些相互关联的制度间缺乏应有的互动,在规范的内容和价值取向上存在不应有的冲突;(5)在许多领域,海商法与相对应的一般法律形成了

---

〔1〕［德］卡尔·拉伦茨:《法学方法论》,陈爱娥译,商务印书馆2003年版,第45页。

〔2〕范健:《论我国商事立法的体系化——制定〈商法通则〉之理论思考》,载《清华法学》2008年第4期。

〔3〕黄茂荣:《法学方法与现代民法》,法律出版社2007年版,第531页。

旧的特别法和新的一般法的关系,海商法制度与一般法律制度之间的协调需求强烈。

以下,就其中影响最显著的两方面——重要制度内容的缺失以及制度协调性的不足展开讨论。

(一)重要法律制度内容的缺失

目前我国的海商立法仍存在重要法律制度缺失的状况,并尤其突出体现在以下几方面:

1. 船员立法的结构性缺失。在船员法律领域,虽然我国制定了为数不少的规范性法律文件,[1]但仍存在的根本缺陷是现有船员立法在法律位阶上的不足。例如,在船员的权益保障方面,《船员条例》是当前我国在这方面最高层次的立法,属行政法规,其他配套的规定都为部门规章或者效力更低的规范性文件。由此带来的问题是由于没有上位法的支持,现有的船员法律制度很难对从事船员职业的人员给予鼓励性和保障性的特别规定。[2] 虽然目前《海上交通安全法》的修订拟增加部分有关船员注册、船员适任、船员履职和船员权益保障的内容,与《2006 年海事劳工公约》相衔接,但有关船员劳动合同方面的特别规定仍难以涵盖。再如,在船员的责任制度领域,船员的刑事责任立法处于空缺的状态。诚然,船员职业的特

[1] 目前我国调整船员法律关系的规范性法律文件主要包括《海商法》《海上交通安全法》等法律,《船员条例》等行政法规,以及《海员船上工作和生活条件管理办法》《海员外派管理规定》《〈外派海员类对外劳务合作经营资格管理规定〉补充规定》《海船船员值班规则》《船员注册管理办法》《船员培训管理规则》《海船船员适任考试和发证规则》《船员服务管理规定》《海员证管理办法》《引航员管理办法》《引航员注册和任职资格管理办法》《海关对外国籍船舶船员携带进出口自用物品监管办法》《海上海事行政处罚规定》等一系列部门规章。

[2] 参见李大泽:《我国适用〈2006 年海事劳工公约〉研究》,大连海事大学 2015 年博士学位论文,第 28 页。

殊性使对船员的政策性保护具有一定的必要性,[1]“对海员施加过重责任和苛刻要求的刑事化立法可能打击海员积极性,加剧海员的行业风险,进而加速行业内优秀从业人员的流失,反而不利于海员素质的提高”,[2]但这并不意味着应当就此免去船员的刑事法律责任,从积极的意义上考虑,规定船员的刑事责任,正是为了保护船员的合法权益,不致使海上犯罪“泛罪化”。据统计,在海难事故和污染损害事故中,约有80%与人(主要是船员)的因素有关;触礁、失火、爆炸事故中人的因素的比例高达90%;船舶碰撞事故涉及人的因素的比率远远高于其他种类的水上交通事故,超过90%的船舶碰撞与人的因素有关,其中60%与人的因素有直接关系,其余30%与人的因素有间接关系。[3] 因此,设计适当的船员刑事责任制度对于保障航行安全是客观必要的,对保护船员职业群体的安全也是有益的。而我国当前的船员法律制度体系中缺乏真正意义上关于船员刑事责任的附属刑法,类似船长见死不救罪、海上交通肇事罪等具有海上特殊性的犯罪行为,在现有的刑法体系下面临着或无法可依,或适用上水土不服的窘境。例如,就海上交通肇事罪而言,海上交通事故在犯罪构成、人员失踪,以及量刑标准上与发生于道路上

---

〔1〕 2006年由国际海事组织第91届法律委员会审议通过的《海事事故后公平对待海员指南》在其开篇简介中便明确地指出:“海员作为一个特殊的劳动群体,鉴于航运业的全球化特性并涉及多种不同的管辖权,海员需要得到(法律)特殊的保护。”《联合国海洋法公约》第230条也规定:“1.对外国船只在领海以外所犯违反关于防止、减少和控制海洋环境污染的国内法律和规章或可适用的国际规则和标准的行为,仅可处以罚款;2.对外国船只在领海内所犯违反关于防止、减少和控制海洋环境污染的国内法律和规章或可适用的国际规则和标准的行为,仅可处以罚款,但在领海内故意和严重地造成污染的行为除外(a willful and serious act of pollution)。”换言之,该条对外国船只引起的海洋环境污染的责任方式进行了限定,只有外国船舶故意并严重地造领海内海洋环境污染的违法行为,才能处罚款以外的责任。

〔2〕 陈梁、夏亮、严波、黄杨婷:《海事污染事故中海员责任刑事化及相关公平对待海员的法律问题初探》,载上海海事大学海商法研究中心编:《海大法律评论》,上海浦江教育出版社2013年版,第87页。

〔3〕 参见王慧:《水上交通犯罪刑事责任研究》,大连海事大学2013年博士学位论文,第60页。

的一般交通事故存在显著的不同,有必要设立单独的海上交通肇事罪的入罪和量刑标准以便海事行政机关合理界分海上交通肇事罪与非罪的界限。[1] 同时,在海盗、海上恐怖犯罪对船员人身安全构成严重威胁的情况下,我国目前尚缺乏对这些犯罪行为的合理刑法规制。例如,无论是破坏交通工具罪,劫持船只、汽车罪还是其他罪名,都不足以涵盖国际法下的海盗罪。[2] 此外,当前我国的船员法律制度对于引航员法律地位的规定也存在不够明确的问题,由此导致实践中对这一问题看法的不一致:有的基于《海商法》第 39 条引航员在船舶上引领船舶并不解除船长驾驶船舶和管理船舶职责的规定,认为引航员及引航机构不应承担碰撞损害赔偿责任,有的则认为引航员行使国家引航权时是一种具体的行政行为,虽然引航员不对外直接承担因引领船舶过失造成的民事赔偿责任,但是在船东赔偿给第三方之后,基于《国家赔偿法》行政赔偿的规定,在船东提起行政赔偿时,应当给予船东行政赔偿。[3]

2. 航运法立法滞后。在航运法领域,我国一直以来都有制定《航运法》的需求和呼声,但迫于立法资源的紧缺性,至今仍未成型。目前,我国这方面的法律需求主要依赖《价格法》《反垄断法》《反不正当竞争法》等一般法,国务院制定的《国际海运条例》《国内水路运输管理条例》,以及国务院交通运输主管部门颁布的《国际海运条例实施细则》《国内水路运输辅助业管理规定》《国内水路运输管理规定》《老旧运输船舶管理规定》《内河运输船舶标准化管理规定》《国内水路运输经营资质管理规定》等规范性法律文件。但这些规范性法律文件对航运市场的调整都存在不足:《价格法》《反垄断

[1] 参见王赞:《海事行政执法与刑事司法协调之困境解析》,载《求索》2012 年第 12 期。

[2] 参见黄立:《我国刑法与国际刑法的衔接——以海盗罪为研究样本》,载《法学杂志》2009 年第 4 期。

[3] 参见张丽、王秀芬:《我国引航法律制度研究》,载《法学杂志》2012 年第 1 期。

法》《反不正当竞争法》等一般法存在针对性差，难以顾及航运业特殊性的缺陷，而国务院和国务院交通运输主管部门制定的行政法规和部门规章则存在权威性差、不成体系等缺陷。立法层面的滞后，也造成了实践的不足。例如，在航运市场的调控主体制度方面，由于交通运输主管部门通常自我定位于行政法主体，精力主要集中在行政审批而忽略市场调制，因此由其主导制定的相关航运市场规章制度中多体现市场准入的规范而缺乏市场规制和宏观调控方面的制度条款，进而导致相关主体对航运市场进行调制的法律依据和调制手段不足，造成航运市场调制不力的状况。[1]

3. 船舶污染损害赔偿法律制度的立法欠缺。我国虽然先后加入了《1969 年国际油污损害民事责任公约》及其 1976 年议定书、《1992 年国际油污损害民事责任公约》、《2001 年国际船舶燃油污染损害民事责任公约》，但依照《海商法》第 268 条第 1 款的规定，[2]这些公约仅适用于具有涉外因素的船舶或船载货物造成水域环境损害的赔偿。[3]对于不存在涉外因素的船舶污染事故，当前我国尚无专门的立法，只能适用《海洋环境保护法》和依据该法制定的《防治船舶污染海洋环境管理条例》。但《海洋环境保护法》仅有第 90 条和第 92 条涉及损害赔偿问题，且规定过于笼统，与国际公约相距甚远。2011 年颁布的《最高人民法院关于审理船舶油污损害赔偿纠纷案件若干问题的规定》虽能在一定程度上解决法律规定过于笼统的问题，但其司法解释的属性决定了其不能代替立法，许多问题

---

[1] 参见李光春:《中国航运法的法律属性研究》，大连海事大学 2013 年博士学位论文，第 139 页。

[2] 《海商法》第 268 条第 1 款:"中华人民共和国缔结或者参加的国际条约同本法有不同规定的，适用国际条约的规定；但是，中华人民共和国声明保留的条款除外。"

[3] 作为例外，依据《防治船舶污染海洋环境管理条例》第 50 条和《最高人民法院关于审理船舶油污损害赔偿纠纷案件若干问题的规定》第 5 条的规定，从事国内沿海运输的船舶载运的散装持久性油类物质造成我国管辖海域污染时，依照《1992 年国际油污损害民事责任公约》的规定确定赔偿限额。

仍需在立法层面加以回应。例如，实践中，对于海事局组织的强制清污措施产生的相关费用，相关清污公司是否可以直接向油污责任人索赔存在不同的观点，造成相关司法判决的不统一。在“中恒9轮”案[1]中，武汉海事法院和湖北省高级人民法院都认为海事局指派清污公司，进行相应清污工作的行为，对漏油船东而言在性质上属于行政强制行为。这一过程中，清污公司为代履行主体，其与海事局之间存在委托法律关系，其有权请求委托方支付相关费用。在海事局支付上述费用后，有权依法向污染方追偿。但由于清污公司与船东间不存在民事法律关系，其直接向漏油船东请求相应费用并无法律依据。而在“达飞佛罗里达”轮和“舟山”轮碰撞污染案[2]中，宁波海事法院和浙江省高级人民法院却认为清污公司根据海事部门安排，对漏油船“佛罗里达”轮开展清防污工作，虽不存在清防污合同关系，但由此产生的合理费用有权向污染的责任方主张。

4. 有关建造中船舶的法律制度存在明显的缺陷。对于建造中船舶的范围、可以设定抵押的时间等问题都不明确。虽然我国《海商法》第14条对建造中的船舶可以设定船舶抵押权作出了原则性的规定，交通运输部海事局也于2010年颁布了《建造中船舶抵押权登记暂行办法》（已失效），但有关建造中船舶的定义，建造中船舶所有权的归属、建造中船舶抵押权的范围、建造中船舶抵押权的实现方式与消灭、建造中船舶是否享有海事赔偿责任限额权利、建造中船舶是否适用优先权制度等都不明确，存在立法上的空白。

5. 有关强制打捞与清除法律制度的缺失。我国目前有关强制打捞与清除的法律规定散见于包括《海上交通安全法》《海洋环境保护法》《打捞沉船管理办法》《水污染防治法实施细则》《内河交通安全管理条例》在内的法律、行政法规和部门规章中。这些规定不

[1] 参见（2018）鄂民终664号。
[2] 参见（2017）浙民终579号。

仅存在形式分散、内容陈旧的问题,而且在打捞义务主体、打捞清除范围等方面存在矛盾和冲突,并对《2007 年内罗毕国际船舶残骸清除公约》[1]规定的强制责任保险制度缺乏规定,已不能适应实务中复杂的强制打捞清除问题。[2]

6. 船舶登记法律制度的上位法缺失。目前有关船舶登记、船舶检验的法律规定主要体现在行政法规和部门规章层面,缺乏法律层面的上位法支撑。同时,有关船舶登记的制度设计需要考虑对船舶登记和船舶物权登记进行区分,因为船舶登记是公法性质的行政许可登记,而船舶物权登记则是私法性质的权利登记,将两者混在一起规定容易出现逻辑和法律语境上的阻碍问题。[3] 此外,在建船舶抵押权登记制度同样需要在立法层面确立其不同于船舶抵押权的登记规则,如在建船舶抵押权的消灭规则。[4]

(二)制度协调性有待完善

我国海商法除了重要制度内容的缺失外,在制度的协调性上也有待完善,包括国际协调性的缺失以及国内协调性的缺失两个方面。其中国内协调性的缺失,又包括海商法与一般法的外部协调性缺失,以及海商法各组成部分的内部协调性缺失。

1. 国际协调性的缺失。国际性是海商法基于海上运输的国际性特征而必然具有的属性,也是决定海商法自体性的重要实践因素之一。与国际通行做法接轨,尤其是我国参加的国际公约保持一致具有现实的必要性。

---

[1] 我国于 2016 年 11 月 11 日向国际海事组织递交了《2007 年内罗毕国际船舶残骸清除公约》加入书,该公约已经对我国生效。

[2] 参见司玉琢、李天生:《中国海法典编纂论纲》,载《国际法研究》2015 年第 4 期。

[3] 参见叶洋恋:《船舶登记法律制度研究》,华东政法大学 2013 年博士学位论文,第 165 页。

[4] 在目前的《海商法》修改建议稿中,引入建造中船舶抵押权的消灭规则,以此建立建造中船舶抵押权与一般船舶抵押权的区别。相关条文表述如下:以建造中的船舶设立抵押权,未经登记的,不得对抗善意第三人。船舶建造完毕后,抵押权人和抵押人应当办理抵押权注销登记,未办理注销登记的,建造中船舶的抵押权自交付之日起消灭。

我国现行《海商法》在立法过程中实际也将国际性原则放在重要位置——“有公约的依照国际公约；没有公约的依照事实上起了国际公约作用的民间规则；没有这种规则的，参考具有广泛影响的标准合同”[1]的立法思路便是最好的例证。基于国际协调原则，我国现行《海商法》中的绝大多数章节都借鉴了以国际公约为首的国际立法、标准合同及具有显著影响力的域外立法等，[2]《海商法》90%以上的规定源自国际公约或各国法律。[3] 然而，我国《海商法》在借鉴国际公约时，在不少地方存在差别，从而导致误解、争议的产生。例如，在船舶碰撞章，现行《海商法》“碰撞造成第三人财产损失的，各船的赔偿责任均不超过其应当承担的比例”的规定容易使人理解为船外的财产损失互有过失的船舶方也是按份承担责任。但从《1910年碰撞公约》第1条的适用范围来看，公约只调整碰撞船舶以及船上的人员、财产，而不涉及船外的人员和财产。因

[1] 郭日齐：《我国〈海商法立法特点简介〉》，载交通部政策法规司、交通部交通法律事务中心：《海商法学习必读》，人民交通出版社1992年版，第29页。

[2] 例如，第二章“船舶”有关船舶抵押权和船舶优先权的规定借鉴了《1993年统一船舶优先权及抵押权的若干规定的国际公约》（当时尚未生效）的相关规定；第四章“海上货物运输合同”主要参照了《海牙-维斯比规则》的有关规定，同时还吸收了《汉堡规则》中一些相对成熟的技术性条款，其中第八节还参考了当时尚未生效的《国际货物多式联运公约》的有关规定；第五章“海上旅客运输合同”借鉴了《1974年海上旅客及其行李运输雅典公约》的相关内容；第六章“船舶租用合同”第二节“定期租船合同”参考了1936年Baltime格式；第八章“船舶碰撞”是参照《1910年碰撞公约》制定的；第九章“海难救助”基本是对《1989年国际救助公约》（当时尚未生效）的直接移植；第十章“共同海损”主要是在借鉴《1974年约克-安特卫普规则》的基础上制定的，与该规则的基本精神和原则保持一致；第十一章“海事赔偿责任限制”是以《1976年海事索赔责任限制公约》为蓝本制定的；第十二章“海上保险合同”参照了很多国际通行的海上保险法律和实践，尤其是英国《1906年海上保险法》；第十三章“时效”所规定的特殊海事时效中多数也秉持与国际接轨的原则，如第257条关于海上货物运输合同的时效规定是在借鉴《海牙规则》第3条第6款和《汉堡规则》第20条第5款的基础上制定的，第261条关于船舶碰撞请求权时效的规定参考的是《1910年碰撞公约》第7条第1款，而第262条关于海难救助请求权诉讼时效的规定则是借鉴《1989年国际救助公约》第23条第1款的规定而形成的。

[3] 参见郭瑜：《海商法的精神——中国的实践和理论》，北京大学出版社2005年版，第12页。

此,我国《海商法》的规定显然将互有过失碰撞下,对第三人财产的比例责任进行了扩大,这一方面不是公约的要求,另一方面也会造成船外的第三人在请求碰撞方承担责任时处于需等待责任比例划分的境地,对其显然不公。再如在海难救助章中,《海商法》第175条第2款中船长、船舶所有人的订约代表权从措辞上看与《1989年国际救助公约》是一致的,但因该条文没有类似《1989年国际救助公约》第6条第1款的上下文呼应,[1]因此从解释结果看更易被归类于强制性规范。为鼓励救助而赋予船长或船舶所有人订约代表权有其合理性,但不应禁止船长或船舶所有人(或其保险人)基于商业考虑在合同中作出选择。因此,《海商法》第175条第2款的强制性规定与《1989年国际救助公约》的任意性规定相背离并没有现实必要,[2]反而容易导致我国司法实践中法官的理解差异。[3]

此外,随着新国际公约产生或者原有国际公约的更新,《海商法》也逐渐滞后于相关国际立法或者惯例的新发展。现行《海商法》自1992年颁布实施以来,经过修订或者新制定的国际公约和规则主要有:《1974年约克-安特卫普规则》(1994年、2004年、2016年三次修订)、《1974年海上旅客及其行李运输雅典公约》(2002年修订)、《1976年海事索赔责任限制公约》(1996年修订)、《1996年国际海上运输有毒有害物质损害责任和赔偿公约》、《1999年国际扣船公约》、《2000年国际船舶安全营运和防止污染管理规则》、《2001

---

[1] 根据《1989年国际救助公约》第6条规定,(1)除合同另有明示或默示的规定外,本公约适用于任何救助作业。(2)船长有权代表船舶所有人签订救助合同。船长或船舶所有人有权代表船上财产所有人签订此种合同。(3)本条不影响第7条的适用,也不影响防止或减轻环境损害的义务。

[2] 参见初北平:《〈海商法〉下海难救助制度的架构完善》,载《环球法律评论》2019年第3期。

[3] 例如,在著名的"加百利"案的二审法院判决中,法院即不顾船长没有行使代表权的意思而继续适用《海商法》第183条:"救助报酬的金额,应当由获救的船舶和其他财产的各所有人,按照船舶和其他各项财产各自的获救价值占全部获救价值的比例承担。"

年国际燃油污染损害民事责任公约》、《2002年国际船舶和港口设施保安规则》、《2006年海事劳工公约》、《2007年内罗毕国际船舶残骸清除公约》、《2008年联合国全程或部分海上国际货物运输合同公约》等。这些公约所提现的先进理念值得我国《海商法》借鉴。另外,我国《海商法》制定时参照的部分国际通行做法也已发生变化,尤其是海上保险领域所参照的英国《1906年海上保险法》已经发生了变革,这使我国《海商法》相关规定的合理性以及与国际接轨的程度有待重新评估。

2. 国内协调性的缺失。如前所述,国内协调性的缺失首先体现为海商法与一般法的外部协调性缺失。这方面,最集中地体现于我国《海商法》与其他民商事法律之间的关系中。现行《海商法》制定时,我国尚处于法制建设初期——虽然《民法通则》已经颁布实施,但合同、物权、侵权责任等更为细化的民事法律制度体系尚未制定。这导致我国《海商法》不得不对一些本应属于一般法统筹事项的基本内容作出了规定。但随着后续《合同法》《物权法》《侵权责任法》《保险法》《涉外民事关系法律适用法》《民法总则》等的颁布,《海商法》与一般法之间出现了重复、用语不一致、甚至规范冲突等问题,造成法律体系的不协调和法律适用的争议。如在船舶物权领域,制定在前的《海商法》与制定在后的《物权法》之间在有关所有权登记对抗[1]、船舶留置权[2]、船舶抵押权[3]等方面的规定存在一些不衔接的地方。再如,我国《海商法》和其后制定并几经修改的《保险法》在文本上存在规范重复、规范冲突以及规范"裂隙"等

---

〔1〕 例如,《海商法》对登记对抗的"第三人"没有其他限定,而《物权法》对"第三人"明确界定为"善意第三人"。

〔2〕 例如《海商法》对于船舶留置权的适用只限于造船合同和修船合同两种情形,这种留置权的成立范围显然小于《物权法》的规定。

〔3〕 例如《海商法》下抵押权实现的条件仅为债务人不履行债务,而《物权法》下抵押权实现的条件除债务人不履行债务外,还包括当事人约定实现抵押权的情形。

现象，[1]并在价值取向上存在前者偏向保护保险人而后者偏向保护被保险人的不同。此外，在诉讼时效制度和涉外海事法律关系适用制度方面，考虑到新颁布的《民法总则》对民事诉讼时效制度进行重大改革[2]以及《涉外民事关系法律适用法》已经颁布实施的大背景下，《海商法》现有规定的合理性和完整性也需重新审视。

国内协调性的缺失其次表现为海商法各组成部分的内部协调性缺失。例如，在船舶法律制度领域，虽然我国已经制定了一系列的规范性法律文件为我国船舶的建造、登记、检验、买卖、归属、利用、安全管理、特殊事件处理、报废、拆解等活动提供法律规则，[3]但这些规范性法律文件制定于不同的年代，由不同层级的立法主体主导，而且很多是对特定船舶类型和特定船舶事项的专项规定，多以行政法规和部门规章的形式存在，存在效力位阶较低，缺乏顶层设计和整体规划的问题。现有船舶法律制度的零散性、过时性和缺乏可操作性问题也突出存在。以船舶强制打捞为例，现有散见于《海上交通安全法》《海洋环境保护法》《打捞沉船管理办法》《水污

---

[1] 参见王海波：《论中国海上保险法与一般保险法之协调》，复旦大学2012年博士学位论文，第23~35页。

[2] 新颁布的《民法总则》第180条将一般诉讼时效期间由原来的两年改为三年。

[3] 在我国，有关船舶法律关系的调整主要由包括《海上交通安全法》《海商法》等法律，《船舶登记条例》《船舶和海上设施检验条例》《防治船舶污染海洋环境管理条例》《海上航行警告和航行通告管理规定》《海上交通事故调查处理条例》《防止拆船污染环境管理条例》《打捞沉船管理办法》等行政法规，以及《船舶升挂国旗管理办法》《船舶识别号管理规定》《船舶安全检查规则》《船舶签证管理规则》《船舶登记监督管理办法》《船舶登记工作规程》《船舶登记档案管理规定》《〈中华人民共和国船舶登记条例〉实施若干问题说明》《船舶污染海洋环境应急防备和应急处置管理规定》《海上船舶污染事故调查处理规定》《船舶及其有关作业活动污染海洋环境防治管理规定》《客船治安管理规定》《高速客船安全管理规则》《航运公司安全与防污染管理规定》《船舶交通管理系统安全监督管理规则》《海上滚装船舶安全监督管理规定》《老旧运输船舶管理规定》《船舶最低安全配员规则》《船舶载运危险货物安全监督管理规定》《国际船舶保安规则》《国际航行船舶出入境检验检疫管理办法》《船舶引航管理规定》《沿海船舶边防治安管理规定》《海上海事行政处罚规定》等部门规章在内的一系列规范性法律文件完成。

染防治法实施细则》等规范性法律文件中的规定在打捞义务主体、打捞清除范围等方面都存在冲突,不成体系,并对公权力干涉下进行的打捞费用如何保障没有特别的规定,无法满足复杂的强制打捞清除实践对法律调整的需求。

综上所述,基于上述存在的问题,很难说我国海商法已经达到体系化的要求。而究其原因,一方面固然与我国改革开放"摸着石头过河"的总体社会发展思路以及"成熟一个,制定一个","先立单向法,后立综合法"的探索型法律体系构建方式有关,"将短时期的,个别孤立的实践置于理论整体之上,法律体系的构建缺乏理论关照"[1]的弊端不是我国海商法领域的个别问题,而是我国整个法律体系建设的共性问题;另一方面,对海商法自体性认识的缺失,缺乏从广义海商法的视角出发将其作为一个相对独立、完整、综合的体系加以统筹的现实,则是更为重要的原因。从这个角度来说,以体系化理论为依据,通过将海商法视为一个独立、完整、综合的领域,并通过体系化的方式完善我国海商法的需求不仅客观存在,而且强烈。

二、海事司法层面的自体性不足

在海事司法层面,我国是目前世界上为数不多的仍完整保留独立、专门的海事审判机构的国家:我国已经成立11个海事法院、39个海事审判派出法庭,拥有超过500名的专业海商事法官,是目前世界上专门海事司法机构、专业海事法官以及海事案件受理量最多的国家。这种专门、独立的海事司法体系为我国海商法制度特殊性和独立性在司法层面的延续,乃至为海事司法创新提供了制度保障。尤其是最高人民法院依据海事司法的审判经验,先后在船舶碰

〔1〕 钱大军:《当代中国法律体系构建模式之探究》,载《法商研究》2015年第2期。

撞、海上保险、扣押与拍卖船舶、无单放货、海事诉讼特别程序法的适用、海事赔偿责任限制、船舶油污、货运代理等领域制定颁布的十余个司法解释，它们对细化、保障海商法意旨在司法层面的实现具有重要价值。将司法解释适时地上升为法律条文，也已成为我国海事立法的重要途径。[1]

上述事实表明我国海事司法已经取得了值得肯定的独立发展地位，但这并不意味着自体性理念已在我国海事司法层面得以妥善落实。在自体性视角下，我国海事司法尚存在两个明显的不足：一是在案件管辖方面，我国尚未完全实现海事法院对所有海事案件的一体化管辖；二是在海事法官的司法理念层面，尚未完全将海商法作为一个独立、自足的法律体系，贯穿于司法实践中。上述两方面的不足，从司法实践的层面反过来给海商法自体性的认知和发展带来负面影响。

其中，就海事案件一体化管辖的缺失而言，由于我国海事法院的案件管辖范围在很长一段时间内只限于海事民事案件，这在一定程度上加剧了我国海商法发展的“马太效应”[2]：海事法院的专门管辖使狭义海商法的发展得到了应有的重视，集中管辖、专门审理的模式亦使狭义海商法的理论研究很容易找到相应的实践依据，而海商法中有关海事行政法和海上刑法的内容在普通法院只是被视为行政法、刑法在海上的简单延伸，分散的管辖、审理也使相应的理论研究很难找到对应的司法实践支撑，导致海商法的发展日益向狭义海商法中心化，其他海商法内容越来越边缘化，甚至“死法化”。虽然随着 2016 年 2 月 24 日《最高人民法院关于海事诉讼管辖问题

---

〔1〕 参见李国光：《充分发挥海事司法职能作用推动海商法律体系完善发展——纪念〈中华人民共和国海商法〉颁布实施 20 周年》，载《中国海商法研究》2012 年第 3 期。

〔2〕 所谓马太效应（Matthew Effect），是指好的越好，坏的越坏，多的越多，少的越少的现象，形容两极分化。

的规定》和《最高人民法院关于海事法院受理案件范围的规定》的颁布，海事行政案件又重新全面回归海事法院专门管辖，但海事刑事案件的管辖仍由一般地方法院管辖。即使2017年2月最高人民法院指定宁波海事法院试点管辖海事刑事案件，宁波海事法院也于2017年6月受理了宁波市人民检察院指控被告人艾伦·门多萨·塔布雷(Allan Mendoza Tablate)犯交通肇事罪一案，但这种尝试仍处于起步阶段。海事刑事案件在管辖上与其他海事案件的分离，割裂了海事刑事案件与其他海事案件之间存在的联系，使海商法的刑事内容在法律适用环节与其他内容相隔离。而且更为重要的是，受到刑事制裁的犯罪行为首先应当构成民事侵权，这意味着基于同一海事行为而引发的刑事案件往往与相应的民事、行政案件具有很强的关联性。然而，这种关联性在现行的海事案件管辖制度下很难得到保障，尤其是海事法院与地方人民法院在管理上的相对独立使关联海事案件的审判在实践中经常处于脱节状态，并由此带来三个弊端：一是可能的裁判冲突。审判的脱节可能导致关联案件的审判出现刑事判决认定被告人犯罪，而民事判决却认为被告不构成侵权的情形，造成司法权威的受损。二是管辖衔接的不畅。由于海上交通肇事、海运欺诈以及海洋环境污染等犯罪经常是在船舶碰撞、海商合同及海域污染等民事案件的审理过程中发现的，这就需要对案件进行移送。然而，在现有的管辖模式下，由于海事法院缺乏与地方公、检、法机关相互协调、衔接的工作机制，很多本应涉及移送的案件最终不了了之。三是司法资源的浪费和诉讼程序的拖延，不仅同一事实需要在不同法院重复认定而造成司法资源的浪费，而且同一证据协调使用上的麻烦也将造成诉讼程序的烦冗和拖延。

而就海事法官海事司法理念的欠缺问题而言，主要是指海事法官在审理海事案件过程中大量、轻易适用民法一般性规定，或用民法眼光审理海商事案件的问题。根据学者对2007年度、2010年度、2012年度以及2013年度上海海事法院审判情况通报的总结，法官援引《民法通则》《合同法》《物权法》《担保法》的概率远远大于直接援引《海商法》。[1] 虽然这一统计并不能完全说明问题，因为并不是每个海商案件中都涉及海商法的问题，法律的明确性和有效性恰恰会起到减少诉讼的作用，[2]而且我国海商法规范的自足性本身就存在不足，海商法问题的解释有时迫不得已需要依赖于一般法，这既是符合法理的法律适用规则，也是法官为完成案件审理不得不依赖的审判技术。另外，这也应当引起我们对我国海事审判中可能存在的，对海商法特殊性和独立性重视不足的关注，即我国海事司法并未能真正树立起深度发掘海商法意旨，尽量在海商法语境下审理海商案件的审判理念。事实上，对民法一般性规定的大量适用是海商法“没有自己的基础理论，必须遵守民商法的基本原则”[3]观点在司法中的体现，反映出的是对海商法独立性和特殊性的漠视。这无疑是危险的，正如学者所指出的，将海商法塞入民法的外衣是危险的，大量适用民法一般性规定，或用民法眼光来审视海商法问题也不利于准确理解海商法各制度的本意，不能准确反映立法原意。[4] 而且如果这种情形长此以往，海事司法所肩负的推动海商法发展的使命将无法实现，因为海事审判人员在海事司法过程中能否树立海商法的特殊性思维，能否形成积极探索海商法在历史渊源、制度设计以及价值取向上的特殊性是推动海商法发展的重

---

〔1〕 参见马得懿：《作为补充型特别民法之海商法的丰富性与体系性》，载《社会科学战线》2016年第8期。

〔2〕 明确的法律规定有助于当事人明确自身的法律地位，减少纠纷或使当事人尽快达成和解协议。

〔3〕 何丽新：《论新民商立法视野下〈中华人民共和国海商法〉的修订》，载《中国海商法年刊》2011年第2期。

〔4〕 参见郭瑜：《海商法的精神——中国的实践和理论》，北京大学出版社2005年版，第84、92页。

要助力。因此,海事司法理念的树立是体现海事司法专业性以及海事司法独立存在价值的重要依托,否则,海商法在制度层面的独立性和特殊性很容易在司法层面遭到破坏,海事法院独立存在的必要性本身也会遭受质疑。

上述两个问题与海商法自体性在司法层面的缺失难逃干系:前者与我们过去对海商法自体性,尤其是其内部综合性和关联性的认识不足密切相关,对海商法自成一体性质认识的缺失使过往我国海事司法的管辖制度建设也缺乏一体化涵盖所有海事案件的认识;后者则与海事法官对海商法独立性和特殊性认识的不足,缺乏将海商法视为一个独立、自足的法律体系的观念意识密切相关,而这实际上也可归咎为海商法自体性在海事司法环节的缺失。鉴于上述情况,在海事司法层面应用与贯彻海商法的自体性就成为必要,自体性理论在海事司法层面的需求也由此凸显。

因此,综合上述海事立法和司法的情况,我国海商法自体性的不足是一个不争的事实,而海商法自成一体的特征未得到重视的现状也造成了我国海商法面临的诸多困境:无论是在立法层面存在的体系化缺失问题,还是在司法层面对海商法特殊性认识的不足等问题,实际都与海商法自体性建设的不足密切相关。所以,自体性理论对我国海商法的实践具有重要价值:在立法层面,海商法自体性强调海商法的独立性和综合性,能帮助我们从更广义的视角来审视我国海商法的现状,对于我国海商法的体系化完善具有重要价值;而在司法层面,自体性理念要求建设与树立和海商法自体性相适应的海事司法制度和理念,这对于保障海事司法的独立性、专业性,以及海商法特殊性在司法层面的延续具有重要价值。可以说,对海商法自体性的强调是未来解决前述提及的,海商法发展面临的重大问题的重要路径。

三、学科体系以及研究体系的自体性不足

我国海商法自体性的不足还体现在学科体系和研究体系层面。

在现有的法学学科体系划分下,海商法被归为“国际法学”这一二级学科下的“国际经济法”的一个组成部分。这种归类的依据在于海商法调整的内容在很大程度上是围绕国际海上货物运输合同产生的,与国际货物买卖合同紧密相关,具有较强的国际性特征,因此,将国际海上货物运输合同和国际货物买卖合同一并纳入国际经济法的学科范畴下具有一定的合理性。然而,上述学科归属的划分也存在明显的不合理之处:一方面,海商法的制度内容虽然具有较强的国际性,但却不都属于国际法的范畴,海商法在本质上仍是国内法,而且当前学者对狭义海商法的认识也大都认为其是民商法的一部分;另一方面,在国际经济法学科的内部,海商法的地位也呈现边缘化的状况,从笔者参加的几次国际经济法年会的经历来看,有关海商法的议题和内容几乎难以见到。

在研究体系层面,虽然“我国海商法研究的领域正在不断拓宽,结合了实体和程序、国内和国际、横向和纵向的海商法研究日益丰富,不断开拓出新的研究方向”,[1]但整体而言,广义海商法的研究体系尚未建立,更多的学者集中于民商法特别法的定位研究海商法问题——“即使海商法能够构成独立的法律部门,也应是隶属于民法这一基本法律部门之下的子部门”。[2] 这不仅不利于解决跨学科存在的问题,而且也会导致研究资源的不均衡分配,即我国海商法的研究资源过于向狭义海商法集中。事实上,如果我们留意和观察,目前海商法领域的研究也确实多集中于民商事领域,对于涉

[1] 张文广:《中国海商法学发展评价》,载《国际法研究》2015 年第 4 期。

[2] 胡正良、孙思琪:《论我国民法典编纂对〈海商法〉修改之影响》,载《烟台大学学报》(哲学社会科学版)2016 年第 3 期。

及行政、刑事、诉讼程序等性质的内容研究比较匮乏，这也是以大连海事大学法学院为首的，传统海商法研究的高校单位近年来不断强调海商法学科综合化、体系化发展的重要原因。

海商法在学科体系以及研究体系的自体性不足不利于海商法的发展，容易使海商法成为一个边缘化的，甚至被遗忘的学科。而这也将对海商法法律人才的培养以及面向海洋的复合型法律人才的培养带来不利影响，难以满足海洋强国战略、"一带一路"倡议对专业的、复合型的法律人才的需求。

第二节　自体性视角下我国海商立法的体系化完善

基于上文的分析，如何针对上述不足体系化完善我国海商立法，是自体性理论在我国立法层面应用的关注重点。具体又包括两个层面的问题：一是如何在自体性的视角下选择我国海商法体系化完善的路径；二是在海商法的体系化完善中，如何具体处理与自体性相关的问题。

一、我国海商法体系化完善的路径分析

通常而言，法律领域的体系化模式有三种：单行法、法律汇编和法典化。其中，单行法模式是指将某一领域的法律规范按照特定标准分成若干单元，这些单元分别单独立法形成各自的微体系，而这些微体系共同构成该法律领域整个体系的体系化方式。如同前文已经提及的，单行法的体系化构建模式具有针对性强、灵活高效的优点，但其缺点在于各单行法在分别制定的过程中不仅容易出现形式上的不协调（出现规则、制度间的重复、遗漏甚至矛盾），而且也很

难保持价值上的一以贯之(尤其是在我国各单行法由政府部门起草,而政府部门为了各自的部门利益经常加入不应有的部门利益衡量机制的背景下),造成体系化目标的落空。法律汇编是指将某一领域现存的规范性法律文件按照调整对象、颁行时间、效力等级等标准编排组织在一起,形成一个具有一定逻辑性的集合体。法律汇编的体系化构建模式具有简单易行、便于查找的优点,但缺点在于其"仅仅将现行的法律进行简单的排列,并不进行实质性的修改和创造,一般不涉及一个严密的体系安排和编纂计划,难以消除单行法之间的内在冲突和矛盾"。[1] 法典化则是指将某一领域的法律调整需求整合于同一制定法中,形成一个能够全面调整该领域的法典。法典化的体系化构建模式具有从最大程度上保障法律制度全面性、逻辑性以及形式和价值统一性的优点,是最彻底的体系化方式,但其缺点在于工程庞大,且相对来说灵活性不足。当然,需要说明的是,对于法典化这一体系化模式,并不意味着将海商法体系下的所有规范整合进入同一个法典。基于法典所处的效力位阶、避免法典的体系过于庞大,以及保持法典稳定性等因素的考虑,法典化所涵盖的只是法律这一效力层级的规范,而不包括行政法规、地方性法规以及部门规章等下位的、具体的、变动性较大的法律规范。同时,上述三种体系化的方式都指的是法律层面的体系化方法,但根据法律规范所调整的事项的具体程度和重要程度不同,海商法仍应是一个由不同效力位阶的规范性法律文件有机构成的统一体,应当包含法律、行政法规、地方性法规以及部门规章等形式,这意味着海商法的体系化虽然以法律层面的体系化为核心,但却不是全部,还需行政法规和部门规章等规范性法律文件的体系配套。

在上述三种体系化方式的指引下,参考其他国家的立法经

〔1〕 王利明:《中国民事立法体系化之路径》,载《法学研究》2008年第6期。

验，我国海商法的体系化完善的可选路径包括如下几种：第一，参照荷兰《民法典》模式，通过将海商法纳入民法典的体系实现海商法的法典化；第二，参照法国《运输法》模式，通过对现有交通立法的全面体系化实现海商法的法典化；第三，参照英国、俄罗斯的模式，对现行《海商法》进行符合我国立法需求的综合化修改；第四，参照德国等国的商法典的模式，编纂包含海商法的商法典；第五，按照我国学者的设想通过制定海法典实现海商法的法典化；第六，在现有单行立法模式的立法格局基础上，渐进式地进行体系化的完善；第七，对海商法法规进行汇编。其中，前五种体现的是法典化的体系化构建模式，第六种体现的是单行法的体系化构建模式，第七种体现的是法律汇编的体系化构建模式。

对于上述可选路径，首先可以排除的是《民法典》模式以及对海商法法规的法律汇编。其中，就《民法典》模式而言，虽然我国倾向于以“民商合一”模式编纂民法典，以及已有荷兰《民法典》将海商法纳入民法典并在涵盖的海商法制度中体现一定综合性的先例，[1]但根据当前我国民法学界的主流认识，“民商合一”体例的核心在于强调以民法总则统一适用于所有民商事关系，统辖商事特别法，但并不追求法典意义上的合一，更非要民法典将所有商事法规都包含在内，民法典也不宜包括商事特别法。[2] 由此可见，我国当前关于“民商合一”的认识显然不同于荷兰《民法典》下的“民商合一”，将海商法，特别是广义的海商法纳入民法典缺乏必要的共同认

〔1〕 1992年荷兰《民法典》所规定的海商法内容不乏许多性质上属于传统行政法范畴的规定，例如，第8章第194条至第196条关于船舶登记条件、注销登记之情形以及重复登记的规定，第260条、第261条关于船长权力的规定，第645条至第653条有关《2001年国际燃油污染损害民事责任公约》下强制保险或其他财务担保的要求，证书的签发、撤销等事项的规定等。

〔2〕 参见王利明：《民商合一体例下我国民法典总则的制定》，载《法商研究》2015年第4期。

识。首先，就我国民法典的现实进程而言，目前民法典的体系结构已经基本确定，不可能涵盖海商法的制度体制。其次，就海商法法规的法律汇编模式而言，虽具有简单易行、便于查找的优点，但因并不对相关的法律规定进行实质性的完善，因而无法从根本上解决当前我国海商法面临的突出问题，不能真正满足海商法的体系化需求。

对于前述剩余的其他五种体系化路径，我们可进一步比较分析。

（一）商法典路径

如前所述，从商人法的发展路径来看，海商法无疑属于传统商法的范畴，在商法典中纳入海商法相关内容也不乏相关立法例的支撑。

不过，就我国商法典的编纂而言，必须考虑我国现有的立法状况。特别是在我国《民法典》的编纂贯彻“民商合一”理念的情况下，商法典编纂（甚至是许多商法学者所倡导的《商法总则》或《商事通则》）的必要性空间存在争议。持否定观点的学者认为，基于现代社会每个人都可能参与市场交易，区分商人和非商人、商事行为和民事行为、商事代理和民事代理、商法上的时效与民法上的时效变得越来越困难，而且作为商法独立基础的独立的商人阶层已不复存在，独立的商事审判观念、程序和规则也被统一于民事审判观念、程序和规则之中的现实，不宜制定商法总则以统辖各商事法律，而主要应当通过完善的民法典总则来调整传统商法的内容，无须另行制定独立的商法总则。[1] 制定《商法典》既不符合实际状况，也不符合时代潮流。制定《商事通则》欠缺智识、立法技术与政治意愿。[2] 不过，更多的商法学者认为在民法典之外仍有商事立法法

---

〔1〕 参见王利明：《民商合一体例下我国民法典总则的制定》，载《法商研究》2015 年第 4 期。

〔2〕 参见董翠香、魏振华：《商事行为在民法总则中的契入与展开》，载《烟台大学学报》（哲学社会科学版）2017 年第 1 期。

典化的必要，但在具体的方式上，多以编纂《商法通则》为路径选择——在编纂《中国民法典》的同时制定一部《中国商法通则》已经成为当下中国商法学界的共识。[1] 在此基础上将形成"民法典+商法通则+单行特别商事法"的商事立法体例。[2] 当然，也有商法学者并不满足《商法通则》，仍主张应当编纂《中国商法典》，并认为其路径应当是：制定总括商法原则及一般规则的《商事通则》；全面展开现有商事法律制度的整理汇编，即完成《商事法律汇编》；在条件成熟时编纂一部与《民法典》相呼应的《中国商法典》。[3]

上述有关商法典编纂的认识分歧对于通过商法典路径实现海商法的体系化而言意味着极大的不确定性和障碍。同时，其他国家商法典的解构状况同样值得关注，例如，在日本，虽然"实质商法"的范围在不断扩大，但现行商法典的发展史是一部法典的"解构"史，在不久的将来，日本商法典可能会变成更"瘦"的法典，只剩下商法总则以及少量的商行为方面的规定。[4] 这种解构现象的背后，实际上是商法典各部分内容之间非常松散的联系。例如，海商法与证券法、银行法、信托法等商法内容之间几乎不存在制度上的交叉可能。在此基础上，正如学者所观察的，"大陆法系各国的商法典，在形式理性上远远不如民法典完美。无论在措辞还是规范质量上，都远远不及民法典。它无法像民法典那样，建立起一个逻辑严谨、结构合理、井然有序的规范体系。它只能表现为像拼图那样，把不同领域的商法规范汇编在一起"。[5] 这使编纂体系庞大的，集各

---

[1] 参见范健：《商法的时代性与时代商法——创制一部反映时代需求的〈中国商法通则〉》，载《学术论坛》2019年第1期。

[2] 参见李建伟：《民商合一立法体例的中国模式》，载《社会科学研究》2018年第3期。

[3] 参见范健：《编纂〈中国商法典〉前瞻性思考》，载《广东社会科学》2018年第3期。

[4] 参见［日］尾崎安央：《"日本商法典的'解构'与日本民法的商法化现象"》，张杨译，载《中国政法大学学报》2018年第1期。

[5] 郭富青：《论现代商法的基点、形式与我国商法的体系化建构》，载《学术论坛》2019年第1期。

商法制度在内的商法典的现实价值令人怀疑。据此,有学者认为商法体系的基本结构应当是民法典+各商事单行法,即一般与特殊法律的逻辑体系,从而形成形散神聚,或形散神不散,规范齐备,统一协调,功能健全,切实高效的有中国特色的商法体系。[1]

而且从历史演进的角度看,海商法自体性在中世纪后的肢解和弱化,就是从法国商法典开始,后影响德国、意大利、日本、韩国等。肢解的结果是使一体性的海商法被边缘化、碎片化。因此历史的经验表明,海商法并入商法典是不成功的。

综上所述,通过商法典路径实现海商法的体系化无论从我国商法典编纂的共识基础和实质价值,还是海商法纳入商法典的域外历史经验上看,都不应当是首选的路径。

(二)运输法路径

参照法国《运输法》模式,通过对现有交通立法的全面体系化实现海商法的法典化是另一个可供我们选择的路径选项。对于这一路径,虽然目前尚无学者或者实务部门对其展开系统的研究和论证,但基于实践中多式联运、综合运输[2]的快速发展以及对现有不

[1] 参见郭富青:《论现代商法的基点、形式与我国商法的体系化建构》,载《学术论坛》2019 年第 1 期。

[2] 根据学者的论述,多式联运与综合运输不是同一个概念。其中,多式联运是根据实际运输要求,将不同的运输方式组合成综合性一体化运输,通过一次托运、一次计费、一张单证、一次保险,由各运输区段的承运人共同完成货物的全程运输的运输组织形式。而综合运输是指在同一国家内不同地区之间,或在国家与国家、国家与地区之间通过实现对货物单一运输基础设施、运输工具等硬件,法规政策、信息化等软件的整合,取长补短、优势互补,实现有机结合、连接贯通、布局合理的货物综合运输体系,完成货物无缝连接的综合运输方式。两者的不同在于:第一,二者依据不同,多式联运是基于多式联运合同存在,综合运输不存在统一的合同,每种运输方式合同独立,可以包含多式联运合同;第二,二者单证不同,多式联运全程一份单据,综合运输不同运输方式不同单证,相对独立;第三,二者义务人不同,多式联运由一个多式联运经营人对全程运输负责,而综合运输由具体区段的负责人负责。在此定性下,多式联运实际是综合运输方式的一种。参见蔺妍、韩立新:《论我国货物综合运输法律体系的完善》,载《中国海商法研究》2014 年第 4 期。

同运输方式法律制度隔阂的认识,已有不少研究关注如何在法律制度层面呼应多式联运和综合运输实践的发展。例如,有的学者基于"国际货物门到门的运输肯定不会停顿"的判断,提出"如果说以前关于国际货物运输法研究的最大局限性在于对各种专一运输方式的分割,那么,今后研究的重点,就应该从整体上进行把握,研究各种运输方式法律规范的共性,对现有的各种运输法律进行评估,找到适应新的运输方式的最佳立法"。[1] 也有学者通过对当前海运、航空运输法律制度割据存在的现状分析,提出"海运与航空运输和其他经济行为相比,所谓的自治背后仅仅是因为存在比较特殊的责任制度,在现代社会的运输风险越来越多地受制于人类自身的发明创造——机器与管理体制,而越来越少地受制于天灾等自然因素的背景下,分散、支离破碎的运输法既不利于保障交易安全、降低运输成本,也容易造成竞争的扭曲,违背社会的基本价值观。适度地统一立法有助于消除运输业中的不公平竞争,推动形成一个高效、有序、安全的运输物流体系"。[2]

应当认为,通过对现有交通立法的全面体系化,将原本分散于各单行法中的运输法律制度整合于统一运输法典的模式在客观上与当前多式联运快速发展和综合运输不断受到重视的实践相呼应。这种立法模式在完成海商法体系化任务的基础上,有助于发现各运输方式下共同的规则,协调传统上各运输方式之间存在的隔阂,促进各运输方式法律规范的相互衔接,为多式联运发展和综合运输体系的构建提供制度保障。例如,对于海上旅客运输的人身伤亡赔偿限额,在此次《海商法》的修改过程中,就有观点提出应当考虑各运

---

〔1〕 张永坚:《对国际货物运输法统一化努力的思考》,载《中国海商法年刊》2010 年第 2 期。

〔2〕 参见郑志华:《海运、空运与陆运:规则的割据与统一》,载《中国海商法研究》2013 年第 3 期。

输方式之间人身伤亡赔偿限额的统一需求。因此,从与多式联运和综合运输快速发展的实践相呼应的角度出发,实现各种运输方式立法体系化的运输法路径具有现实的吸引力。而且这种立法模式无疑也与我国交通运输领域的大部制改革相呼应,有利于统一我国的交通立法权和交通管理体系。同时,考虑到其他运输方式也具有一定立法基础[1]和切实立法需求[2]的现实,这一路径的实现也具有相应的可行性。

不过值得注意的是,在当前有关完善多式联运和综合运输立法的研究中,制定涵盖各种运输方式法律制度的运输法典模式并未被学者提及,主流的立法建议是制定专门针对多式联运和综合运输的单行法。例如,大连海事大学蔺妍博士和韩立新教授就提出综合运输法律体系的构建和完善应采取完善单一运输方式立法和推进跨运输方式综合立法的途径,建议在分别完善各单一运输方式立法的基础上,制定《综合运输促进法》,用以调整不同运输方式之间在衔接、配合和协调过程中,运输主体之间、政府主管部门与运输主体以及政府主管部门之间的关系。其中,《综合运输促进法》的主要内容包括:综合运输发展的原则和目标,综合运输的管理体制、协调机构及其工作机制,各种运输方式的规划、建设项目和运力投放等的协调原则,综合运输枢纽管理,多式联运运营管理和促进制度,多式联运的责任基础和归责原则等。[3] 再如,大连海事大学李志文教授和吕琪博士针对我国现有多式联运立法存在的立法分散、制度缺

---

〔1〕 例如,相关领域的法律法规包括《公路法》《铁路法》《民用航空法》《道路运输条例》《铁路货物运输合同实施细则》《铁路货物运输规程》《民用航空货物国内运输规则》《民用航空货物国际运输规则》等。

〔2〕 《公路法》《铁路法》《民用航空法》等普遍存在立法时间较早,滞后性严重,行政管理色彩浓厚,对运输合同的规定相对薄弱等缺陷,不少立法也正在修订过程中。而且目前对管道运输的立法基本处于空白状态。

〔3〕 参见蔺妍、韩立新:《论我国货物综合运输法律体系的完善》,载《中国海商法研究》2014 年第 4 期。

失、适用范围局限及与国际实践脱轨等问题,提出制定一部以调整多式联运私法关系为主,同时纳入对多式联运经营人准入和监管的公法性内容的多式联运法。[1] 而上述构想也得到了我国交通主管机关的肯定。例如,交通运输部针对全国人大代表提出的《关于出台综合交通运输体系建设法的议案》和《关于加快综合交通运输法立法进程的议案》,完成了《关于建立综合交通运输法规体系框架的实施意见(草案)》的起草工作。该法规体系由跨运输方式、铁路、公路、水路、民航、邮政六个法规系统组成,其中的跨运输方式法规系统即包括促进多种运输方式协调发展的《综合运输促进法》。[2] 交通运输部于 2016 年 7 月颁布的《综合运输服务"十三五"发展规划》中也进一步明确提出要开展《综合交通运输促进法》和《多式联运法》的立法研究。在此背景下,《综合运输促进法》或《多式联运法》可以在很大程度上起到法国《运输法》第 1 编"一般规定"的作用,这使制定涵盖所有交通立法的运输法典的必要性大打折扣。而且基于海商法所具有的特殊性,将其和其他运输方式的法律制度统一纳入运输法典也不免会出现海商法在商法典下的尴尬,即海商法除了与总则有关系外,与法典的其他部分无实质联系,进而导致海商法的孤立现象。正如有学者在研究多式联运下承运人的立法问题时所指出的,国内各种不同货物运输方式制定一套相同的法律规则可以适用于国内的公路运输、铁路运输、内水运输、航空运输和管道运输等,但海上运输由于其具有的特殊性,仍应适用其特殊规

---

[1] 参见李志文、吕琪:《"一带一路"战略下对我国多式联运立法建构的思考》,载《法学杂志》2016 年第 4 期。

[2] 参见关于《关于出台综合交通运输体系建设法的议案》和《关于加快综合交通运输法立法进程的议案》的办理情况摘要,载交通部政府信息公开:http://www.moc.gov.cn/zfxxgk/bnssj/zcfgs/201509/t20150930_1884166.html,2016 年 12 月 24 日最后访问。

则。[1] 因此,从保障多式联运和综合运输发展的角度来看,运输法模式并非当前我国学者和实务部门的首选,相比于《综合交通运输促进法》或《多式联运法》,其在客观上也确实不是最经济、合理的立法选择。

综合上述考虑,运输法路径虽具有一定的吸引力,但从目前我国的现状来看,其尚不具备实现的基础和条件。

(三)海法典路径

通过制定全面调整涉海法律关系的海法典实现海商法的法典化则是近年来我国海商法学界提出的一种新路径。

制定海法典的构想源自司玉琢教授对海法概念、海法体系的阐述。基于海洋强国战略、"21 世纪海上丝绸之路"战略对涉海法律体系建设的需求,以及海商法、海事法、航运法、海洋法等涉海法律概念都不足以统摄整个涉海法律体系的现况,学者提出用海法这一中世纪时期曾被广泛运用的概念来统合涉海法律的概念体系,并进而构建一个高于法律部门,以法律适用的空间范围为标准而形成的,由包括海商法(此处指狭义的海商法)、海上劳动法、海上国际法、海上刑法、海上行政法、海洋环境与资源保护法、海上程序法等分支方向在内的,各种涉海法律规范相互协调与衔接而组成的结构完整、内容广泛、层次分明的法律体系,[2] 最终建立一部能够统括与海事相关的具有海上特殊性的民事、行政、刑事法律规范,统一与海事相关的实体法、程序法的海法典。[3]

从本质上来说,海法典的构想体现的也是体系化思想,只是其

---

[1] 参见陈玉梅:《对我国多式联运中承运人立法完善的若干思考》,载《求索》2010 年第 8 期。

[2] 参见汤喆峰、司玉琢:《中国海法体系及其建构》,载《中国海商法研究》2013 年第 3 期。

[3] 参见司玉琢、李天生:《中国海法典编纂论纲》,载《国际法研究》2015 年第 4 期。

体系化针对的对象是包括本书研究的海商法在内的所有涉海法律规范。从这个意义上来说,海法典自然能够涵盖本书海商法法典化的需求。同时,海法典作为学者根据当前我国海洋形势提出的一种立法和法学研究对策,除了体现体系化的思想之外,还带有浓重的功能主义理念。如前文所述,在功能主义视角下,法律在社会控制和社会整合方面起到的作用更受到关注,法律与其所处的包括政治在内的各种外部环境的协调呼应成为法律活动的一个重要目标。而在海洋领域,海法典就是为发挥法律在管控、整合我国海洋这一空间领域上的功能而提出的一种设想:通过系统整合当前我国的涉海法律,制定一部能够全面应对海洋环境特殊性和海洋管控新挑战的海法典,以达到对外有理有据地为我国与其他国家的海洋权益博弈提供法律正当性证成,维护国家海洋主权;对内系统、合理地配置国家、公民在涉海活动中的权力(权利)、义务,提高海洋管理效率的目的。因此,海法典的设想是与凸显 21 世纪海洋在我国的重要战略地位,保障海洋作为支撑我国发展战略空间的功能相呼应的,是对涉海法律在新海洋形势下所承载的社会功能的回应。

可以说,基于海法典所能承载的功能,通过制定全面调整涉海法律关系的海法典实现海商法法典化的路径不失为一种具有更高战略价值的体系化选择。同时,近年来,海法概念和海法体系理论也正日益受到关注——中国法学会成立的"海法研究方阵",海洋法和海商法学者共同参加的"海法高端论坛",以及相关高校成立的海法研究院都标志着海法概念越来越受到认可,海法典制定的社会认同正在逐步积累。

当然,海法典的制定也存在现实的困难,比如,与当前正在进行的民法典编纂相比,海法典的制定无论在可行性、必要性的论证上,还是在具体结构的编排讨论上,尚处于初级阶段。在此情况下,我国涉海法律的体系化不宜采取一步到位的策略,而应采取逐步实现的方式。对此,司玉琢教授也指出,与国家海洋战略和新世纪世界海洋格局相适应,创建有中国特色的海法立法模式,在逐步调整现有的、补充缺位的、废止过时的单行法律规范的基础上编纂中国海法典,应是最佳选择。[1]

(四)单行法模式的渐进完善

虽然我国海商法的现状证明以单一调整对象和调整手段为单位构建单行法体系的模式存在缺陷,并带来了前述诸多体系化缺失的问题,但作为一种体系化的方式,单行法体系具有针对性强、灵活高效的优点,而且从维护既有立法体例稳定以及实践的可操作性角度出发,通过体系化思维下单行法模式的渐进完善仍然是一个现实的路径。而从 2017 年开始启动的《海商法》修改研究项目来看,此前的征求意见稿也都是基于《海商法》现有的制度框架展开的,除了增加"船舶污染损害责任(船舶油污损害责任)"以及"国内水路货物运输合同"的相关规定之外,并未对《海商法》现有的制度进行更多的扩充。也就是说,当前《海商法》的修改,仍然维系了此前的单行立法模式。

同时,海商法制度现有的单行法格局在目前也难以完全整合到一起形成一个法典,因为部分单独立法的海商法制度现阶段难以和《海商法》整合到一起。包括:

1. 海事诉讼法律制度。海事诉讼法律制度是海商法体系的重要组成部分,海商法的体系化完善离不开海事诉讼法律制度的配套衔接与完善。我国于 1999 年制定了独立的《海事诉讼特别程序法》。虽然有观点建议将海商法实体法和海事诉讼特别程序法纳入同一法典进行统一立法,[2]但目前主流的认识还是应当维持其独

[1] 参见司玉琢、李天生:《论海法》,载《法学研究》2017 年第 6 期。
[2] 参见司玉琢、李天生:《中国海法典编纂论纲》,载《国际法研究》2015 年第 4 期。

立的立法安排，而这也是大陆法系国家的传统。自法国将《法国民法典》和《法国民事诉讼法典》分立以来，近现代大陆法系国家都遵循实体法与程序法相分离的模式。这种模式在理论研究和立法实践上都得到了全面的贯彻，成为一种普遍的共识并促进了实体法和程序法的各自发展——二者的分离才使庞大的实体法规范和程序法规范都能够得到不断地有机的发展，程序越是与实体捆绑在一起，就越是丧失其普遍性的程度。[1] 虽然将实体法与程序法再融为一体的立法模式可以在一定程度上促进两者的融合和协调，但其更会带来立法上的混乱。因此通常来说，即使是现在强调实体法与程序法一体化的学者，也仅仅是对两者融通性与协调性的强调，而非主张一体立法。正如强调刑事一体化的学者所言，“强调刑事一体化不能消减二者的区别，而是要立足于刑法与刑事诉讼法独立存在的基础之上，加强两者的融合、贯通。强调刑法与刑事诉讼法的一体化并也非意味着两者互动的最佳形式是采取统一的立法模式”。[2] 对海商法来说，在《海事诉讼特别程序法》已经独立存在，海事程序法已经获得独立发展的情况下，将海事程序法与海商实体法融为一体立法无益于法律的稳定性和它们各自的独立发展。

2. 有关船舶航行安全的法律制度。船舶航行安全法律制度在我国当前的立法体系是由独立的《海上交通安全法》加以规定。目前，《海上交通安全法》正在修改当中，并已被十三届全国人大常委会立法规划列为第一类项目（条件比较成熟、任期内拟提请审议的）。显然，《海上交通安全法》的修改是在这几年内可以预期的，由此，这部分海商法制度在可预见的未来将以一部独立的法律

〔1〕 参见陆宇峰：《论现代社会中实体法与程序法分离》，载《云南大学学报》（法学版）2011 年第 1 期。

〔2〕 童伟华、武良军：《由疏离、割裂走向融合、依赖——着力构建刑法与刑事诉讼法的合理关系》，载《理论探索》2014 年第 1 期。

的形式存在将是一个不争的现实。

3. 有关防治船舶对海洋环境污染损害的行政法规定。有关防治船舶对海洋环境污染损害的行政法规定是海上运输法律制度的有机组成部分（具体为船舶法律制度的一部分），而且与相应的民事法律制度存在紧密联系，但这部分的法律制度目前规定于《海洋环境保护法》中。也就是说，基于我国现有的立法构造，防治船舶对海洋环境污染损害的行政法规定既是海上运输法律制度的重要组成部分，也是海洋环境保护法律制度的重要组成部分。从保障《海洋环境保护法》业已形成的制度体系的稳定性，以及"防治船舶对海洋环境污染损害"同样需要与"防治陆源污染物对海洋环境的污染损害"、"防治海岸工程建设项目对海洋环境的污染损害"、"防治海洋工程建设项目对海洋环境的污染损害"和"防治倾倒废弃物对海洋环境的污染损害"等制度协调的角度出发，这部分内容又不宜脱离《海洋环境保护法》的体系。

基于上述情况，单行法模式的渐进修改虽然无法尽可能地集中立法资源，并需要经历一个漫长的、逐步完善的过程，但却可能是当前最为现实的体系化完善路径。在此路径下，我们需要以体系化思维在整体上构建海商法的单行法体系，以及未来的完善路径。这既包括对现有《海商法》《海事诉讼特别程序法》《海上交通安全法》《海洋环境保护法》以及配套法规的系统完善，也包括制定新的单行法，尤其是《航运法》和《船员法》这两个需求最为迫切的法律的制定：其中《航运法》对航运业的市场主体、政策导向、市场准入、市场管理、市场调控以及当事人权益保护等作出规定；《船员法》结合《2006 年海事劳工公约》和我国船员市场实际，对船员管理和船员权益保护等问题进行规定。

当然，单行法模式的逐渐完善虽然本身是海商法体系化完善的一条路径，但如前所述，也可以和海法典的路径相结合，构成海法典路径下的前期阶段。

（五）《海商法》的综合化修改路径

我国实现海商法法典化的另一条可选路径是类似英国《商船航运法》和俄罗斯《联邦商船航运法典》的综合性海商法模式，即通过对《海商法》的综合化修改达到海商法体系化完善的目的。依此路径，综合化修改之后的《海商法》在涵盖的内容范围上将大于以往，《海商法》的性质也将从当前显著的私法属性转变为兼顾公法与私法的属性。具体而言，在现有的框架下，《海商法》主要起到调整平等民事主体间海上运输关系和船舶关系的作用，旨在保障相关民事主体的权利义务；但在综合化修改之后，《海商法》作为调整与海上运输和船舶有关的诸多社会关系的规范载体，不仅将起到调整平等民事主体权利义务关系的作用，还将承担起调制和管理航运市场，界定航运主管机关行政职权与程序，调整行政相对人与航运行政机关之间权力（权利）、义务关系，规定特定海上犯罪、刑事责任和刑罚等多方面的职能。也就是说，综合化修改之后的《海商法》将从原来的海商单行法变成海商法领域的基础法和综合法——将承担从整体上架构整个海商法制度体系的任务。虽然当前我国《海商法》的修改仍将在很大程度上延续现有的立法体例，但这仍不妨碍我们在理论层面探讨这一不同于现有立法格局的立法模式。

从理论上来说，综合化修改《海商法》并非不可行。我国《海商法》在起草之初就是一部广义的、综合性的法典，虽然最后仅保留了少量的行政法条款（第 4 条至第 6 条；第 3 章“船员”），取消了全部刑事责任条款，[1]但现有的法律架构仍不妨碍对《海商法》进行广义的、综合化修改：一方面，《海商法》第 6 条关于授权国务院交通主

---

〔1〕 取消刑事责任条款的原意是“这些问题准备在修改刑法时一并研究”，但显然后续的刑事立法并未考虑这些特殊的海上刑事责任问题。参见交通部政策法规司、交通部交通法律事务中心：《〈海商法〉学习必读》，人民交通出版社 1993 年版，第 18 页。

管部门制定海上运输具体管理办法的规定表明《海商法》仍有规定相关行政法性质内容的空间；另一方面，散在型附属刑法的立法模式本就是世界各国刑法立法的重要组成部分，[1]在《海商法》中重新补充海上刑法的内容也无不可。而且即使是认为应当强化《海商法》民法特别法属性的学者，也承认海商法所具有的自身体系的独立性和复杂性，"（海商法）体系的体量具有现代商人法的属性和自足性，由此导致其具有天然膨胀的特征"。[2] 同时，如本书第一章所指出的，局限于从狭义的视角研究海商法的修改问题也有不可忽视的弊端：一方面，一味强调海商法民法特别法的属性会使海商法被民法同化，造成海商法"削足适履"，最终失去其生命力。在此基础上，对于《海商法》的修改，也开始有学者主张摆脱传统民法体系的约束，依据海商法的整体性和自体性，广义修改《海商法》。例如，"当下修改《海商法》不应当再局限于修修补补的微调，而应花相对长的一段时间将具有海上特殊性的与运输或者作业有关的民事、行政和刑事法律编纂在一起"；[3]"从海商法调整的对象、范围及其所发挥的作用看，强调海商法的自体性，将其作为一个独立的整体考虑，十分重要……明确海商法自成体系，是修改《海商法》的基础和前提……不应以其他法律部门的规定为标准来对《海商法》进行剪裁"；[4]"在考虑《海商法》的修法范围时，不应纠结于'大改'、'中改'和'小改'的定性方案，不拘泥于公法或私法的制度属性，应根据海商法自身特点，从实际出发，依实际需要而定"。[5] 这

[1] 参见柳忠卫：《刑法立法模式的刑事政策考察》，载《现代法学》2010年第3期。

[2] 马得懿：《作为补充型特别民法之海商法的丰富性与体系性》，载《社会科学战线》2016年第8期。

[3] 司玉琢、李天生：《中国海法典编纂论纲》，载《国际法研究》2015年第4期。

[4] 张永坚：《反思修改中国〈海商法〉之努力》，载《中国海商法研究》2013年第3期。

[5] 张永坚：《海商法20年：功在当代 修向未来》，载《国际商报》2013年7月22日，第A03版。

些认识都为《海商法》的综合化修改提供了理论上的支撑。

而且从立法实际来看,综合化修改《海商法》也符合当前我国海商法完善的客观需求。在现行单行立法体系下,我国海商法完善的需求在整体上是分散的。虽然也有某些领域需要我们进行大规模的修补,但在更多的领域,仍是小幅度的修改和补充。在这种情形下,如果仍然延续单行法的体系模式,紧缺的立法资源很难照顾到这些零散的立法需求,这也是导致目前很多海商法制度缺失或无法及时修改的重要原因。而综合化修改《海商法》可以集中这些分散的立法需求,为我国海商法的体系化完善争取相应的立法资源创造有利条件。此外,从横向的比较立法来看,《海商法》的综合化修改也有例可循。以《旅游法》为例,它包括了国家在旅游领域规划、促进、监督和处理纠纷,旅游者和旅游经营者的权利和义务,旅游服务合同、旅游安全等内容,涵盖了经济法中的宏观调控和消费者权益保护,民法中的合同、侵权以及行政法中的行政检查和处罚等。[1]

基于上述考虑,综合化修改《海商法》实际具有诸多的优势。当然,如前所述,2017 年启动的《海商法》修改,仍然维持现行狭义《海商法》的框架,综合化修改《海商法》的思路并未被采纳。

(六)我国海商法体系化完善的路径选择

综合上述路径的比较分析,我国海商法体系化最理想的路径应当是《海商法》的综合化修改,但这并不是当前《海商法》修改采取的实际策略。在当前《海商法》修改维持现有体系的实际状态下,海商法的体系化完善必须兼顾现实与理想。由此最佳的方案便成为单行法模式的渐进完善+海法典的编纂这一分阶段的混合模式:当下先通过单行法体系的构建完善逐步解决海商法体系化的不足,并在条件成熟时编纂海法典,使海商法的体系融于海法典,并在融于

---

〔1〕 参见李大庆:《法学范式竞争与领域法学的知识创新》,载《江汉论坛》2019 年第 4 期。

海法典的过程中对海商法再次进行体系化完善。该路径一方面符合我国当前海商立法的现实状态，具有现实的可操作性；另一方面，也能通过海法典的编纂弥补单行立法的缺陷，并与学者对于海法典编纂的路径规划相符，与我国民法典的编纂以单行民事立法的制定完善为基础相似。

基于上述路径选择，我国海商法的体系化完善显然需要根据前述我国海商立法体系化的不足开展针对性的完善工作，具体包括四个方面：第一，《海商法》《海事诉讼特别程序法》《海上交通安全法》的修改完善，并在修改过程中注重三者之间的协调，如《海商法》实体法与《海事诉讼特别程序法》程序法的协调，《海商法》与《海上交通安全法》在有关船员和船舶规定上的协调；第二，《航运法》《船员法》的制定，弥补相关领域的立法空白；第三，配套法规体系的完善，形成一个上下有序、层次合理的海商法规范体系；第四，海法典的制定，对包括海商法在内的涉海法律的整体体系化。其中，《海商法》《海事诉讼特别程序法》《海上交通安全法》都已启动修改程序；《航运法》《船员法》的制定虽然在业界和理论界呼吁已久，[1]但一直未进入全国人大的立法计划，有待业界、学术界和交通主管部门的积极推动；配套法规体系的完善是一个循序渐进的过程，并需要和立法层面的进展相协调；海法典的制订则属于长远规划，目前处于理论探讨的阶段，需要更多共识的凝聚以及具体实施方案的细化。

二、《海商法》修改以及海法典构建中的海商法自体性考量

基于上述路径的厘定，我国海商法的体系化完善在当下应重点

---

[1] 《航运法》的立法计划曾连续数年被列入交通运输部的年度立法工作计划，交通部水运局更曾组织开展了 14 个专题对《航运法》基本制度进行研究。参见“关于政协十二届全国委员会第四次会议第 4203 号（工交邮电类 386 号）提案答复的函”，载交通运输部政府信息公开：http://zizhan.mot.gov.cn/zfxxgk/bnssj/zcfgs/201609/t20160920_2090290.html，2019 年 11 月 25 日最后访问。

关注已经启动的法律修改项目，以及在理论上探讨海法典的构建方案。其中，《海商法》修改以及海法典体系构建中涉及的自体性问题是本书关注的重点。

（一）《海商法》修改中的自体性考量

在《海商法》的修改中，以下问题与海商法的自体性直接相关。

1.《海商法》与民法一般法的协调

如前所述，如何协调《海商法》与民法一般法的关系是本次《海商法》修改中面临的一个主要问题，而这实际上与海商法的自体性密切相关，即《海商法》在民法一般法之外作出特殊规定以及构建自身制度体系的空间究竟有多大，应该如何把握相互协调的平衡点。具体而言，在目前《海商法》修改中，“船舶”与“时效”这两章面临的与民法一般法的协调问题最为突出。

（1）“船舶”章与物权一般规定的协调

现行《海商法》第二章“船舶”，虽然未在标题中体现物权的概念，但就其内容而言，基本是有关船舶物权的规定，而且在本次修改中，目前的建议草案也将本章章名改为“船舶物权”，意在使本章章名与内容具有更好的对应性。而在具体的内容修改中，涉及本章规则与物权法协调的争议问题主要体现在以下几方面：

1. 船舶所有权的变动规则。船舶作为动产一种，由于其通常具有较大的市场价值、多变的地域流动性和频繁的市场交易属性，因此各国对其物权变动都予以特别考虑。一方面，因其价值较大，其通常会采用有别于一般动产的物权规则，例如，物权登记的要求等；另一方面，考虑其流动性和交易的便捷性，各国一般都不采取类似不动产交易的严格登记生效主义，而是给予当事人一定的灵活自主性。我国《海商法》第 9 条对船舶所有权的变动作出了特别规定，根据该条，船舶所有权的取得、转让和消灭，应当向船舶登记机关登记；未经登记的，不得对抗第三人。不过，相比于《物权法》第 24 条有关船舶物权变动的一般规定，[1]《海商法》的本条规定多出了“应当向船舶登记机关登记”的要求。对此，在交通运输部于2018年11月公布的网上征求意见稿中，出于与《物权法》衔接以及登记应当作为当事人自愿事项的考虑，建议条文中删除了“应当向船舶登记机关登记”的表述。但在后续征求意见过程中，交通运输部海事局明确表示反对，认为这可能导致实践中当事人不向登记机关登记船舶所有人的情况，进而不利于船舶登记机关掌握船舶信息，不利于航运管理。该观点实际上是航运行政管理诉求在船舶物权变动规则中的介入。从理论角度出发，这种介入的正当性和合理性并不充分，因为行政管理的要求不应当影响当事人民事法律行为的效力。而且从实践的角度来看，由于《船舶登记条例》第15条规定船舶所有人申请船舶国籍，应当交验依照该条例取得的船舶所有权登记证书。也就是说，船舶所有权登记是船舶国籍登记的前提，而船舶国籍登记是船舶实际营运的前提，所以对于需要实际营运的船舶而言，船舶所有权登记仍是其必然需要执行的环节。换言之，《海商法》船舶物权变动规则中删除“应当向船舶登记机关登记”的表述不太可能带来海事局担心的后果。因此，从物权变动效力的角度出发，《海商法》中有关船舶物权的变动规则，宜与《物权法》保持协调，删除“应当向船舶登记机关登记”的表述。当然，考虑到行政管理的诉求，可以考虑的另一种方案是将船舶物权变动应当向船舶登记机关登记的要求单独作为一条，不与船舶物权变动的条件和效力条款放在一起，从而明确两者之间的界限。

2. 船舶抵押权、船舶留置权的实现方式。根据《海商法》第11条的规定，抵押权人在抵押人不履行债务时，可以依法拍卖船舶，并从卖得的价款中优先受偿。在征求意见过程中，不少意见认为本条

---

〔1〕《物权法》第24条规定：“船舶、航空器和机动车等物权的设立、变更、转让和消灭，未经登记，不得对抗善意第三人。”

中有关抵押权的实现方式规定的过于狭窄，应当参照《物权法》的规定[1]进行扩展，使船舶抵押权可以通过包括折价、拍卖、变卖等方式予以实现。同样地，对于船舶留置权的实现方式，也存在类似的争议。对此，也有观点认为考虑到船舶优先权只在经法院强制出售的情况下才消灭的特殊性，船舶抵押权的实现通过法院司法拍卖的形式才更有保障，因此不宜对现有条文进行修改。对此，笔者认为，船舶优先权消灭的特殊性不应当成为对船舶抵押权、留置权实现方式进行限制的理由，因为船舶优先权在抵押、留置财产折价变更所有权时不消灭的特殊性，仅应作为一种法律风险由当事人在采取此种抵押权实现方式时自行考虑。换言之，法律不应当因拍卖方式是商业上确保买受人得到清洁船舶的合理选择而进行立法上的限定，因为不排除实践中有当事人在知悉优先权无法消灭的情况下，希望通过折价的方式尽快获得船舶所有权的情形。这就如同船舶抵押权未登记不能对抗第三人一样，未抵押所产生的风险由当事人自担，法律没有必要规定当事人应当进行抵押权登记。

3. 合同形式的要求。《海商法》第 9 条第 2 款和第 12 条第 2 款分别规定了船舶所有权的转让以及船舶抵押权的设定，应当签订书面合同。对此，有观点认为应当删除第 2 款，因为《物权法》并未作出类似的规定，而且按照最高人民法院的司法解释，即使当事人未采用书面的形式订立合同，但只要当事人履行了合同，合同仍然有效，因此，第 2 款的规定并非是效力性的强制性规定，可以删除。但也有观点认为，考虑到船舶自身特殊属性，对于船舶所有权变动的形式采取要式合同的形式，可以起到鼓励和引导市场主体通过订立

[1] 《物权法》第 195 条第 1 款第 1 句规定："债务人不履行到期债务或者发生当事人约定的实现抵押权的情形，抵押权人可以与抵押人协议以抵押财产折价或者以拍卖、变卖该抵押财产所得的价款优先受偿。"

书面合同的方式明确各方权利义务关系的价值,这有助于减少交易纷争,维护经济秩序的稳定,降低社会的经济和司法运行成本。换言之,上述两款中关于合同形式的要求,并不起到影响合同效力的效果,仅是一种“倡导性”条文而非强制性规定。笔者认为,与前述船舶抵押权、船舶留置权的实现方式一样,未书面签订合同带来的问题应当作为一种法律或者商业风险由当事人自行考虑。从法律规定的合理性角度出发,如果法律规定了当事人应当书面签订合同,但实际未书面签订合同也不会带来任何否定性的法律后果,难免给人一种自我否定的逻辑不畅。

4. 船舶留置权的范围与定义。现行《海商法》第 25 条将船舶留置权界定为造船人、修船人在合同另一方未履行合同时,可以留置所占有的船舶,以保证造船费用或者修船费用得以偿还的权利。根据本条,船舶留置权被限定在造船合同和修船合同之下,这显然与《物权法》中“债权人可以留置已经合法占有的债务人的动产”的规定存在巨大差异。而且从《海商法》其他章节的规定来看,承拖方对被拖物的留置权,以及救助人的对救助标的留置权也是《海商法》所认可的。另外,实践中还可能存在因船舶残骸清除打捞等产生船舶留置权的可能。因此,在征求意见过程中,不少观点认为船舶留置权定义应当修改,产生船舶留置权的情形不应当局限于船舶建造和船舶修理这两种,或者可以不对船舶留置权进行定义,使其适用《物权法》(或者未来民法典)的规定即可。但与此同时,也有观点认为当前《海商法》有关船舶留置权的定义参考了国际公约[1]、英美等

---

[1] 例如,《1993 年船舶优先权和抵押权国际公约》第 7 条规定:

“1. 每一缔约国均可按照其法律给予下述船舶占有人以船舶留置权:

(a)造船厂,以担保与造船有关的索赔;或

(b)修船厂,以担保与修船有关的索赔,包括在其占有期间进行的船舶改建。

2. 在船舶不再为造船厂和修船厂所占有时,这种船舶留置权应予取消,但船舶由于被扣留或扣押的原因除外。”

国家的立法,而且由于船舶留置权具有优先的顺序,优先于船舶抵押权,扩大船舶留置权的范围对于顺位在后的船舶抵押权人不利,恐间接影响船舶抵押权人投资航运业的信息,进而不利于航运发展,因此认为还应采取狭义船舶留置权的定义方式。笔者认为,由于我国没有加入相应的国际公约,因此公约的规定不应当成为我国《海商法》的唯一参照。尤其在我国《海商法》已经认可承拖方对被拖物以及救助人对救助标的的留置权的情况下,只将船舶留置权的定义局限于船舶建造和船舶修理两种情形将使其他留置权处于尴尬的境地:其他对船舶的留置权是否享有船舶留置权的优先顺位?如果不享有优先于船舶抵押权的受偿顺位的话,是否优先于其他的一般债权?如果不享有任何优先性的话,是否同样不利于鼓励救助、拖航等航运实践?考虑到对于上述疑问难以给出满意的答案,放开限制,赋予其他以合法方式占有船舶的债权人以船舶留置权恐怕是最合理的选择。

(2)"时效"章与《民法总则》"诉讼时效"章的协调

《海商法》"时效"章与《民法总则》"诉讼时效"章的协调需求同样突出。2017 年 10 月 1 日正式开始实施的《民法总则》对我国的一般诉讼时效制度进行了较大幅度的修改,体现了我国对诉讼时效制度认识的整体变化。对《海商法》的修改而言,《民法总则》带来的影响是直接的,特别是在《民法总则》将一般诉讼时效期间从两年延长为三年的整体背景下,不少意见认为应当将《海商法》所规定相关请求权的诉讼时效期间也相应延长。例如,《海商法》就第 257 条规定的海上货物运输向承运人要求赔偿的请求权时效期间,有不少观点基于与《民法总则》的理念、趋势相协调的考虑,认为应当由现有的 1 年延长到 2 年或者 3 年。而且作为辅助的支撑,国际立法的趋势也体现了延长诉讼时效的理念——因为现有 1 年的诉讼时效期间参考自《海牙规则》,但后续《汉堡规则》和《鹿特丹规则》都将相应的诉讼时效期间延长为2年。当然，也有观点认为在大部分航运国家(包括英国、美国、德国、挪威)仍采取《海牙规则》1年时效的情况下，我国采取延长时效的做法一方面将对我国的承运人带来负面影响，另一方面也将增加合同链条上各方主体之间索赔与追索的复杂性，建议仍然保留1年的诉讼时效期间。

对于上述不同认识，笔者认为，就海上货物运输合同下货方向承运人的索赔请求而言，采用较短的诉讼时效期间是有理论和现实基础的。其理论基础在于：海商法的商法属性决定了其相比于其他一般民事法律在“效率”价值追求上的优位性。《民法总则》延长诉讼时效期间，在很大程度上是基于“欠债还钱，天经地义”的中国文化背景，以及当前我国诚信体系建设不足，较长的时效期间有助于保护权利人的理念，但这在国际性极强的海上货运输合同下并不必然适用：仍要考虑不同利益状态而确定特别的时效期间，而《海商法》第257条第1款规定的短期时效期间，即具有加速处理纠纷的特别目的。[1] 就海上货物运输的实践而言，这种特别考虑也确有必要，因为在一个航次中，承运人负责承运的货物可能来自数量极为庞大的货方当事人(尤其在集装箱班轮运输下)，继而在出现货损货差的时候，承运方可能会面临数量繁多的索赔，这些关系如不能尽快确定，必然给承运人带来经营上以及举证上的困难。因此，通过短时效制度给承运方一定的侧重保护是具有现实基础的。此外，需要说明的是，虽然《鹿特丹规则》最终将海上货物运输合同下针对承运人索赔的请求权的诉讼时效期间设定为2年，但实际在《鹿特丹规则》的制定过程中，大部分国家都认可1年的诉讼时效在

[1] 参见朱虎：《诉讼时效制度的现代更新——政治决断与规范技术》，载《中国高校社会科学》2017年第5期。

实践中是合理的,我国代表团也一直持该种观点。[1] 而且《鹿特丹规则》虽然最终确定了两年的诉讼时效期间,但根据其第 63 条的规定,该两年的诉讼时效不得中止或中断,只允许被索赔人通过声明的方式延长,这实际上使时效的届满变得容易,在某种程度上抵销了时效期间延长带来的效果。换言之,在我国《海商法》相关请求权的诉讼时效仍适用中止和中断制度的背景下,不跟随《鹿特丹规则》延长时效期间依然是合理的。

与此同时,对于有关海上旅客运输合同、船舶碰撞、海难救助的诉讼时效,因我国是《1974 年雅典公约》《1910 年统一船舶碰撞某些法律规定的国际公约》《1989 年国际救助公约》的缔约国,因此基于与我国参加的国际公约保持一致的考虑,《海商法》修改中不宜对这些诉讼时效规定进行调整。此外,对于共同海损分摊请求权的诉讼时效,现有的 1 年时效规定借鉴自《约克—安特卫普规则》,该规则虽然不是国际公约,但在共同海损领域却胜似国际公约,相关的 1 年时效期间也不宜改变。

此外,对于诉讼时效中断制度,现行《海商法》与《民法通则》和《民法总则》最大的区别在于"权利人向义务人提出履行请求"不属于时效中断的情形。对此,有观点认为《海商法》不将"权利人向义务人提出履行请求"列为时效中断事由不符合诉讼时效的立法目的。诉讼时效制度的目的在于防止权利人怠于行使权利,而权利人向义务人提出履行请求表明权利人并未怠于行使其权利,是对诉讼时效期间进行的事实状态的否定,故发生时效期间中断的效力。[2] 同时,不将"权利人向义务人提出履行请求"这一诉讼时效中断的情形纳入会造成时效期间只能因提起诉讼、仲裁或扣船等而中断,这

---

〔1〕 参见司玉琢、韩立新主编:《〈鹿特丹规则〉研究》,大连海事大学出版社 2009 年版,第 410 页。

〔2〕 参见佟柔主编:《中国民法》,法律出版社 1990 年版,第 614 页。

可能使当事人迫于诉讼时效的压力而提起诉讼,进而增加诉累。与之相反,有意见认为允许"权利人向义务人提出履行请求"即可中断诉讼时效将带来时效计算的不确定性以及时效期间过于冗长的风险,而在海商实践中,确定性和效率性的价值目标应当被追求。尤其对于保险人来说,诉讼时效过于轻易地中断对于保险责任的尽早确定以及保险人赔款准备金的计提等都会带来实质性的影响。笔者认为,上述顾虑不无道理,现行《海商法》作出不同于《民法通则》的规定有其内在的合理性,不宜轻易改变。

当然,《海商法》中部分诉讼时效的规定需要跟随《民法总则》进行调整。例如,有关诉讼时效中止的规定,《海商法》的现有规定明显来自《民法通则》第 139 条的规定,因此在《民法总则》对《民法通则》的诉讼时效中止制度进行革新的情况下,《海商法》也宜相应跟进。为此,可以考虑删除《海商法》第 266 条的规定,使诉讼时效中止的问题直接适用《民法总则》第 194 条的规定。

2. 自体性视角下内河船舶与内河货物运输的立法需求回应

现行《海商法》除第四章"海上货物运输合同"外,其他各章均适用于沿海运输。作出这样的立法安排,主要是考虑当时我国沿海货物运输在很大程度上仍实行计划性管理,与国际海上货物运输存在较大差别,无法作出统一规范。同时因为内河货物运输与海上货物运输本身存在较大差异,《海商法》在起草时就未考虑将内河货物运输纳入调整范围。

为解决沿海、内河货物运输的法律适用问题,结合《海商法》《合同法》相关规定,交通部制定了《国内水路货物运输规则》(交通部令 2000 年第 9 号),对水路货物运输合同的订立、当事人权利义务、运输单证以及货物的接收与交付等进行了全面规范。不过 2016 年,根据国务院文件清理要求以及《立法法》关于部门规章权限范围的规定,《国内水路货物运输规则》被废止。此后,虽然沿海、内河货物运输合同仍可适用《合同法》《民法总则》,但许多具体问题缺乏具有针对性的规定,法律依据不充分,需要通过适当的民商事法律安排,对沿海、内河货物运输规范再予系统明确。

当前,沿海货物运输与国际货物运输的差异已大幅缩减,已具备纳入第四章的基础,各方对此认识也趋于一致。但对于内河问题,在起草过程中,考虑到针对内河的单独立法在短期内难以实现,民法典编纂难以对国内水路货物运输作出具体规定的客观现实,海商法草案在2018年3月和11月的两次征求意见稿中将《海商法》全面扩大适用于内河运输和内河船舶。但两次均有不少反对意见,主要理由包括:(1)内河运输与海上运输,尤其是国际海上货物运输,在法律制度与管理体系上并不完全相融,各有特点,不宜将二者强行全面合并立法,仅可在个别事项上通过特别规定适用于内河。(2)立法技术难度大。现有《海商法》的制度内容仅部分可以适用于内河运输和内河船舶,在立法技术上极具挑战性,容易对现有《海商法》的整体结构和制度体系产生一系列负面影响。(3)对扩大至内河运输和内河船舶的基础性研究不够,论证尚不充分,对于可纳入《海商法》调整的内河和内河船舶的范围,以及扩大适用后对内河船舶及运输实践的影响缺乏研究,尚不具备立法的基本条件。

对此,从海商法的自体性来看,《海商法》是否可以扩大适用于内河运输和内河船舶的核心问题在于基于海上运输的特殊风险而演变形成的海商法各项制度对于内河运输和内河船舶的适用性。如果根本无法适用,或者需要在《海商法》中构建完全不同的一套规则来解决内河运输和内河船舶的调整需求,则出于《海商法》自身体系性的考虑,不宜纳入;如果在作出较小调整的情况下即可以适用,则在《海商法》修改中一并解决内河航运的实践诉求也未尝不可。需要考虑到的因素是,当前内河货物运输合同与沿海货运输合同适用相同的法律规则,因此,如果《海商法》确定将扩展调整沿海货物运输合同,则一并纳入调整内河货物运输合同并不会带来额外的负担。但对于内河船舶而言,由于海上旅客运输合同、海难救助、海事赔偿责任限制、共同海损甚至海上保险等制度在内河没有适用的基础或者不宜适用,[1]因此《海商法》不宜贸然调整内河船舶。在此基础上,现有的《海商法》修改建议案也采取了较为稳妥的选择,即仅将《海商法》扩展调整内河货物运输合同,而不扩展调整内河船舶。

需要进一步考虑的问题是,原有《国内水路货物运输规则》与《海商法》第四章在运输单证[2]、归责原则[3]以及单位赔偿责任限制[4]这三方面存在实质性的差异,在《海商法》扩展调整国内水路货物运输合同的情况下,是否可以进一步弥合这些方面的差异,使国内水路货物运输更好地与《海商法》的体系融合值得研究。其中,对于运输单证,目前国内水路货物运输实践确实使用的是运单而非提单,但正如当前我国国内相关贸易主体按照海运提单的规则和样式创制铁路提单,相关学者主张应当着力推广使用铁路提单,切实发挥铁路提单的物权凭证功用[5]一样,国内水路货物运输合同也未必没有运用提单的需求,提单的流通价值以及由此带来的融资便利对于通过国内水路运输的货物以及相关当事方来说同样

---

[1] 如有观点认为内河作为很多城市饮用水的水域,应该实行更为严格的责任制度,不宜引入海事赔偿责任限制制度;共同海损、海难救助的专业性和复杂性对于内河航运市场来说没有适用的基础,会导致当事人法律理解的困难以及法律实施成本的增加;而内河旅客运输存在渡口运输等多种形式,这些运输适用海上旅客运输合同的相关规定也存在不适用性。

[2] 国内水路货物运输使用运单,而国际海上货物运输以提单为主。

[3] 国内水路货物运输适用无过错责任制,而国际海上货物运输适用不完全过失责任制。

[4] 国内水路货物运输的承运人不享有单位赔偿责任限制的权利,而国际海上货物运输的承运人享有此种权利。

[5] 参见杨临萍:《"一带一路"背景下铁路提单与铁路运单的协同创新机制》,载《中国法学》2019 年第 6 期。

具有吸引力。因此应当探索提单在国内水路货物运输中适用的可能性。而对于归责原则和海事赔偿责任限制,虽然有观点认为赋予海上货物运输下承运人航海过失免责以及海事赔偿责任限制的特殊保护是基于海上特殊的风险,而沿海、内河面临的航行安全风险要低很多,因此不宜赋予沿海、内河承运人上述权利。但从另一角度出发,通过赋予沿海、内河承运人该种权利以激励其达到享受该种权利的条件也具有积极的价值,从而有助于解决国内水路货物运输,尤其是内河货物运输中经常出现的船舶不适航等可能导致承运人失去责任限制权力或者享受航海过失免责抗辩的问题。而且单纯从航行风险的角度出发,沿海、内河的航行密度更高,海域或者水域的地理复杂性也很显著,发生事故的风险性也不可低估。

当然,不可忽视的区别是,国际海上货物运输合同法律制度因其特殊的历史发展进程具有强制性特征,而且是对承运人滥用合同强势地位的单向限制,但国内水路货物运输合同不具有该种特殊的历史渊源:在计划经济时代,国内水路货物运输主要由国有大中型航运企业从事,实行统一运价,承运人滥用合同自由的现象并不突出;而在实行市场经济之后,由于取消运费统一定价,多数情况下承运人更关心运费问题,也很少通过合同自由免除自己的义务和责任,特别是在当前国内水路货物运输市场低迷,航运企业竞争激烈、生存困难的情况下,货方反而处于优势地位,很难出现承运人滥用合同自由的可能,因此国际海上货物运输与国内水路货物运输的立法逻辑存在根本区别。[1] 在此情形下,需要在立法技术上对这种差别做出应对。

---

〔1〕 参见侯伟:《关于将内河货物运输纳入〈海商法〉调整范围的立法建议》,载《中国海商法研究》2017 年第 3 期。

3."船员"章与《海上交通安全法》的协调问题

在《海商法》的修改中,"船员"章应当如何修改也引发了较多关注。部分观点认为本章现有规定以行政性质的规定为主,与《海商法》作为民商事法律的整体性质定位不符,应当进行大的调整,删除其中行政性质的规定。也有观点认为在现有规定的基础上,应当增加有关船员劳动合同以及权利义务保障的规定,并与我国加入的《2006年海事劳工公约》相衔接。笔者认为,从海商法的自体性视角出发,虽然"船员"章的修改无须过多考虑相关规定在性质上是否为民商事规定,但与正在修改中《海上交通安全法》之间如何保持协调却是必须要考虑的问题。尤其《海上交通安全法》是十三届全国人大常委会立法规划的一类立法项目,正常情况下其修改完成的时间肯定早于《海商法》,修改在后的《海商法》与之保持协调是法律体系协调性的必然要求。

为此,笔者结合所掌握的《海上交通安全法》的最新修改草案,对《海商法》"船员"章的条文与《海上交通安全法》(修改草案)的相关条文进行了梳理比照,如表2所示。

表2 《海商法》与《海上交通安全法》(修改草案)有关船员规定的重叠梳理

《海商法》"船员"章条文	《海上交通安全法》(修改草案)条文
第32条　船长、驾驶员、轮机长、轮机员、电机员、报务员,必须由持有相应适任证书的人担任。 第33条　从事国际航行的船舶的中国籍船员,必须持有中华人民共和国港务监督机构颁发的海员证和有关证书。	第12条第2款　中国籍船员应当依照有关船员管理的行政法规的规定向海事管理机构申请取得适任证书,并取得健康证明。 第4款　船员在船舶上工作,应当符合船员适任证书载明的船舶、航区、职务。

续表

《海商法》“船员”章条文	《海上交通安全法》（修改草案）条文
第35条　船长负责船舶的管理和驾驶。 船长在其职权范围内发布的命令，船员、旅客和其他在船人员都必须执行。 船长应当采取必要的措施，保护船舶和在船人员、文件、邮件、货物以及其他财产。	第37条　船长负责管理和指挥船舶。在保障海上生命安全、船舶保安和防治船舶污染方面，船长有权独立作出决定。 船长应当采取必要的措施，保护船舶、在船人员、船舶航行文件、货物以及其他财产的安全。船长在其职权范围内发布的命令，船员、乘客及其他在船人员应当执行。
第36条　为保障在船人员和船舶的安全，船长有权对在船上进行违法、犯罪活动的人采取禁闭或者其他必要措施，并防止其隐匿、毁灭、伪造证据。 船长采取前款措施，应当制作案情报告书，由船长和两名以上在船人员签字，连同人犯送交有关当局处理。	第38条　为了保障船舶和在船人员的安全，船长有权在职责范围内对在船上进行违法犯罪活动的人员采取禁闭或者其他必要的限制措施，并防止其隐匿、毁灭、伪造证据。 船长采取前款措施，应当制作案情报告书，由船长和两名以上在船人员签字。船舶抵达我国港口后，应及时将相关人员移送公安机关。
第38条　船舶发生海上事故，危及在船人员和财产的安全时，船长应当组织船员和其他在船人员尽力施救。在船舶的沉没、毁灭不可避免的情况下，船长可以作出弃船决定；但是，除紧急情况外，应当报经船舶所有人同意。 弃船时，船长必须采取一切措施，首先组织旅客安全离船，然后安排船员离船，船长应当最后离船。在离船前，船长应当指挥船员尽力抢救航海日志、机舱日志、油类记录簿、无线电台日志、本航次使用过的海图和文件，以及贵重物品、邮件和现金。	第72条　遇险的船舶、海上设施及其所有人、经营人或者管理人应当采取有效措施防止、减少生命财产损失和海洋环境污染。 船舶遇险时，乘客应当服从船长指挥，配合采取相关应急措施。乘客有权获知必要的险情信息。 船长决定弃船时，应当组织乘客、船员依次离船，并尽力抢救法定航行资料。船长应当最后离船。

续表

《海商法》“船员”章条文	《海上交通安全法》（修改草案）条文
第39条　船长管理船舶和驾驶船舶的责任，不因引航员引领船舶而解除。	第30条第3款　引航员引领船舶时，不解除船长指挥和管理船舶的责任。
第40条　船长在航行中死亡或者因故不能执行职务时，应当由驾驶员中职务最高的人代理船长职务；在下一个港口开航前，船舶所有人应当指派新船长接任。	第39条　船长在航行中死亡或者因故不能履行职责的，应当由驾驶员中职务最高的人代理船长职务；船舶在下一个港口开航前，其所有人、经营人或者管理人应当指派新船长接任。

显然，通过比照，我们可以发现《海商法》“船员”章中，只有第31条（船员定义）、第34条（船员任用和劳动方面权利、义务的法律适用）以及第37条（船长对死亡和遗嘱的证明职能）是《海上交通安全法》中没有涉及的。而在这三条中，《海商法》第34条又无实际意义，因为目前《海商法》中实际没有有关船员任用和劳动方面的权利、义务规定。

笔者认为，从法律协调性的角度出发，一旦《海上交通安全法》修改通过，《海商法》“船员”章的重复性规定就没有存在的必要。《海商法》修改应当将方向集中于《海上交通安全法》无法涵盖的领域，如将《船员条例》中有关船员劳动合同以及劳动保障的规定上升为法律，这既是征求意见过程中很多意见所呼吁的，也是使现行《海商法》第34条能够真正具有价值的选择。当然，在船员的劳动保障方面，目前的《海上交通安全法》（修改草案）也有部分条款涉及，如

第6条[1]、第13条[2]、第15条[3]等。因此《海商法》在增加这方面内容的时候，也需要结合《海上交通安全法》开展。

4. 自体性视角下海事惯例适用位阶的提升

海事惯例作为海运实践中人们经由长期适用和遵守而形成的一种行为规范对于航运主体具有相当的预期指引力和约束力——其为特定领域内的航运主体所熟知，已经形成了法律意义上的调整效力，且具有很强的社会适用力，可视为一种"活法"和"软法"。而且相比于一般法律，海事惯例直接来源长期反复的海商实践，是由航运主体基于航运活动的客观实际调试形成的，因而其更能体现航运当事方之间的利益平衡，更符合航运主体对海上特殊风险的认识

[1] 《海上交通安全法》(修改草案)第6条规定："国家依法保障船员的劳动安全和职业健康，保护船员的合法权益。"

[2] 《海上交通安全法》(修改草案)第13条规定："中国籍船舶的所有人、经营人或者管理人应当为其国际航行船舶向海事管理机构申请取得海事劳工证书。船舶取得海事劳工证书应当符合以下条件：

(一)所有人、经营人或者管理人依法招用船员，与其签订劳动合同，并为船舶配备符合要求的船员；

(二)船员在船舶上的工作环境、职业健康保障和安全防护、工作和休息时间、工资报酬、生活条件、医疗条件、社会保障等符合国家有关规定；

(三)所有人、经营人或者管理人已建立符合要求的船员投诉和处理程序；

(四)所有人、经营人或者管理人已就船员遣返费用以及在船就业期间伤害、疾病或死亡依法应当支付的费用提供相应的财务担保或者投保相应的保险。

海事管理机构商人力资源社会保障行政部门，按照各自职责对申请人及其船舶是否符合前款规定条件进行审核。经审核符合本法规定条件的，由海事管理机构颁发海事劳工证书；不符合本法规定条件的，海事管理机构应当告知申请人并说明理由。

海事劳工证书颁发及监督检查的具体办法由国务院交通运输主管部门会同国务院人力资源社会保障行政部门制定并公布。"

[3] 《海上交通安全法》(修改草案)第15条规定："国务院交通运输主管部门及其他有关部门、有关县级以上地方人民政府应当建立健全船员境外突发事件预警和应急处置机制，制定船员境外突发事件应急预案。

船员境外突发事件应急处置由船员派出单位所在地的省、自治区、直辖市人民政府负责，船员户籍所在地的省、自治区、直辖市人民政府予以配合。

中华人民共和国驻外国使馆、领馆和相关海事管理机构应当协助处置船员境外突发事件。"

和对海商传统的传承,更适应航运领域对调整规范所应当具有的价值取向和制度特性的期待。也正是基于此,各国海商法都将海事惯例作为一个重要的法源加以对待,甚至在某些领域,海事惯例就是最重要的法源。例如,1994 年《瑞典海商法》和 1994 年《挪威海商法》分别规定有关共同海损问题应分别遵循 1974 年和 1994 年的《约克—安特卫普规则》的规定。因此,海事惯例应该毫无疑问地被视为海商法的一项重要法源。正如学者所指出的,海商法的规定不仅包括明示的规定,也包括默示的规定;不仅包括在《海商法》278 个条款中,也包括在我国制定的单行海商法律法规、我国参加的海商法国际公约,以及我国承认的海事国际惯例中。[1]

然而,目前实践中对于能否将海事惯例置于优先于一般法适用的地位存在不同理解,这在理论上也是如此,并集中体现在对《海商法》第 268 条中“法律”一词的范围理解上。例如,司玉琢教授曾认为,对涉外海事案件而言,海事国际惯例只有在中国缔结或参加的国际条约、《海商法》和其他一般法,以及次于法律的海事法规都没有规定的情况下才得适用。[2] 与此相对,郭瑜副教授认为《海商法》第 268 条中对法律适用的规定,不是对中国法院应如何适用法律的一般性规定,该条所称中国法律或中国参加的国际条约,都应该是专指海商法方面的法律和条约;而所称的国际惯例,也应该是专指海商国际惯例。因此,对特定海商法问题,应该先用惯例,再用民法一般规定。海事国际惯例应该是海商法没有规定时就可以适

〔1〕 参见郭瑜:《海商法的精神——中国的实践和理论》,北京大学出版社 2005 年版,第 87 页。

〔2〕 司玉琢:《中华人民共和国海商法问答》,人民交通出版社 1993 年版,第 266 页。不过,在司玉琢教授于 2018 年出版的《海商法专论》(第四版)中,对此观点作出了修正,认为本条所指的法律应是《海商法》,而不是一般的民事法律。参见司玉琢:《海商法专论》,中国人民大学出版社 2018 年版,第 468 页。

用。〔1〕显然,郭瑜副教授对第268条"法律"进行了缩限解释,这使海事惯例可在一般法之前适用。对此,笔者认为,从正常文义解释的角度出发,前一种理解无疑更具合理性,但从发挥前述海事惯例所具有的特殊价值,不使海商法的特殊性在司法环节因一般法的轻易适用而遭到忽视的角度出发,后一种解释也具有价值。事实上,将特别法领域的惯例置于一般法之前优先适用是有例可循的。例如,《日本商法典》第1条第2款即规定:"关于商事活动,在本法未规定的事项遵照商习惯;无商习惯法的,适用民法规定。"也就是说,在日本,商习惯被视为比民法优先的商法法源,商事交易中形成的商习惯所具有的合理性及进步性获得了立法上的肯定。〔2〕类似地,我国学者也提出在商事关系的法律调整上,应将商事惯例视为比民法优先的商法法源,并建议在民法典总则中加入如下条款:"有关商人及商行为、商事关系的法律调整适用由其他法律、行政法规另行规定。其他法律、行政法规没有规定的,适用商事惯例,无商事惯例的,参照商法原则并类推适用本法有关规定。"〔3〕虽然该条文建议最终并未被采纳,但其体现的理念应当被重视。因此,可以考虑在未来我国《海商法》的修改应将前述第268条中的"法律"明确为"海商法"。同时,考虑到第268条只是在涉外法律关系中才能适用,可以进一步在总则中规定:"本法没有规定的,可以适用海事惯例,无海事惯例的,适用民法典等法律的规定。"〔4〕

(二)海法典编纂中海商法的自体性考量

除当前《海商法》修改中的自体性考量之外,海法典的编纂中海

〔1〕参见郭瑜:《海商法的精神——中国的实践和理论》,北京大学出版社2005年版,第87页。

〔2〕参见《日本最新商法典》,刘成杰译注,中国政法大学出版社2012年版,第8页。

〔3〕蒋大兴:《论民法典(民法总则)对商行为之调整——透视法观念、法技术与商行为之特殊性》,载《比较法研究》2015年第4期。

〔4〕曹兴国、初北平:《作为特别法的〈海商法〉的修改——制度体系、修法时机及规范设计》,载《政法论丛》2018年第1期。

商法自体性的价值与实现是本书在长远上关注的另一重点。

1.《海洋基本法》中海商法的体系诉求

根据《海洋基本法》的定位，其担负着从立法上明确我国海洋发展战略和基本方针，确定我国海洋开发、利用、保护和管理基本准则，并为其他涉海立法提供依据的任务，属于对我国涉海法律体系的顶层设计。因此，类似于民法典编纂过程中《民法总则》的先行制定一样，《海洋基本法》可视为我国海法典"总则"的先行制定。而海商法作为涉海法律的重要组成部分，自然也应纳入《海洋基本法》的顶层设计范围之内，因此，与海商法有关的内容在《海洋基本法》中的表述就成为海商法体系化完善的一部分。

笔者认为，有关海商法的内容在《海洋基本法》中的表述应当包括两部分：一是海运强国战略作为海洋基本政策在《海洋基本法》中的表达；二是有关海上运输业的立法内容在《海洋基本法》具体制度内容中的阐述。其中，就前者而言，海洋基本政策实际上是国家政策在海洋领域的宣示，其与《海洋基本法》具有功能的共同性、内容的一致性以及适用的互补性。将海洋基本政策作为《海洋基本法》立法内容的目的不仅在于使相关海洋战略政策以立法的形式固定，避免其因领导人的施政偏好或趋向转移而随意改变，而且还可以实现立法与政策的双向扶持，鼓励国民开发、利用和保护海洋。[1] 而海运强国作为《国务院关于促进海运业健康发展的若干意见》确立的国家战略，是国家在海洋强国大战略下的具体产业战略部署，是21世纪海上丝绸之路的重要内容和载体，体现了国家对作为海洋经济、贸易经济和国民经济重要支撑的海运业的重视和规划，应当属于我国海洋基本政策的重要内容。在此基础上，将海运强国战略纳入《海洋基本法》下的海洋基本政策部分无疑是符合客

---

〔1〕 参见李志文、马金星：《论我国海洋法立法》，载《社会科学》2014年第7期。

观实际的。就后者而言,虽然目前学者对于《海洋基本法》应当涵盖的制度内容观点不一,[1]且海上运输法律制度通常也不作为独立的一项制度内容被规划,但海上运输毕竟是当前海洋经济开发中最为重要的方式之一,有关海上运输的法律制度在涉海法律中所占的比重也最为显著,而且"民事关系的发展必然会带来海洋经济繁荣,这正是国家行使主权,正确处理海洋关系和行政机关进行行政管理所期待的终极目的",[2]因此,有关海上运输的制度内容应在《海洋基本法》中加以体现,否则,《海洋基本法》统筹涉海法律的目的将无法实现。鉴于此,无论是以《海洋基本法》下独立于其他制度的一级子内容之一出现,还是作为海洋经济可持续发展法律制度或者海洋资源开发法律制度下的二级子内容,有关海上运输的一些基本制度设计、立法价值取向或法律原则应当在《海洋基本法》中得到体现。例如,国家对航运市场监督管理机制的总体规划、对船员职业的政策鼓励、对海上运输安全保障机制的总体设计、对海上经济主体利益的平等保护原则等。

2. 海法典的体系结构与海商法的自体性

如果说《海洋基本法》的制定将为未来海法典的"总则"奠定基础的话,如何编排海法典分则的体系则是接下来必须回答,并极具挑战的问题。笔者认为,为防止部门法的思维在海法典体系中的

---

〔1〕 例如,有学者认为《海洋基本法》的具体内容包括海洋划界法律原则、海洋经济可持续发展法律制度、海上执法法律制度、海洋资源开发与环境保护法律制度、海洋文化法律制度、国际海洋事务参与制度这几部分,有的认为应当包括海洋基本政策、海洋管理体制、海上执法力量、海洋安全和我国在管辖外海域海洋权益这几部分,还有的认为应当包括立法目的、海洋基本方针政策、海洋综合管理和实施我国海洋基本政策的措施以及应当进行说明的问题这些内容。参见马明飞:《我国〈海洋基本法〉立法的若干问题探讨》,载《江苏社会科学》2016 年第 5 期;李志文、马金星:《论我国海洋法立法》,载《社会科学》2014 年第 7 期;于宜法、马英杰、薛桂芳、郭院:《制定〈海洋基本法〉初探》,载《东岳论丛》2010 年第 8 期。

〔2〕 易传剑:《我国海洋法律体系的重构——以海权为中心》,载《广东海洋大学学报》2010 年第 2 期。

“割据”,海法典的体系不能按照现有法律部门的构建方式将相应的涉海法律分类归入海上国际法(海洋法)、海上民商法(海商法)、海事行政法、海上刑法、海上劳动法、海洋资源与环境保护法、海事诉讼法学、海上经济法学、海上军事法中,并以此作为海法典的体系结构,而应按照这些涉海法律服务的领域和实现的功能将这些涉海法律有机地整合进海法典的体系中,以实现海法典对涉海法律进一步体系化完善的价值。具体而言,海法典的体系可以尝试按照四编的体例结构加以构建,分别为:

第一编 总则(海洋基本法)

第二编 海洋法

第三编 海商法(广义)

第四编 海洋资源开发利用与环境保护法

其中,第一编“总则”以《海洋基本法》为基础,统摄整部海法典,也是关于我国涉海事务的整体性、宏观性制度安排,特别是我国的海洋基本政策以及海洋管理、海洋资源开发利用、海上执法、海洋安全、海洋国际事务等基础体制制度的确立应当在本部分中加以明确。

第二编“海洋法”以涉海国际法为主要涵盖对象,包括海域制度(内水、领海、毗连区、专属经济区、大陆架、群岛水域、用于国际航行的海峡、公海、国际海底区域)、海洋争端的解决、海上战争法等。[1]

第三编“海商法”以海商海事法律为涵盖对象,可以整合目前《海商法》、《海上交通安全法》、《海事诉讼特别程序法》以及未来《航运法》的制度内容,形成一个系统调整海上运输活动的法律领域。

第四编“海洋资源开发利用与环境保护法”以海洋资源的开发、

[1] 通常而言,国际法层面的海洋环境保护也是海洋法研究的重要领域之一,但这部分可整合归入第四编中。

利用以及海洋环境保护的相关法律为涵盖对象，可以整合目前《港口法》《渔业法》《海岛保护法》《海域使用管理法》《海洋环境保护法》等的相关法律制度。

显然，上述第三编的内容在很大程度上即是本书所称的广义上的海商法。[1] 按此结构体例设计，结合本书第二章对自体性视角下海商法制度体系的论述，本编的具体内容可整合成如下部分：

第一章 一般规定
第二章 航运市场监督与管理
第三章 船舶
第四章 船员
第五章 海上交通安全监督、管理与保障
第六章 海上航行、停泊与作业
第七章 海上货物运输合同
第八章 海上旅客运输合同
第九章 海上货物与旅客运输安全
第十章 租船合同
第十一章 海上拖航合同
第十二章 船舶碰撞
第十三章 海难救助
第十四章 海上搜寻与救助
第十五章 共同海损
第十六章 强制打捞与清除
第十七章 船舶污染损害赔偿
第十八章 海上事故调查与处理
第十九章 海上保险合同

---

[1] 当然，与海上运输有关的部分海洋环境保护法律制度，可以考虑整合到第四编中。

第二十章 诉讼时效

第二十一章 涉外法律关系的法律适用

第二十二章 海事诉讼特别程序

同时，对于海法典的整个体系，需要说明的是，在上述各编中，将综合涵盖各法律部门性质的法律规范，是制度规范在便于理解、便于查找的基础上呈现一定的"混合性"，不再在每一编或者每一章中刻意强调实体与程序的必然分割，以及行政、刑事以及民事规范的必然分离。如海上刑法的相关内容可视与其他制度的关联性分置于第二到四编中，例如，海盗罪可置于第二编的相关章节中，海上交通肇事罪可置于第三编中，与环境污染相关的犯罪可置于第四编。再如，第三编中有关海事诉讼特别程序的规定可以现行《海事诉讼特别程序法》为基础，但不必然限定于民事诉讼法的特别法的定位，在海事法院推行"三审合一"改革的背景下，对于第二编、第四编相关内容中有特别程序法要求，也可在本章中一并作出规定，即海事诉讼特别程序的内容应适应海法一体化的需要。

此外，在海法典的内容体系构建中，还必须注意部分法律制度原有调整范围中的"非涉海"部分。例如，根据《渔业法》第 2 条的规定，《渔业法》调整在中华人民共和国内水、滩涂、领海、专属经济区以及中华人民共和国管辖的一切其他海域的渔业生产活动。显然，《渔业法》调整的渔业生产活动范围并不局限于海上，这就带来如何处理《渔业法》与海法典的调整范围的协调问题：海法典是否能全盘吸收《渔业法》的调整范围？如果不能，则有关海上渔业资源开发、利用、保护等相关的法律制度是独立于海法典之外，还是将《渔业法》的内容或调整对象进行拆分整合进海法典？对此，笔者认为，基于法律稳定性以及法律实施统一性的需要，将现有《渔业法》的调整范围或者内容进行拆分的方法并不可取，这并非海法典将涉海法律体系化的本意，因为涉海法律的体系化也需要考虑陆海统筹、涉海法律与非涉海法律的协调统一性等需求。在此基础上,我们可以考虑以下两个思路:第一,如同《海商法》可以考虑适当扩展内河货物运输合同一样,基于法律传统和法律实施延续性的需要,在海法典的体系下适当涵盖与涉海法律制度具有统一适用基础、密切相关的非涉海法律内容并非不可接受,可以将现有《渔业法》的体系整体平移至海法典中;第二,出于维持《渔业法》现有调整范围以及实施机制的考虑,可以保留《渔业法》在海法典之外的独立地位,在海法典中设立援引条款,将海上渔业的相关法律规定指向《渔业法》。

第三节　自体性视角下我国海事司法的完善

"法律体系不仅是静态的法律整体,而且必须是以动态存在和运行的法律整体",[1]"在法律制定并颁布实施后,面对丰富多彩、千变万化的实践,一味地依赖立法的面面俱到、完备齐全显然是一厢情愿"。[2] 海事司法作为海商法的动态运行机制,不仅担负着保障海商法的特殊性在司法层面得到充分实现的任务,而且其通过大量、具体的法律适用工作对于发现海商法的盲点和不当之处具有独特的作用,能为海商法的发展提供动态的、微观向度的系统支撑。因此,海事司法对于我国海商法发展的重要性毋庸置疑,海事司法的配套建设也应贯彻和运用自体性理论。

结合前述自体性视角下我国海事司法面临的问题,我国海事司法的完善主要包括海事案件管辖制度的一体化建设和"用尽海商

[1] 钱大军、马新福:《法律体系的重释——兼对我国既有法律体系理论的初步反思》,载《吉林大学社会科学学报》2007 年第 2 期。

[2] 刘仲屹:《司法实践对我国立法完善的必要性分析——以司法实践与立法完善的关系为视角》,载《比较法研究》2016 年第 2 期。

法"理念的贯彻两方面。

一、海事案件管辖制度的一体化改革

与海商法自体性理论相配套,海事案件的管辖制度也应进行一体化建设——对海事刑事案件的管辖制度进行改革,使其与涉海民事、行政案件一起统归海事法院专属管辖。对于改革海事刑事案件的管辖制度,使其统归海事法院管辖的想法,学术界已有一定的认识基础,"在全面推进依法治国、建设'21世纪海上丝绸之路'的政治背景下,强化国家对海洋的管控能力、赋予海事法院刑事审判权是历史的必然选择";[1]"海商法规范的自成一体性和关联性特性,为海事司法管辖'三审合一'提供了法律上的支撑。伴随海上活动的多元化,恰逢'一带一路'、海洋强国战略之实施,扩大海事司法管辖,逐步实现'三审合一'是海事司法改革难得的历史机遇"。[2]而最高人民法院院长周强在2014年9月2日举行的"'发挥海事司法职能、服务保障国家海洋战略'暨中国海事审判三十年座谈会"上也曾明确指出:"要进一步完善海事法院管辖制度,积极探索将相关海事行政、海事执行案件和其他涉海民事、刑事案件统一纳入海事法院专门管辖范围的新模式。"

(一)海事刑事案件专门管辖的意义与可行性

将海事刑事案件纳入海事法院的专门管辖确有其积极意义:

1. 将海事刑事案件纳入海事法院的管辖范围有助于解决前文提及的海事审判的脱节问题,优化海事司法的资源配置。将海事刑事案件纳入海事法院的管辖范围之后将形成所有海事案件统归海事法院管辖的管辖机制,由此,基于同一海事行为引发的关联案件

---

〔1〕 赵微:《赋予海事法院刑事审判权之正当性分析》,载《法治研究》2015年第1期。

〔2〕 司玉琢:《保障海洋发展战略 改革完善中国特色的海事司法管辖制度》,载《中国海商法研究》2015年第2期。

可以由同一法院审理,甚至可尝试推广关联案件的“三审合一”审判模式——在由海事法院统一管辖海事民事、行政、刑事案件的基础上,如果某一案件同时涉及民事、行政或刑事内容,则可以成立由民事、行政、刑事法官共同组成的合议庭对案件进行综合审理。〔1〕如此一来,不仅可以免去重复认定案件事实和协调使用证据的诉累,还可以为关联案件的审判创造良好的沟通机制,大大降低冲突判决发生的可能性,并为海事法院与相应的公安、检察机关建立长效的协调衔接机制提供制度上的纽带。同时,这种做法对优化海事司法资源配置亦具有积极意义。我们知道,海事案件专业性、国际性强的特点决定了办案法官在掌握相关基础法律知识的基础上,还应熟悉必要的航运专业知识以及相关的国际条约、国际惯例甚至是航运规则。由于海事刑事案件数量相对较少的客观情况,海事刑事案件在一般地方法院只是法官的“副业”——这些法官在繁重的审判任务压力下不仅没有时间和精力投入到对海洋专业知识的学习和研究中,而且“很多地方法院的法官从未涉及海运事务,对很多技术性问题无法弄清,很多航运术语闻所未闻,甚至出现了律师为法官‘讲课’、法官现学现用予以判案的情况”。〔2〕因此,考虑到不可能在各地方法院培养和配备专业海事法官的现实,由海事法院统一管辖海事刑事案件可以给海事刑事案件创造一个专业审判的平台,在节省司法成本和保障审判专业性之间达到最佳的平衡。

2. 将海事刑事案件纳入海事法院的专门管辖与海商法体系化的需求相符。虽然在大陆法系,传统认为司法的基本任务是适用法律而非创制法律,但不可否认的是司法对法律的发展起着举足轻重的作用。如学者所说,“司法通过作用于法律体系的微观向度、调适

〔1〕这种审判模式在知识产权审判领域已经存在试点。

〔2〕吴南伟、熊绍辉、彭林:《海事法院受理海事行政案件必要性问题研究》,载《法律适用》2007年第12期。

过程,通过作用于法与社会联系之构建和成文法固有局限之克服来完善法律体系”。[1] 海事司法的专门化和专业化对于发展海商法具有重要的意义,而海事法院对各种类型的海事案件实行统一专门管辖则对于促进海商法各部分内容的均衡发展至关重要。所以,将海事刑事案件归由海事法院统一管辖可以集中原本分散的海事刑事司法资源,统一培训具有海事专业知识的刑事法官,并通过对海事刑事案件的专业化和集中化审理形成审判的规模化效应,使海商法中刑事规范的不足更容易在相对集中的管辖中被发现,从而为刑事规范的完善争取更多司法层面的支撑。从这个角度讲,将海事刑事案件纳入海事法院的专门管辖对于保障和促进海商法的体系化完善具有积极意义。

3. 将海事刑事案件纳入海事法院的专门管辖对于强化海事司法在维护国家海洋权益方面的职能亦具有积极价值。海洋维权已经成为我国全面推进海洋事业的核心问题之一,而司法权(司法主权)是国家主权的重要组成部分,其与国家主权之间存在密不可分的关系:国家主权是行使司法权或者享有司法主权的前提,而司法权的行使是一国对特定区域进行了有效管理和控制的重要表现形式,构成一国对特定区域行使主权权利的重要证据。虽然当前对争议海域进行司法管辖很难在相关国家的抗议下直接形成对该海洋区域享有海洋权利的证明效力,但相比于其他宣示海洋权利的措施(如实际占有、军事巡航等),行使司法管辖权是相对来说成本较低的一种方式,对行使国来说基本是有益无害的。而在所有案件类型的司法中,刑事司法对维护海洋权益的价值无疑是最显著的:一方面,通过刑事制裁可以直接有效打击别国公民或组织侵犯我国海洋权益的行为,直接起到维护我国海洋权益的作用;另一方面,相比于

[1] 江必新:《司法对法律体系的完善》,载《法学研究》2012 年第 1 期。

民事、行政案件需要民事主体主动提起不同，刑事案件中检察院的起诉行为更能服务和配合国家利益的需要。不过，从当前的现状来看，我们看到的更多是外国法院在这方面的作为，例如，仅在南海区域，据原农业部南海区渔政局不完全统计，1989 年至 2010 年周边国家在南海海域袭击、抓扣、枪杀我渔船渔民事件达 380 多宗，涉及渔船 750 多艘、渔民 11,300 人，其中 800 多名渔民被判刑。[1] 而我国在这方面显然要逊色很多，这一方面与我国海事执法中长期以来"以罚代刑"的做法相关，另一方面也与海事刑事司法不受重视相关。对此，2016 年 8 月 1 日最高人民法院公布了《最高人民法院关于审理发生在我国管辖海域相关案件若干问题的规定(一)》和《最高人民法院关于审理发生在我国管辖海域相关案件若干问题的规定(二)》两个司法解释，其中，刑法在我国管辖海域适用的若干问题成为重要内容，这无疑透露出我国法院希望通过刑事司法维护我国海洋权益的决心。而且如最高人民法院有关负责人在对这两个司法解释的综合性特点的概括中所指出的，"涉海法律问题本身相互关联交叉，把涉海刑事、行政、民事规定在一个司法解释中，有助于综合理解与适用"，[2] 将海事刑事案件统归海事法院管辖无疑有助于提升海事刑事案件的受重视程度，更有利于发挥刑事司法在海洋维权中的作用。

在上述必要性的基础上，将海事刑事案件纳入海事法院的专门管辖亦具有现实的可行性。

首先，海事法院的现有条件能够并适于接收对海事刑事案件的管辖权。在司法资源有限的情况下，改革所需投入的人力、物力是

---

[1] 参见童伟华：《南海海域刑事管辖问题研究》，载《河南财经政法大学学报》2013 年第 3 期。

[2] 罗书臻：《依法积极行使海上司法管辖权　统一涉海案件裁判尺度——最高法院有关负责人就〈关于审理发生在我国管辖海域相关案件若干问题的规定〉答记者问》，载《人民法院报》2016 年 8 月 2 日，第 2 版。

否合理是衡量改革方案可行性的重要方面。对此,海事法院经过30年发展所形成的基础能将接手海事刑事案件管辖权所需追加投入的司法资源控制在合理的范围内:一方面,海事法院现有的机构体系(全国10个海事法院,39个海事派出法庭)已经能够涵盖绝大部分可能发生海事案件的地域,由海事法院管辖刑事案件不会造成这些案件的审理困难或极大不经济。而且考虑到海事刑事案件所具有的流动性、异地性特点,海事刑事案件的侦查同样具有跨行政区域、大范围、协商和指定性等特点,正好与我国海事法院所具有的跨行政区划、以海域划分管辖区域的特色相匹配。[1] 另一方面,海事法院的人才储备能够满足审判职能扩张的需要。据统计,截至2013年年底,全国从事海事审判的法官共570人,其中90%以上具有硕士、博士学位。[2] 这些法官经过适当培训之后完全有能力胜任海事刑事案件的审理工作。因此,将海事刑事案件的管辖纳入海事法院的管辖改革并不是一个从无到有的方案,其不仅建立在现成、可观的司法资源基础上,也与海事法院的地域管辖特点相契合。

其次,知识产权的"三审合一"改革可为海事刑事司法纳入海事法院管辖,实现海事司法领域的"三审合一"提供经验借鉴。根据最高人民法院的统计,截至2013年年底,全国共有7个高级人民法院、79个中级人民法院和71个基层人民法院开展了"三合一"的试点工作。[3] 考虑到海事案件与知识产权案件在案件特点上的相似

[1] 参见马方:《国家海洋战略背景下涉海刑事案件专门管辖的几点思考》,载《人民法院报》2016年1月27日,第5版。

[2] 《〈中国海事审判白皮书〉(1984—2014)(摘要)》,载《人民法院报》2014年9月4日,第4版。

[3] 参见易继明:《为什么要设立知识产权法院》,载《人民法院报》2014年6月18日,第4版。

性[1]以及推行集中管辖制度目的的一致性[2]，知识产权领域“三审合一”的改革经验可为海事司法的“三审合一”提供经验积累。例如，在知识产权的“三审合一”改革中，相关公、检、法部门分工协调和系统推进的缺失使知识产权案件集中管辖的目标无法完全实现：“有些基层法院不执行知识产权行政案件集中管辖的规定，受理了相关案件不主动移送审理；有不少知识产权刑事犯罪装进了‘非法经营罪’的大口袋，将本属知识产权刑事案件的混入了一般刑事案件（如侵犯著作权罪），使改革实施方案的质量大打折扣；有些基层法院受理了知识产权刑事案件后不主动移送；有些知识产权行政执法机关存在地方保护的狭隘想法，不支持受理法院移送案件。”[3]这使我们认识到海事刑事案件管辖制度的改革也必须要做好各地公、检、法的分工协调和系统推进。再如，知识产权的“三审合一”改革最初走的是一条自下而上的道路，即由基层法院基于审判现实的需要而自发摸索的一种制度创新。[4] 这种“自下而上”的改革路径给改革带来了多元化的实践经验，但改革的自发性以及改革主体和改革方案的非统一性也带来了负面效应——“各地知识产权审判组织及其审判模式的差异既不利于诉讼当事人的诉讼方便，更使诉讼管辖、诉讼程序及其内容存在相当的差异，这对保证知识产权案件审判的统一、维护知识产权司法救济的权威相当

[1] 两者都呈现法律问题与技术问题呈现高度融合的特征，使集中管辖和专门管辖更有利于提高案件审判的质量，保障案件审判的统一。

[2] 两者的改革目的都是为了通过“三审合一”的改革措施优化整合该领域的审判资源，解决三审分立情况下案件审理的脱节以及由此带来的裁判冲突，为海洋战略（知识产权战略）的实施提供一体化的司法保障。

[3] 易玲：《知识产权三审合一的“合”与“分”——兼谈日本知识产权专门化审判模式及我国的路径选择》，载《政治与法律》2011 年第 11 期。

[4] 目前公认最早开始“三审合一”的是上海浦东法院，早在 1996 年，其就开始使用这一模式审理知识产权案件，并被称为“浦东模式”。此后，其他地方法院也陆续开展知识产权的“三审合一”模式创新，并由此形成了“武汉模式”“西安模式”“重庆模式”等不同的改革模式。

不利”。[1]对海事司法来说,该种经验同样值得吸收:海事刑事案件管辖制度的改革应由最高人民法院主导,虽然前期可以选择若干海事法院进行试点,但改革的整体方案设计和路径规划应由最高人民法院居中掌控,统一实施。

(二)海事法院刑事司法第一案的检验与启示[2]

2017年8月21日,宁波海事法院对宁波市人民检察院指控被告人艾伦·门多萨·塔布雷犯交通肇事罪一案[3](以下简称本案)作出宣判,以交通肇事罪判处被告人有期徒刑3年6个月。作为海事法院历史上审理的第一个刑事案件,本案的宣判标志着海事法院的案件管辖改革又迈出了坚实的一步。当然,本案的意义绝不仅限于作为海事法院首次管辖海事刑事案件的宣示效应,其背后更值得我们关注的问题是:从本案的首次尝试来看,海事法院管辖海事刑事案件是否实现了其改革初衷?如果本案验证了改革方向的正确性,则未来海事法院管辖海事刑事案件的常态化机制应当如何构建,将面临哪些挑战?

首先,充分发挥海事法院专业优势的改革初衷在本案的审理中得到了较好的验证。本案的审理也很好地验证了这一初衷:本案涉及的海上交通肇事罪是海事领域最常见的犯罪之一,法官综合了海面起雾、能见度不良、渔区航行等航行条件,认定被告人在驾驶中未保持正规瞭望,未能对当时局面和碰撞危险作出充分估计,未在安全航速下行驶,未及早采取有效的避让行动,未采取有效的雾航措施,违反了《国际海上避碰规则》以及我国《海上交通安全法》的相关规定,对事故负有主要责任。事故发生后,被告人未能及时救助

〔1〕 张晓薇:《知识产权“三审合一”改革的审视与反思》,载《知识产权》2013年第6期。
〔2〕 以下内容亦可参见本人拙作,曹兴国:《海事刑事案件管辖改革与涉海刑事立法完善——基于海事法院刑事司法第一案展开》,载《中国海商法研究》2017年第3期。
〔3〕 (2017)浙72刑初1号。

被撞船舶和人员，造成严重后果，违反了我国参加的《1910年统一船舶碰撞若干法律规定的国际公约》和《海商法》关于施救义务的规定。[1] 上述裁判体现了法官对海域（航区）特性、海况、船舶设备、船员专业技能、国际海事规则以及国内海事法律等的综合掌握，凸显了由海事法院审理海事刑事案件的专业优势。

其次，保障相互关联交叉、不同性质的海事案件得到统一、高效司法裁判的改革初衷，也通过本案的审理得到了验证。在本案中，本案被告人的行为除了引发民事诉讼外，还引发了本案的刑事诉讼。本案涉及两项民事诉讼：被害人家属对被告人及其船舶所有人提起的海上人身伤亡损害赔偿之诉，以及"鲁荣渔58398"轮[2]船舶所有人对被告人及其船舶所有人提起的船舶碰撞损害赔偿之诉；一项刑事诉讼：宁波市中级人民检察院对被告联合提起的刑事诉讼。这些关联诉讼虽然诉讼请求不一，却存在不少重合之处，例如，民事诉讼中对侵权行为的过错认定与刑事诉讼中对犯罪行为违法性的认定存在紧密联系，民事诉讼中有关损失金额的确定亦与作为确定量刑幅度因素之一的犯罪后果（造成的财产损失）存在联系。因此，需要防止出现的裁判冲突是，民事诉讼中对是否存在过错或过错程度的认定与刑事诉讼中认定的不同，民事诉讼中对损失金额的认定与刑事诉讼中的认定存在显著差距。而在原来海事刑事案件与海事民事案件分离管辖的机制下，这种潜在裁判冲突缺乏必要的预防机制。但在海事法院管辖刑事案件后，上述问题将不复存在——在海事法院内部，相关关联案件的审判可以无缝衔接，这不仅可以大大降低冲突判决发生的可能性，而且还可以免去重复认定案件事实、协调使用证据、被迫中止诉讼程序等的诉累，提升司法裁

[1] 《1910年公约》第8条，《海商法》第166条第1款规定：船舶发生碰撞，当事船舶的船长在不严重危及本船和船上人员安全的情况下，对于相碰撞的船舶和船上人员必须尽力施救。

[2] 系本案中被被告人驾驶的船舶撞沉的船舶。

判效率。

最后，本案在海事领域受到的高度关注表明彰显司法权威，遏制海上犯罪的管辖改革初衷也可以得到实现。刑法及刑事司法所具有的震慑和警示功能是其他法律和其他类型的司法所无法比拟和取代的。海事刑事司法在海事法院的管辖下之所以可以提升受重视程度，主要基于两方面的原因：一是航运业界和涉海相关实务部门对海事法院的审判活动比较关注，在海事法官、海事律师、海事法律学者等的共同推动下，海事法院审理海事刑事案件的相关情况能够快速在业界得到广泛关注；二是海事法院在司法透明度的建设方面走在全国法院系统的前列，在审判情况的公开、宣传上较为积极，能够有效将案件的裁判宗旨传递给国内外媒体和公众。以本案的审理法院——宁波海事法院为例，宁波海事法院自 2012 年起每年都会发布年度海事审判白皮书，2016 年更是首次以中英文对照本的形式向社会发布海事司法报告，并通过法院门户网站用英语视频同时发布白皮书内容。[1] 在本案的审理中，相关审判情况从开庭到宣判，都是公开的并及时地进行宣传，得到了业界的广泛关注。有理由相信，本案的审判和宣传对于维护我国海域航行安全和航行秩序，遏制违反海上交通安全规则的犯罪行为，乃至对维护我国海洋权益，都具有重要的警示作用。

当然，本案作为海事法院管辖海事刑事案件的首次尝试，仅仅是海事法院管辖海事刑事案件改革的开始，对改革初衷的验证也仅是初步的。然而就首个案件所呈现的效果，我们有理由推动这一尝试继续深入地开展下去，不断积累总结经验，进而迈向海事法院管辖海事刑事案件常态化机制的形成。同时，由于宁波海事法院是首次试点审理海事刑事案件，无先例可借鉴，很多程序、做法都带有临

---

[1] 参见《宁波海事法院首发中英文审判白皮书》，载浙江法院新闻网：http://www.zjcourt.cn/art/2017/4/21/art_3_11213.html，2019 年 11 月 25 日最后访问。

时性。为此,如何构建海事法院管辖海事刑事案件的常态化机制问题应被提上议程,这既是确保后续试点工作平稳有序推进的需求,也是总结先期试点经验,为日后扩大试点范围,甚至是转试点为普遍应用做准备的要求。为此,结合笔者调研、了解的本案情况,以下尝试就构建常态化机制面临的以下三方面挑战进行梳理和思考。

1. 海事刑事案件的内涵和范围界定

构建海事法院管辖海事刑事案件的常态化机制首先面临的挑战是如何界定海事刑事案件的内涵和范围,这是未来避免海事法院和地方法院管辖冲突的前提。虽然本案涉及的海上交通肇事案件属于海事刑事案件这一前提不致存在争议,但不可否认的是,因涉海刑事立法和刑事司法长期以来缺乏关注,"海事刑事案件"概念目前在实务界和理论界尚未达成广泛共识。[1] 虽然有观点认为"海事犯罪行为是指与海事活动相关的、危害有关海上运输的各种海事关系和秩序以及相关联的其他社会关系和秩序的,为国际条约规范和国内刑法所禁止的、应当承担刑事责任接受处罚的行为";[2] 海事犯罪涉及的罪名大致可以分为船员渎职类犯罪,[3] 海事诈骗类犯罪,[4] 危害海上航行安全类犯罪,[5] 破坏海上航行设施类犯罪[6] 以及海上走私、毒品、偷渡及非法运输特定物品类犯罪。[7] 但上述观点毕竟只是学术层面的初步讨论,并未经过深入的论

[1] 参见张文广:《海事刑事案件应"试点先行"》,载光明网:http://legal. gmw. cn/2017-06/06/content_24712401. htm,2019 年 11 月 25 日最后访问。

[2] 张颉:《海事法院享有刑事管辖权之必要性探析》,载天津海事法院网:http://tjhsfy. chinacourt. org/article/detail/2016/12/id/2391557. shtml,2019 年 11 月 25 日最后访问。

[3] 主要包括船舶非法悬挂国旗航行罪、海上交通肇事罪、船长见危不救罪、海上重大责任事故罪等。

[4] 主要包括信用证诈骗罪、合同诈骗罪、保险诈骗罪等。

[5] 主要包括海上恐怖罪、海盗罪、劫持船舶罪、破坏海上交通设施罪等。

[6] 主要包括破坏海底电缆和管道罪、危及大陆架固定平台安全罪。

[7] 参见朴哲雄:《海事犯罪及其刑事管辖权问题研究》,大连海事大学 2003 年硕士学位论文,第 6~8 页。

证,其全面性和合理性值得推敲。例如,在全面性上,上述分类并未涵盖实务中常见的非法渔业捕捞等犯罪行为;在合理性上,将前述第四类犯罪概括为破坏海上航行设施类犯罪显然不妥,而且前述所列的海事诈骗犯罪虽涉及海事要素,但相关的诈骗行为和结果可能都发生于陆地上,其与海事的联系并不显著,如信用证诈骗与其说是海事诈骗,不如说是贸易诈骗更为合适。因此,海事法院管辖海事刑事案件常态化机制的构建必须首先调研和总结海事刑事案件的范围和种类,确定明确的管辖范围和标准。

而在界定海事法院管辖的刑事案件范围的过程中,有两个问题值得讨论:一是海事法院管辖所有发生于海上的刑事案件,还是仅管辖具有海上特殊性的刑事案件;二是对于某些兼具陆上和海上要素的犯罪行为,海事法院是否管辖。其中,就前一个问题而言,典型的例子是对于发生于船上的船员斗殴、故意伤害等犯罪行为(这类犯罪行为与发生在陆地上的斗殴、故意伤害等并无本质区别),是否由海事法院管辖?而就后一个问题而言,典型的例子是对于陆源污染造成的海洋环境污染(犯罪行为和犯罪结果发生的地点并不都在海上),是否也由海事法院管辖。笔者认为,就前一个问题,宜逐步将所有发生于海上的刑事案件交由海事法院管辖。确立这一刑事管辖目标的出发点在于:首先,从历史的视角出发,基于属人和属地管辖原则,在有刑事案件管辖权的海事法院中,通常管辖所有发生于本国具有司法管辖权的海上或船上的所有刑事案件,而不区分案件的性质。例如,英国海事法院在历史上就曾管辖所有发生于海上的,涉及英国籍船舶的刑事案件以及发生于非属于其他国家管辖范围的英国沿海的刑事案件。[1] 其次,无论犯罪行为本身是否具有海上特殊性,但对于发生于海上的案件,海域性质的多样性仍会带

〔1〕 See High Court of Admiralty, https://www.britannica.com/topic/High-Court-of-Admiralty,2019 年 11 月 25 日最后访问。

来管辖权方面的特殊性。具体而言,根据《联合国海洋法公约》,国家对不同性质海域所享有的管辖权是不同的。对于领海,除无害通过权外,国家对其上进行的活动具有充分、完整的管辖权;而对于毗连区,国家在这一区域的管辖权仅限于防止和惩治违反其海关、财政、移民或卫生的法律和规章的行为;至于专属经济区和大陆架内,沿海国的管辖权仅限于自然资源;此外,沿海国对大陆架上的人工岛屿、设施和结构的建造和使用,对为一切目的在大陆架上进行的钻探,对大陆架上的海洋科学研究以及海底电缆和管道的铺设享有专属管辖权。[1] 国家在不同性质海域所享有的管辖权的不同决定了其司法管辖权的权限亦不同。同时,在具有高度涉外性的海上运输领域,各国间的管辖权重叠和冲突时有发生,如近几年引起意大利和印度两国激烈对抗的 Enrica Lexie 案,即体现了海事刑事案件中管辖权重叠和冲突可能带来的争议。[2] 因此,前述管辖权上的海上特殊性使得海事法院管辖所有发生于海上的刑事案件更为合理,可以充分发挥海事法院在判断海事管辖权方面的专业性。再次,海上的刑事案件一般都由海警负责侦查,[3] 而海警在侦查过程中并不需要区分案件是否具有海上特殊性,因此如果在管辖环节设

---

〔1〕 参见高智华:《论实施国家海洋管辖权的若干国际法问题》,载《东南学术》2009 年第 3 期。

〔2〕 在该案中,Enrica Lexie 轮是意大利人所有的一艘油轮,其在经过距离印度海岸线 20.5 海里的海域时与一艘印度渔船相撞。由于事涉海域是海盗高危区域,Enrica Lexie 轮上的武装保安(私人)误以为是海盗袭击而向渔船开火,导致两名印度渔民身亡。印度认为其作为沿海国对本案具有管辖权,而意大利也基于船旗国的专属管辖认为对本案享有管辖权。在长时间交涉无果后,两国就该管辖权的争议提交《联合国海洋法公约》附件 7 仲裁。目前仲裁庭只是作出了两国中止司法程序,不得采取新的司法措施的临时裁定,实体争议仍在审理中。

〔3〕 2007 年颁布的《最高人民法院、最高人民检察院、公安部关于办理海上发生的违法犯罪案件有关问题的通知》第 3 条规定:海上发生的刑事案件,由犯罪行为发生海域海警支队管辖;如果由犯罪嫌疑人居住地或者主要犯罪行为发生地公安机关管辖更为适宜的,可以由犯罪嫌疑人居住地或者主要犯罪行为发生地的公安机关管辖;对管辖有争议或者情况特殊的刑事案件,可报请上级公安机关指定管辖。

置这样的条件,会增加海警在移送过程中的工作量,毕竟是否具有海上特殊性并不是一个十分容易界定和区分的问题。最后,出于减轻地方法院案件审判压力,解决部分海事法院案源不足问题的考虑,由海事法院审理所有发生于海上的刑事案件有助于更为合理地配置审判资源。〔1〕而就后一个问题,宜将所有犯罪结果发生于海上的刑事案件统归海事法院管辖,而不管犯罪行为的发生地是否在海上,原因在于对于犯罪结果发生于海上的刑事案件,可能会伴有相关的民事,甚至是行政案件在海事法院进行审理——如在陆源污染造成海洋环境污染的情况下,相关海域的财产受害人可能在海事法院提起海域污染损害赔偿之诉——在此情形下,由海事法院管辖关联的刑事案件无疑是最佳的选择,这也是前述海事法院管辖海事刑事案件的初衷之一。

2. 海事刑事案件审判的人员和硬件保障

海事法院管辖海事刑事案件常态化机制构建面临的另一个挑战是如何满足新增的刑事审判业务对专业刑事审判人员以及硬件设施配备的要求。众所周知,海事法院长期以来只管辖民商事案件,其人员和硬件设施也都是以民商事审判业务为出发点配备的。因此,海事法院法官的人员构成基本是专长于海商事审判的审判人员,并无专业的刑事审判法官;而且在与刑事审判相关的专用囚车、法警以及候审室等硬件和人员保障上,也都存在明显的不足。根据调研的信息,虽然宁波海事法院在本案审理中选派组成合议庭的法官均具有刑事审判经验,〔2〕但在其他方面,其仍需借助外部力量和临时安排,例如,不仅请求了浙江省高级人民法院向其他法院调

〔1〕 如广州、海口、北海海事法院距离过近,原本海口、北海海事法院管辖的区域属广州海事法院,"一分三"后,北海、海口两个海事法院受理案件数量相对较少,存在"吃不饱"的现象。参见曾艳、刘乔发、张可心:《关于我国海事法院体制机制改革完善的思考》,载《法律适用》2017 年第 1 期。

〔2〕 但这种条件并不是每个海事法院都具备。

警，包括专用囚车，而且法庭及候审室也都是临时改造的。

如何满足管辖改革对人员和硬件保障带来的需求是一个十分现实的问题，涉及成本和效益综合考量。笔者认为，在现有的试点机制下，囚车、法警的配置可以依靠临时的借调机制，即使到了普遍推广的阶段，解决硬件保障的条件也并不会带来根本上的障碍。相对而言，审判人员的保障则是一个长期的建设过程，需要人才培养、司法实践的历练和积累。目前，可以在内部选择具有相应专业背景的法官或者临时借调地方法院的刑事法官与海事法院的专业法官共同组成合议庭；如果后续海事刑事案件的受理规模持续扩大，则应该考虑建设专门的刑事法庭和候审室，配备相应的法警，购置囚车。另外，考虑到成本的问题，派出法庭暂时不宜审理海事刑事案件，只由海事法院本部审理。[1] 当然，如果后续试点得到推广，可以根据案件受理数量和实际需求增加相应的软硬件投入，授权海事法院设立刑事审判庭行使刑事审判权的建议[2]也可以结合海事行政审判的需求综合考虑。

3. 公、检、法部门配套工作机制的建立

刑事司法层面的案件管辖改革必然也将给予之密切相关的侦查、起诉工作带来牵一发而动全身的变化。例如，海事法院跨行政区划设立的特点必然对检察院的起诉工作带来影响，是否根据海事法院的跨行政区域特点确定负责海事刑事案件起诉工作的检察院也具有跨行政区域管辖的特点是值得思考的一个问题；而且鉴于海事法院在行政级别上与中级人民法院同级，相关刑事案件的起诉工作也应由中级人民检察院承担；而负责起诉的检察院的变化，也必然影响作为侦查机关的海警部门的案件移送。此外，还需注意的另一个问题是，在海事刑事案件由海事法院审理后，海事刑事案件的

---

〔1〕 当然，这会带来嫌疑人押送等不便。

〔2〕 参见施海平：《海上交通肇事逃逸原因及法律问题探讨》，载《中国海事》2010 年第 12 期。

侦查和审理环节都属于海事专属管辖，但在公诉环节仍是一般管辖，这是否会对海事刑事案件的专业化审判带来负面影响值得观察。因此，如何理顺改革后海事刑事案件公、检、法部门的配套工作机制亟待回应。

笔者认为，建立海事刑事案件公、检、法部门工作机制的核心在于处理好检察院的起诉工作环节。考虑到沟通机制上的便利以及业务上的集中，海事刑事案件的起诉工作可以考虑全部交由海事法院本部所在地的中级人民检察院承担，该检察院可以选定专人负责海事刑事案件的起诉工作以保障业务的熟悉和专业程度。

（三）《海事诉讼特别程序法》修改中一体化管辖的考量

现行《海事诉讼特别程序法》第 4 条对海事法院的案件管辖作出了规定：海事法院受理当事人因海事侵权纠纷、海商合同纠纷以及法律规定的其他海事纠纷提起的诉讼。从本条来看，虽然其对于海事法院可以受理的案件作出了敞口性的规定，但由于《中华人民共和国民事诉讼法》等其他法律对海事法院受理海事行政案件或者海事刑事案件等未作出相应的规定，因此在现有的法律框架下，实际海事法院受理海事行政、刑事案件并无明确的法律依据。这也导致目前的海事法院管辖制度改革与《海事诉讼特别程序法》之间的不协调性。因此，是否在当前已经启动的《海事诉讼特别程序法》中对海事法院的案件管辖条款进行修改就成为一个需要研究的问题。

对此，在已经开展的调研工作中，大部分观点认为目前时机尚未成熟，不宜通过修改《海事诉讼特别程序法》实现海事案件的“三合一”；但也有观点认为，可率先在《海事诉讼特别程序法》中寻求突破，夯实立法的基础。[1] 同时，也有观点提出海事刑事案件是否

---

〔1〕 参见上海海事法院：《〈海诉法〉修改研究工作中部片区调研活动在上海海事法院成功举行》，载 http://shhsfy.gov.cn/hsfyytwx/hsfyytwx/xwzx1340/hfzx1441/2019/11/13/09b080ba6e6224ef016e63d58840000f.html? tm=1581408308639，2019 年 11 月 13 日最后访问。

列入海事管辖，应考虑海诉法的属性即民事诉讼法的特别法性质，如果“三合一”审判的确有必要，可以通过司法解释予以解决。[1] 当然，也有观点认为海事法院的受案范围，除考虑增加海事行政案件、海事刑事案件外，也要考虑海洋环境污染公益诉讼案件。[2]

笔者认为，结合本节前文的分析，海事法院适当扩大其管辖的案件范围是有其积极意义的。当然，鉴于海事刑事案件的管辖改革当前仍只是试点性质，相关制度、机制的构建与衔接仍有待探索完善，可以考虑作衔接性或者模糊性的规定，如“海事法院受理当事人因海事侵权纠纷、海商合同纠纷以及其他海事纠纷提起的诉讼”。如此一来，可为最高人民法院开展海事法院管辖范围改革留出立法上的灵活空间。

二、“用尽海商法”理念的贯彻

提倡树立与海商法自体性理论相符合的海事司法理念应是自体性理论在我国海事司法层面应用的另一重要举措。笔者认为，树立与海商法自体性理论相符合的海事司法理念要求我国的海事审判人员必须贯彻“用尽海商法”这一裁判理念。所谓“用尽海商法”是指在海事司法中，不能一遇到海商法没有规定的情形就立即适用一般法的规定，而应尽量发掘海商法的渊源体系和立法本意，只有在穷尽所有海商法的法律渊源的情况下，才能适用民法等一般法。也就是说，“用尽海商法”理念对海事法官在海商法规则的适用方面提出了特殊的要求。

---

[1] 参见广州海事法院：《〈海事诉讼特别程序法〉修改研究工作南部片区调研活动在广州海事法院成功举行》，载 http://www. gzhsfy. gov. cn/hsmh/web/content? gid = 90849，2019 年 11 月 5 日最后访问。

[2] 例如，宁波海事法院在 2019 年对全国海事法院受理的首批涉海龟民事公益诉讼案件之一作出判决。参见舟山市检察院诉刘阳、詹少文、吴先进、张明伍、吴迪海事纠纷公益诉讼案，(2019)浙 72 民初 808 号民事判决书。

(一)“海商法没有规定的”的判断标准

鉴于海商法作为特别法的地位,以及“特别法没有规定的,适用一般法”的法律适用准则,“用尽海商法”理念首先要求海事审判人员在海商法规则的适用层面准确判断海商法“用尽”的标准,尤其是制定法层面“海商法没有规定的”的判断标准。

对此问题,司玉琢教授在《海商法专论》一书中特别新增了一个专题讨论,并将问题的核心归结为“海商法没有规定是指对某一事项没有规定,还是事项中的某些要素没有规定”。[1] 相关的例子包括:船舶抵押权的实现是只能依照《海商法》第 11 条的规定由法院“依法拍卖”,还是可以按照《物权法》第 195 条的规定适用折价、变卖等方式;海上货物运输合同下货物的迟延交货,只在《海商法》第 50 条规定的承运人与托运人(收货人)事先明确约定交货时间时才构成,还是可以通过适用《合同法》第 290 条的规定,认为承运人没有在合理时间内交付货物的也构成迟延交付。如果按照海商法没有规定是指对某一事项(如抵押权实现方式、迟延交付)没有规定这一标准,则前述例子下无法适用《物权法》和《合同法》的规定;但如果按照海商法没有规定是指对事项中的某些要素(抵押权实现方式的具体种类、迟延交付的构成要件)没有规定这一标准,则前述例子下《物权法》和《合同法》的规定就可以适用。

虽然上述差异的存在可能是由于立法时间的差异带来的不协调,但更多的,应当是立法价值上的特别考量:例如,基于抵押权实现方式的不同需要考虑船舶优先权的消灭需要通过司法拍卖途径才能清除的特殊情况,故折价和变卖对船舶买受人来说具有现实的风险;再如,鉴于海上航行的特殊性,航程期间的准确预测难以保证,故不采用合理期间这一标准对海上货物运输合同来说也是客观

---

[1] 参见司玉琢:《海商法专论》,中国人民大学出版社 2018 年版,第 8~11 页。

合理的。在此基础上，笔者赞同司玉琢教授的观点，海商法没有规定是指对某一事项没有规定，而非对事项中的某些要素没有规定。

最高人民法院在哈尔滨空调股份有限公司（以下简称哈尔滨空调公司）、中国太平洋财产保险股份有限公司黑龙江分公司（以下简称太平洋保险公司）海上、通海水域保险合同纠纷再审审查与审判监督民事裁定书[1]中的观点也支持了上述理念。在本案中，哈尔滨空调公司申请再审称：针对"诉讼时效因当事人一方提出要求而中断"的情形，虽然《海商法》未作规定，但《民法通则》第 140 条、《民法总则》第 195 条以及《最高人民法院关于审理民事案件适用诉讼时效制度若干问题的规定》第 10 条均作了明确规定。根据《最高人民法院关于审理海上保险纠纷案件若干问题的规定》第 1 条关于"审理海上保险合同纠纷案件，适用海商法的规定；海商法没有规定的，适用保险法的有关规定；海商法、保险法均没有规定的，适用合同法等其他相关法律的规定"的规定，哈尔滨空调公司向太平洋保险公司提出请求即发生诉讼时效中断的法律效果。但在最终的判决中，最高人民法院显然未支持该种《海商法》对诉讼时效中断的某些要素没有规定的，可以适用《民法通则》规定的观点，认为：《海商法》第 267 条第 1 款关于诉讼时效中断的规定不属于《最高人民法院关于审理海上保险纠纷案件若干问题的规定》第 1 条关于"海商法、保险法均没有规定的"而应予"适用合同法等其他相关法律的规定"之情形。哈尔滨空调公司虽数次向太平洋保险公司发出保险赔付请求书，但该行为并不属于《海商法》第 267 条第 1 款所规定的时效中断的情形。

（二）海事惯例相比于一般法的优先适用

"用尽海商法"其次要求海事审判人员在法律规则的发现和适

---

[1] 参见（2018）最高法民申 6054 号。

用层面优先着眼于海商法领域的法源，只有在穷尽海商法领域的法源之后，才能适用一般法领域的法源。具体而言，按照当前学者对司法视角下法源（法律渊源的简称，也称法的形式）的阐述，[1]法律渊源是由国家或者社会所形成的、能够被法官适用并对法官审判有拘束力的具有不同效力等级的法律规范形式。[2] 在此视角下，法源不仅包括那些可以从体现为权威性法律文件的明确文本形式中得到的正式渊源，如宪法、法规、行政命令、行政法规、条例，授权立法与自主立法，条约与某些其他协议以及司法先例等；也包括那些尚未在正式法律文件中得到权威性的或至少是明文阐述与体现的非正式渊源，如正义标准、推理和思考事物本质（nutura rerum）的原则、衡平法、公共政策、道德信念、社会倾向和习惯法等。[3] 其中，就我国的司法实践而言，正式渊源主要体现在制定法中，并通常能得到法官较为详尽、妥善的发现和适用；非正式渊源主要体现为惯例（习惯法），目前尚未获得足够重视的地位——法官们在实践中只是选择性地允许习惯性规则进入司法，"修改或置换制定法"。[4] 海事司法的情形同样如此：制定法法源的海商法是海事法官发现海商法裁判规则最重要的出处，海事法官在解决海事纠纷时也以其为最优顺位的裁判依据，通常能做到在适用一般法前对海商制定法的穷尽，即海事法官基本不会在海商制定法有相关规定的情况下适用一般法的规定；但海事惯例法源的海商法在我国海事司法中却处于相对尴尬的地位：一方面，我国《海商法》第268条的规定表明，在涉

---

〔1〕 当前我国对法律渊源的认识主要有两种立场：立法立场和司法立场。其中，立法立场强调法律与法律形式等同，而司法立场则认为法律渊源是法官发现法律的处所，是对法律发现的约束。参见彭中礼：《当代中国法律渊源理论研究重述》，载《法律方法》2011年刊（第11卷）。

〔2〕 参见李龙、刘诚：《论法律渊源——以法学方法和法律方法为视角》，载《法律科学》2005年第2期。

〔3〕 参见[美]E. 博登海默：《法理学：法律哲学与法律方法》，邓正来译，中国政法大学出版社1998年版，第429~430页。

〔4〕 姚辉：《论民事法律渊源的扩张》，载《北方法学》2008年第1期。

外案件中，海事国际惯例是为我国《海商法》所承认的，至少具有次位法源地位的法律渊源。我国海事司法实践中也确有一定数量的案例是依据海事国际惯例作出判决的。但另一方面，《海商法》第268条是有关涉外法律关系法律适用的特别规定，其原则上只适用于具有涉外因素的海事案件。对于不具有涉外因素的海事案件，海事惯例的法源地位只能依据《民法总则》〔1〕《合同法》〔2〕《物权法》〔3〕等一般法的具体规定。同时，海事国际惯例相对于我国制定法的地位仍具有相当的不确定性。根据学者对我国海事案例的实证归纳，我国法官对海事国际惯例与法律规定关系的处理方式就至少包括五种——海事国际惯例相对于一般法处于特别法的地位；一般法的明确规定优先于海事国际惯例；海事国际惯例被作为国内法合理性及现实性的证明；海事国际惯例被作为充分的说理依据，而国内法沦为证明海事国际惯例普遍性的工具；海事国际惯例与法律规定处于相同的地位。〔4〕 而且实践中忽略海事国际惯例的存在，否认其法源地位的现象也时有发生。〔5〕

应当认为，海事惯例在当前我国海事司法中的这种地位是与海商法自体性以及由其引申的"用尽海商法"的海事司法理念不相符合的。从"用尽海商法"的理念视角出发，海事法官应该在解决纠纷

〔1〕《民法总则》第10条有关"处理民事纠纷，应当依照法律；法律没有规定的，可以适用习惯，但是不得违背公序良俗"的规定明确了习惯的法源地位，但却没有赋予特定场合下某些习惯优先于某些法律的地位。

〔2〕例如，《合同法》第61条规定：合同生效后，当事人就质量、价款或者报酬、履行地点等内容没有约定或者约定不明确的，可以协议补充；不能达成补充协议的，按照合同有关条款或者交易习惯确定。

〔3〕《物权法》第116条第2款规定：法定孳息，当事人有约定的，按照约定取得；没有约定或者约定不明确的，按照交易习惯取得。

〔4〕参见陈亚芹：《论海事国际惯例在中国法中的地位——以中国的立法与司法实践为视角》，复旦大学2008年博士学位论文，第124~125页。

〔5〕例如，"中国联合石油有限责任公司与被告利比里亚阿巴奇公司海上货物运输合同短量赔偿纠纷案"，(2003)大海商外初字第11号。

时将海事惯例置于优于一般法适用的地位。当然,从实践的可操作性角度来看,由于惯例更多地存在于人们的日常行动中,有时是一种名副其实的“行动中的规则”、一种“集体无意识”的社会存在,[1]因此,不确定性及发展性是海事惯例固有的特征。由此带来的问题是,如果坚持海事惯例的优先性,弃民法或其他成文法律而不用,则可能人为地加大法院查明海事惯例的义务。[2] 对此,笔者认为,可通过对海事惯例查明方法的适当构建加以平衡。具体而言,我国可构建一种以当事人证明为主,法院查明为辅的海事惯例查明模式。其中,当事人可以通过提供国际组织、行业自律性组织作出的关于海事惯例的资料,法律服务机构、海事法律专家出具的意见书,以及相关权威海事法律著述等适当形式证明海事惯例的存在。一方当事人举证的国际惯例应经对方当事人质证:如果对方当事人对其无异议,则人民法院可径直适用;如果对方当事人提出有合理依据的异议,则由法院负责查明。法院对海事惯例的查明可以通过法院掌握的正规信息资料,要求双方专家证人出庭对质,咨询第三方权威专家,征询国际及我国海事组织或机构等方式。通过上述海事惯例的查明方式,可以适当分担和平衡法院对海事惯例的查明义务,使海事惯例的优先适用具有现实的可操作性。

此外,海事惯例的相对于一般法的优先适用并不意味着海事惯例的适用将不受限制。作为一种补充适用的法律渊源,海事惯例的适用将受到两方面的限制:一是不得与法律的强制性规范相抵触,二是不能与我国的公共秩序与善良风俗相违背。其中,就前一方面的限制而言,这种强制性规范包括规定于一般法中的强制性规

---

[1] 参见杨建军:《惯例的法律适用——基于最高人民法院公报案例的考察》,载《法制与社会发展》2009 年第 2 期。

[2] 参见徐春龙:《论海事国际惯例在中国海商法语境下的适用》,载《中国海商法研究》2013 年第 3 期。

范;就后一方面的限制而言,我国《海商法》(第 268 条)和《民法通则》(第 150 条)都已经进行了明确。海事惯例的适用之所以要受到上述两方面的限制是因为惯例作为一种事实状态下的规则,需要符合合法性和价值性的要求,这是作为裁判规则的必要前提。

除了海事刑事案件的管辖改革和“用尽海商法”理念的贯彻之外,海商法自体性理论在司法层面还可体现于其他方面。例如,当前我国海事司法一审专门而二审不专门的现状在很大程度上是不利于海商法自体性的贯彻的。如果能成立专门的海事高级法院并在最高人民法院成立海事审判庭是最为理想的保障方案:通过建立一套完整的海事专门审判体系,最大限度内保障海商法的特殊性在三级法院的一贯性,无疑有助于进一步强化海事司法的专业性,更好地统一海事司法的裁判尺度,更有利于“用尽海商法”理念的全面贯彻。

第四节　自体性视角下海商法学科归属的优化

海商法自体性的完善不仅是立法和司法层面的问题,还包括学科体系下海商法自体性的体现,因为这关系到海商法的人才培养,关系到海洋强国战略下海洋法律人才的培养。

一、当前法学学科体系的划分及其存在的问题

根据教育部的《学位授予和人才培养学科目录》[1],目前在法学专业这一门类下,包括了 6 个专业类:法学类、政治学类、社会学

〔1〕《学位授予和人才培养学科目录》是国家学位委员会根据科学分工和产业结构的需要所设置的学科门类。它是人才培养规格的重要标志。

类、民族学类、马克思主义类和公安学类。这些专业类对应大学教育的一级学科。[1] 而在法学专业这一一级学科下,又下设十个二级学科,分别为:法学理论、法律史、宪法学与行政法学、刑法学、民商法学(含劳动法学、社会保障法学)、诉讼法学、经济法学、环境与资源保护法学、国际法学、军事法学。上述法学学科体系的划分,尤其是法学二级学科的划分,以法律部门的划分为基础,即以法律调整的法律关系和调整手段为划分依据,把同类法律规范的集合称为法律部门或部门法。可以说,法律部门的思维是我国法学学科体系,乃至法律体系的构建基础——在 2011 年宣布中国特色社会主义法律体系形成时,其对中国特色社会主义法律体系的构成即表述为:中国特色社会主义法律体系是以宪法为统率,以法律为主干,以行政法规、地方性法规为重要组成部分,由宪法相关法、民法商法、行政法、经济法、社会法、刑法、诉讼与非诉讼程序法等多个法律部门组成的有机统一整体。

毋庸讳言,上述学科体系以及法律部门的划分对于促进我国法学研究的发展以及法律体系的构建发挥了积极的作用,但与此同时,这种划分的不足也随着我国法学研究和法制实践的深入而逐渐显现,并突出表现为新兴法律部门对传统法律部门理论的挑战:包括经济法、环境法、卫生法、社会法、国际法、体育法等都寻求独立法律部门的身份。这些诉求,部分已经在学科层面得到了回应,如经济法、环境法、国际法的独立二级法学学科地位已经获得承认,但部分仍未得到解决。而更为重要的是,这种划分,一方面难以满足日新月异的法学发展需求,如计算法学、知识产权等新的、交叉性的法学学科;另一方面,也容易导致学科分立的过度强调,带来二级学科之间封闭隔膜、自说自话,研究视野狭窄、方法单一,既不能准确发

---

〔1〕 法学大类下的这些专业类,虽然各自的知识体系有着很大的区别,但都同属于法学专业,获取的也是法学学位。

现和认识问题,也不能妥当地解决问题,很难满足社会实践和理论创新的需要的问题。[1]

在此基础上,越来越多的学者关注到了传统法学学科体系存在的问题:“从法学学科内容知识划分的形成历史来看,民法、刑法、行政法等法学领域并不是天然形成的,而是法律人为了更有效率地认识和组织法学知识而人为创造的。这些领域的划分的确有助于形成各领域的知识体系和研究方法,并有助于各领域学说的发展。问题在于,我们现在不少法律人将法学学科内部的划分当成一种真理,或者视为一种封闭性的知识。”[2]强调学科归口,是行政化、计划化的产物,我们的学术研究过多地服从学科的归属,会失去问题意识和社会关怀。部门法的划分,导致在研究和教育的环节中,过多局限于这样的学科分类格局,阻碍了法学的深化、细化、科际整合和交叉研究。[3] 随着社会情势日新月异的变化,传统相对固化的法学内部二级学科体系,越发显现出其陈旧性和滞后性,由此直接影响了法学学科体系的价值实现,且大大削减了法学学科的现实指导功能。因而,法学学科体系应立足于新时代全面深化改革和社会发展的重大实践,及时完善法学学科体系的类别划分和系统化分级。法学要办出特色、办成一流,关键是要高度重视学科发展的综合化、融合化,凝练出适合时代发展需求,能够发挥集成创新优势、反映核心竞争力的学科方向。[4] 此外,也有学者开始反思现有的法学学科设置与法学人才培养之于实践的不足:一方面,我国的全面法治建设刚刚起步,社会对高素质法律人才的需求仍存巨大缺口;另一方面,法学专业就业形势令人担忧。这就意味着,我国法治

[1] 参见解志勇:《法学学科结构的重塑研究》,载《政法论坛》2019 年第 2 期。

[2] 王利明:《法学应当步人知识融合时代》,载《北京日报》2019 年 9 月 2 日,第 15 版。

[3] 参见孙笑侠:《论行业法》,载《中国法学》2013 年第 1 期。

[4] 参见周佑君:《新时代中国法学研究及学科发展的新任务》,载《武汉大学学报》(哲学社会科学版)2019 年第 2 期。

人才需求与高等院校的法律人才供给之间，存在错位的状况。[1]

因此，法律部门的设立与划分不应当是一成不变的，其目标和价值也不在于确定法律部门的唯一性，而应是动态、灵活的，应当回应法学教育以及法治实践的现实情况与需要。正如学者所言，法学学科设置应当随着社会发展而发展，反映时代特色，满足社会分工和知识融合的时代要求。[2]

二、海商法学科归属的优化与海法学方向的凝练

对于海商法而言，现有法学学科体系的划分也难以适应海商法的特征，尤其是自体性视角下海商法学的体系构建。海商法不应当被局限于国际经济法或者民商法下的一个子部分：一方面，其制度的内部综合性表明其应当是一个跨现有法律部门的综合体，其制度间的内部联系不能因为现有法学学科体系的划分而割裂；另一方面，其制度特征也不应当因为法学学科的划分而失去其独立性和自主空间。特别是在海洋强国战略、“一带一路”倡议对海商法律人才及其培养模式提出更高要求的当下，如何避免海商法在法学学科体系中的隐身，如何赋予其在我国法学教育和法学人才培养中应有的重视程度是当前我们必须重视的问题。

当然，也应当承认的是，单纯的海商法尚难以单独在现有法学学科体系中争取独立的学科地位，因为如本书第一章中所述，海商法这种自成一体性并非海商法领域特有的，所有基于历史的原因或现实的需求而具有显著特殊性、可区分性和内部整体性的法律领域都会在不同程度上具有自成一体的性质，因此很难将所有这些法律领域都独立为一个独立学科。为此，如同前文对我国海商立法体系

---

〔1〕 参见刘剑文：《供给侧改革下法学本科核心课程的结构调整》，载《政法论丛》2017 年第 3 期。

〔2〕 参见解志勇：《法学学科结构的重塑研究》，载《政法论坛》2019 年第 2 期。

化完善的路径选择那样，将海商法学科归属的优化与海法学这一新学科方向的凝练相结合是值得考虑的选择：首先，海法学可以在更大范围内整合涉海法学研究在学科层面的诉求，配合海洋强国战略的需求以及我国参与国际海洋法律事务的现实需求，其新学科方向凝聚的必要性更为突出，更易被接受；其次，通过海法学新学科方向的凝聚，强调涉海法律的联动研究和涉海复合型法律人才的培养，这能在很大程度上解决当前学科层面海商法自体性缺失所带来的问题，达到海商法学科归属优化的目标；最后，从后续学科方向的开设和实施来看，海法学通过整合海洋法等内容方向，使当前的法学院校更有能力开设这个学科的课程，使之进入到更多法学院校的课程体系中。

创设海法学，可以缓解部门法和学科固化给包括海商法在内的涉海法学的桎梏，提升我国法学院校培养海法人才的意识，使法学教育和科研与海洋实践需要真正结合。海法学构建，不否认现有法律部门和法学学科存在的价值和意义，只是将各个法律部门和法学学科下不受重视，或者受关注度不够的涉海法律及其法学研究进行整合，凝练出能够为涉海法律研究提供更合适空间的新学科方向。而海法学学科方向的凝练，在终极意义上是为了培养与我国海洋强国战略建设需求相符的海法人才，即基于海洋法治实践的特点和需求，培养具有超越传统陆域思维的海洋意识与海法思维，在系统掌握法学基本理论和基本知识的基础上，掌握综合性海洋知识，树立海法特殊性规则理念和陆海统筹观念，适应新时期海洋法治工作需要的复合型、应用型人才，以此达到当前法学专业人数多、就业难，但广大的涉海法治领域却存在优秀法律人才严重供给不足的困境。而对于海商法学，亦可在海法学营造的自主空间中实现自身的自体性特征和需求。

具体而言，我国海法学在法学学科体系的设立可以尝试以下两种方案：

（一）方案一：法学二级学科重构下海法学的凝练

在维持法学一级学科不变的情况下，很多学者对于法学二级学科的变革提出了，集中表现为在现有二级学科基础上，设立新兴或者交叉的二级学科。其中，代表性的观点即是领域法学学者所倡导的，在基础二级学科的基础上，基于现实的需求，构建二级学科层面的领域法学学科。相关代表性的主张可如学者所构建的如图2所示的法学学科结构树：[1]

- 法学一级学科
  - 基础学科（二级学科）
    - 传统型
      - 理论法学
        - 法理学
        - 法律史学
      - 民商事法学
        - 民商法学
        - 民诉法学、仲裁法学
      - 刑事法学
        - 刑法学
        - 刑事诉讼法学
    - 现代型
      - 宪法学（含宪法相关法、人权法学）
      - 行政法学（含行政诉讼法学）
  - 领域学科（二级学科）
    - 经济法学
    - 国际法学
    - 网络法学
    - 环境法学
    - 军事法学
    - 知识产权法学
    - 卫生法学
    - 监察法学
    - ×××法学

图2　法学学科结构树

显然，在此思路下，海法学可以构成领域学科下新设立的二级法学学科，即以海洋这一相对独立、特殊的法律适用领域所产生的法律问题为研究对象，对涉海法律问题进行交叉、互动研究的新学科。

[1] 参见解志勇：《法学学科结构的重塑研究》，载《政法论坛》2019年第3期。

(二)方案二:法学一级学科重构下海法学的凝练

当前法学专业这一门类下,只设立一个法学一级学科,这使整个法学研究在一级学科层面就面临极大的局限性。对此,已经有不少呼声主张改革法学一级学科的设置,例如,国际法学者普遍主张应当设立国际学法为法学一级学科:一方面,国际法学设为二级学科极大限制了国际法学的发展空间,因为在国际法学内部,其研究的国际问题无论在广度还是深度上,都不是一个二级学科的定位能够充分满足的,二级学科定位赋予国际法学的研究资源难以匹配新时期下我国参与全球治理对国际法研究和实践提出的要求;另一方面,从横向比较的经验来看,2013 年更新的《学位授予和人才培养学科目录》将历史学门类下的"历史学",由 1 个一级学科变为"考古学""中国史""世界史"3 个一级学科,这无疑为国际法学主张一级学科的地位提供了借鉴。

在此基础上,法学一级学科的调整与重构具有现实的诉求,而且从其他学科门类的比较来看,也绝非不可能。对于海法学来说,在法学一级学科的重构中争取一席之地是最理想的结果,因为如同国际法学所研究的国际法是国际层面一整套调整国家、组织、个人的复杂法律体系一样,海法学所研究的海法同样是适用于海洋领域的一整套复杂法律体系,无论在研究领域的广度,相比于传统一级法学学科的独立性,还是在适应日益复杂的海洋治理实践方面的必要性,都具有支撑起一个一级法学学科的内容和价值。因此,在一级学科层面,根据法律适用的场域、空间,在传统法学一级学科之外,再创设若干包括海法学在内的,具有显著特色、适应时代发展需要的一级法学学科应当是未来法学学科设置应当考虑的方向:这种新的一级法学学科方向的凝练,有助于调适传统法学学科设置与不断发展的法治实践之间的衔接不畅,为法学学科的发展注入活动,满足法学通识性、基础性教育之外特色教育的需求,给特色法学研究提供充分的发展空间。在此基础上，通过传统一级法学学科与新兴特色一级法学学科的互动，形成基础法学教育和研究与特色法学教育和研究之间良性的学科发展结构，共同构建兼具稳定性和开放性、包容性的法学学科体系。沿此思路，新的法学门类下的法学学科结构如图 3 所示。

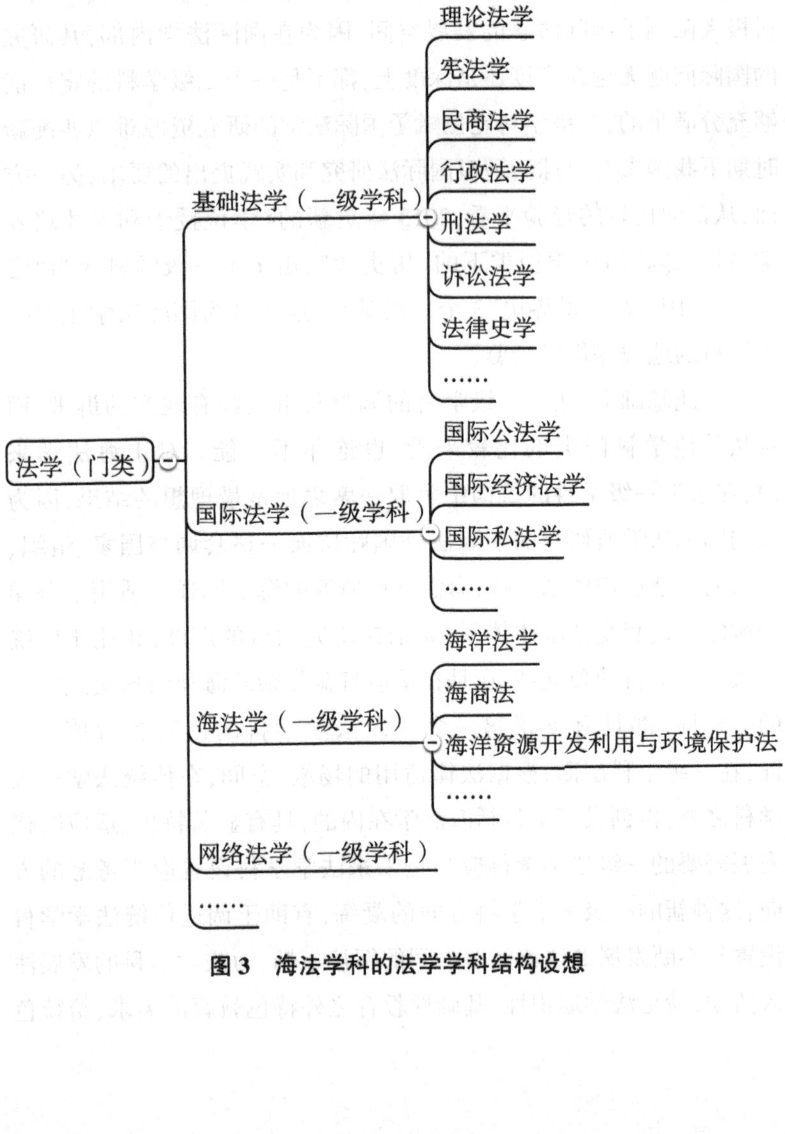

图 3　海法学科的法学学科结构设想

上述两种方案相比而言,从有利于海法学科充分发展的角度而言,方案二虽然在实施上更具难度,但却更具现实价值。而海商法的自体性也可在海法学的体系下得到更好的体现,即本书研究范畴下广义的海商法可以凝练成海法学下的二级学科方向。

结　语

自体性是海商法自其生成之初就表现出来的一种本质特征，并具体表现为外部独立性和内部综合性两方面。这种自成一体的特征依赖于海商法特殊的历史沿革、实践基础以及制度特性，是海商法区别于其他法律领域的核心。在自体性的支撑下，海商法在各个法域都被视为一个相对独立、特殊、专业的法律领域加以对待——不仅会在法律制度的构建上考虑海商法的特殊性，形成具有海商特色的法律制度与法律规范，而且倾向于对海商法进行独立的立法和司法设计，进而形成一整套围绕海上运输的，内容广泛的综合性制度体系。

海商法自体性有据可循的历史至少可追溯到海商法作为一个独立、自足的法律领域出现的中世纪早期。在当时，海商法就已经是一个在法律文本、制度设计以及海事司法等方面具有显著独立性和特殊性的法律领域。它在很大程度上独立于当时的教会法和世俗法体系，是一套围绕海上运输和海上贸易而自发形成的，涉及上述领域众多方面内容的综合性法律制度。虽然在此后的历史发展中受法律部门分类、海上风险特殊性弱化、陆上立法对海商法的冲击、法律编纂方式变化等因素的影响而面临着多重冲击，但支撑海商法自体性存在的要素依然存在:海上运输的国际性、海商实践的历史传统以及海上运输环境的特殊性决定了海商法仍具有不同于一般法律领域的法律传统、价值取向和制度体系;而且从自发秩序、功能主义以及领域法学的理论视角出发,海商法的自体性与海商实践所形成的自发秩序以及海商法作为法律系统为应对海上贸易和海上运输的刺激和需求所具有的功能性和整体性相呼应。同时,在当代,强调海商法自体性还具有避免海商法发展的边缘化,厘清海商法的属性以及引导海商法再体系化的价值。

对于我国来说,受制于对海商法属性的狭义认识,海商立法采用单行立法模式等因素,我国海商法自体性存在显著的不足:不仅海商立法存在体系化缺失的问题,而且海事司法也存在案件管辖缺乏一体性以及海事司法理念贯彻不彻底的问题。自体性理论对于体系化完善我国海商立法和解决我国海事司法存在的突出问题具有重要价值。在自体性视角下,我国海商法的体系化完善虽然以单行法体系为现实选择,但却需要在此过程中融入体系化的视角和诉求,一方面有针对性地弥补重要制度的缺失,另一方面注重制度的内部协调和外部协调。同时,在长远上,海商法的体系化应当通过海法典的制定来实现其二次体系化的目标。此外,在海事司法层面,自体性理论的运用要求在海事案件管辖制度的一体化改革和"用尽海商法"理念的贯彻这两方面加以落实。其中,前者要求海事法院统一管辖海事刑事案件,后者则对海事法官在海商法规则的适用和海商法立法本意的探明两方面提出了特殊的要求:海事审判人员不仅应在法律规则的发现和适用层面优先着眼于海商法领域的法源,明确"海商法没有规定的"判断标准;而且应在海商法的解释层面注重探求海商法的立法本意,综合海商法在历史渊源、制度设计以及价值取向上的特殊性来确定海商法规范的含义。

参考文献

一、中文文献

(一)专著类

1. 陈德恭:《现代国际海洋法》,海洋出版社 2009 年版。

2. 陈颐:《立法主权与近代国家的构建:以近代早期法国法律为中心》,法律出版社 2008 年版。

3. 邓正来:《哈耶克社会理论》,复旦大学出版社 2009 年版。

4. 邓正来:《自由与秩序:哈耶克社会理论的研究》,江西教育出版社 1998 年版。

5. 傅廷中:《海商法论》,法律出版社 2007 年版。

6. 关正义:《民法视野中的海商法制度》,法律出版社 2015 年版。

7. 郭日齐:《我国〈海商法〉立法特点简介》,载《〈海商法〉学习必读》,人民交通出版社 1992 年版。

8. 郭瑜:《海商法的精神——中国的实践和理论》,北京大学出版社 2005 年版。

9. 郭瑜:《海商法教程》,北京大学出版社 2012 年版。

10. 韩立新、王秀芬编译:《各国(地区)海商法汇编(中英文对照)》(下卷),大连海事大学出版社 2003 年版。

11. 何丽新:《海商法》,厦门大学出版社 2004 年版。

12. 何勤华主编:《中世纪欧洲世俗法》(法律文明史第 6 卷),商务印书馆 2014 年版。
13. 胡正良:《海事法》,北京大学出版社 2012 年版。
14. 黄茂荣:《法学方法与现代民法》,法律出版社 2007 年版。
15. 贾林青:《海商法》,中国人民大学出版社 2008 年版。
16. 江朝国:《保险法基础理论》,台湾,瑞兴图书出版社 2005 年版。
17. 林聚任、刘玉安:《社会科学研究方法》,山东人民出版社 2004 年版。
18.《日本最新商法典》,刘成杰译注,中国政法大学出版社 2012 年版。
19. 柳经纬:《商法》(下册),厦门大学出版社 2002 年版。
20. 屈广清:《海商法学》,中国民主法制出版社 2005 年版。
21. 沈宗灵:《现代西方法理学》,北京大学出版社 1997 年版。
22. 司玉琢、胡正良:《〈中华人民共和国海商法〉修改建议稿条文、参考立法例、说明》,大连海事大学出版社 2003 年版。
23. 司玉琢:《海商法》,法律出版社 2012 年版。
24. 司玉琢:《海商法专论》,中国人民大学出版社 2015 年版。
25. 司玉琢:《中华人民共和国海商法问答》,人民交通出版社 1993 年版。
26. 苏号明:《民法总论》,法律出版社 2006 年版。
27. 覃有土:《商法学》,中国政法大学出版社 1999 年版。
28. 王利明:《民法总则研究》,中国人民大学出版社 2012 年版。
29. 王利明:《中国民法典草案建议稿及说明》,中国法制出版社 2004 年版。
30. 王莲峰:《商业标识立法体系化研究》,北京大学出版社 2009 年版。
31. 王全胜:《立法成本效益评估研究》,知识产权出版社 2016 年版。
32. 王小波:《〈罗得海商法〉研究》,中国政法大学出版社 2011 年版。
33. 吴焕宁:《海商法学》,法律出版社 2002 年版。
34. 向前:《国际商法自治性研究》,法律出版社 2011 年版。
35. 许中缘:《体系化的民法与法学方法》,法律出版社 2007 年版。
36. 薛波:《元照英美法词典》,法律出版社 2003 年版。
37. 杨良宜:《提单及其他付运单证(修订版)》,中国政法大学出版社 2007 年版。

38. 杨仁寿:《海商法论》,台北,三民书局 1986 年版。
39. 叶秋华、王云霞:《大陆法系研究》,中国人民大学出版社 2008 年版。
40. 张东亮:《海商法新论》,台北,五南图书出版公司 1986 年版。
41. 张丽英:《海商法》,中国政法大学出版社 2011 年版。
42. 张文显主编:《法理学》,法律出版社 2007 年版。
43. 张湘兰:《海商法学习指导》,武汉大学出版社 2008 年版。
44. 张新平:《海商法》,中国政法大学出版社 2002 年版。
45. 赵海峰主编:《欧洲法通讯》,法律出版社 2001 年版。
46. 周林彬:《法律经济学论纲》,北京大学出版社 1998 年版。
47. 周枏:《罗马法原论》(上册),商务印书馆 2014 年版。
48. 周旺生主编:《立法学》,法律出版社 2004 年版。
49. 最高人民法院民事审判第二庭:《最高人民法院关于保险法司法解释(二)理解与使用》,人民法院出版社 2014 年版。

(二)译著类

1. [英]P. S. 阿蒂亚:《英国法中的实用主义与理论》,刘承韪、刘毅译,清华大学出版社 2008 年版。
2. [美]阿瑟·努斯鲍姆:《简明国际法史》,张小平译,中国法律出版社 2011 年版。
3. [美]E. 博登海默:《法理学:法律哲学与法律方法》,邓正来译,中国政法大学出版社 2004 年版。
4. [英]艾伦·斯温杰伍德:《社会学思想简史》,陈玮、冯克利译,社会科学文献出版社 1988 年版。
5. [美]E. 博登海默:《法理学:法律哲学与法律方法》,邓正来译,中国政法大学出版社 1999 年版。
6. [德]C. W. 卡纳里斯:《德国商法》,杨继译,法律出版社 2006 年版。
7. [古罗马]查士丁尼:《法学总论》,张企泰译,商务印书馆 1995 年版。
8. [美]道格拉斯·诺斯、罗伯斯·托马斯:《西方世界的兴起》,厉以平、蔡磊译,华夏出版社 2009 年版。
9. [法]E. 迪尔凯姆:《社会学方法的准则》,狄玉明译,商务印书馆 1995 年版。

10. [英]弗里德里希·冯·哈耶克:《自由秩序原理》,邓正来译,三联书店1997年版。
11. [美]G. 吉尔摩、G. L. 布莱克:《海商法》,杨召南等译,中国大百科全书出版社2000年版。
12. [美]哈罗德·J. 伯尔曼:《法律与革命——西方法律传统的形成》,贺卫方等译,中国大百科全书出版社1993年版。
13. [比]亨利·皮雷纳:《中世纪的城市:经济和社会史评论》,陈国樑译,商务印书馆2006年版。
14. [美]吉姆·帕森斯等:《试点与改革:完善司法制度的实证研究方法》,郭志媛译,北京大学出版社2006年版。
15. [德]卡尔·拉伦茨:《法学方法论》,陈爱娥译,商务印书馆2003年版。
16. [法]勒内·达维:《英国法与法国法:一种实质性比较》,潘华仿等译,清华大学出版社2002年版。
17. [德]卢曼:《社会的法律》,郑伊倩译,人民出版社2009年版。
18. [德]鲁曼:《社会中的法》,李君韬译,五南图书出版股份有限公司2015年版。
19. [法]洛伊克·卡迪耶:《法国民事司法法》,杨艺宁译,中国政法大学出版社2010年版。
20. [英]马丁·洛克林:《公法与政治理论》,郑戈译,商务印书馆2013年版。
21. [英]梅特兰等:《欧陆法律史概览:事件,渊源,人物及运动》,屈文生等译,上海人民出版社2008年版。
22. [美]蒙罗·斯密:《欧陆法律发达史》,姚梅镇译,中国政法大学出版社2003年版。
23. [法]孟德斯鸠:《论法的精神》(下),张雁深译,商务印书馆1997年版。
24. [意]桑德罗·斯契巴尼选编:《契约之债与准契约之债》,丁玫译,中国政法大学出版社1998年版。
25. [英]施米托夫:《国际贸易法文选》,赵秀文选译,中国大百科全书出版社1993年版。
26. [美]汤普逊:《中世纪经济社会史》(下卷),耿淡如译,商务印书馆1985

年版。
27. [法]托克维尔:《旧制度与大革命》,冯棠译,商务印书馆 1992 年版。
28. [奥]尤根·埃利希:《法律社会学基本原理》,叶名怡、袁震译,九州出版社 2007 年版。
29. [美]约翰·H. 威格摩尔:《世界法系概览》(下册),何勤华等译,上海人民出版社 2004 年版。
30. [日]中村真澄、箱井崇史:《日本海商法》,张秀娟、李刚、朴鑫译,法律出版社 2015 年版。

(三)期刊论文类

1. [日]尾崎安央:《日本商法典的"解构"与日本民法的"商法化"现象》,张杨译,载《中国政法大学学报》2018 年第 1 期。
2. [英]赖特勋爵:《判例(上)》,张志铭译,载《比较法研究》1991 年第 4 期。
3. 陈颐:《16 世纪法国人文主义法学与法律科学的体系化》,载何勤华主编:《全国外国法制史研究会学术丛书——多元的法律文化》,法律出版社 2006 年版。
4. 曹兴国:《海事刑事案件管辖改革与涉海刑事立法完善——基于海事法院刑事司法第一案展开》,载《中国海商法研究》2017 年第 3 期。
5. 曹兴国、初北平:《我国涉海法律的体系化完善路径》,载《太平洋学报》2016 年第 9 期。
6. 曹兴国、初北平:《作为特别法的〈海商法〉的修改——制度体系、修法时机及规范设计》,载《政法论丛》2018 年第 1 期。
7. 曹志勋:《商事审判组织的专业化及其模式》,载《国家检察官学院学报》2015 年第 1 期。
8. 陈桂明、赵蕾:《中国特别程序论纲》,载《法学家》2010 年第 6 期。
9. 陈甦:《体系前研究到体系后研究的范式转型》,载《法学研究》2011 年第 5 期。
10. 陈燮阳、乔惠英:《蒸汽机船——第一种近代交通工具的发明》,载《汽车研究与开发》2000 年第 1 期。
11. 陈颐:《16 世纪法国人文主义法学与法律科学的体系化》,载《外国法制史研究》2006年刊。
12. 陈玉梅:《对我国多式联运中承运人立法完善的若干思考》,载《求索》2010年第8期。
13. 初北平:《〈海商法〉下海难救助制度的架构完善》,载《环球法律评论》2019年第3期。
14. 初北平、曹兴国:《变革中的海上保险合同诉讼时效再审视》,载《法学杂志》2014年第11期。
15. 初北平、曹兴国:《海法概念的国际认同》,载《中国海商法研究》2015年第3期。
16. 初北平、曹兴国:《海上保险及其立法起源考》,载《中国海商法研究》2013年第4期。
17. 单红军、于诗卉:《非单一性:船舶建造合同法律属性之特征》,载《中国海商法年刊》2010年第4期。
18. 董翠香、魏振华:《商事行为在民法总则中的契入与展开》,载《烟台大学学报》(哲学社会科学版)2017年第1期。
19. 董玉庭、董进宇:《成文法的局限及其法律价值选择》,载《北方论丛》2007年第6期。
20. 范健:《编纂〈中国商法典〉前瞻性思考》,载《广东社会科学》2018年第3期。
21. 范健:《商法的时代性与时代商法——创制一部反映时代需求的〈中国商法通则〉》,载《学术论坛》2019年第1期。
22. 范健:《论我国商事立法的体系化——制定〈商法通则〉之理论思考》,载《清华法学》2008年第4期。
23. 傅容:《论海上重复保险》,载《中国海商法年刊》2001年刊。
24. 傅廷中:《论我国海上货物运输法的统一》,载《中国法学》2003年第6期。
25. 高鸿钧:《英国法的主要特征(上)——与大陆法相比较》,载《比较法研究》2012年第3期。
26. 高鸿钧:《英国法的主要特征(中)——与大陆法相比较》,载《比较法研究》2012年第4期。

27. 高智华:《论实施国家海洋管辖权的若干国际法问题》,载《东南学术》2009 年第 3 期。
28. 古祖雪:《现代国际法的多样化、碎片化与有序化》,载《法学研究》2007 年第 1 期。
29. 关正义、李婉:《海商法和海事法的联系与区别——兼论海商法学的建立与发展》,载《法学杂志》2012 年第 6 期。
30. 郭富青:《论现代商法的基点、形式与我国商法的体系化建构》,载《学术论坛》2019 年第 1 期。
31. 郭萍:《对邮轮合同法律性质的探究及思考》,载《中国海商法研究》2016 年第 1 期。
32. 韩大元、刘松山:《宪法文本中"基本法律"的实证分析》,载《法学》2003 年第 4 期。
33. 何丽新:《论新民商立法视野下〈中华人民共和国海商法〉的修订》,载《中国海商法年刊》2011 年第 2 期。
34. 何丽新:《海商法特性论》,载《中国海商法年刊》2009 年刊。
35. 何勤华、李求轶:《海事法系的形成与生长》,载《中国律师和法学家》2005 年第 5 期。
36. 何勤华:《法国人文主义法学派述评》,载《中国法学》1996 年第 4 期。
37. 侯卓:《"领域法学"范式:理论拓补与路径探明》,载《政法论丛》2017 年第 1 期。
38. 胡正良、郑丙贵:《中国〈航运法〉制定中几个基本理论问题之研究》,载《中国海商法研究》2012 年第 2 期。
39. 胡正良、孙思琪:《论我国民法典编纂对〈海商法〉修改之影响》,载《烟台大学学报》(哲学社会科学版)2016 年第 3 期。
40. 胡正良:《论〈海商法〉修改的必要性》,载《当代法学》2003 年第 12 期。
41. 江必新:《司法对法律体系的完善》,载《法学研究》2012 年第 1 期。
42. 姜明安:《软法的兴起与软法之治》,载《中国法学》2006 年第 2 期。
43. 蒋大兴:《论民法典(民法总则)对商行为之调整——透视法观念、法技术与商行为之特殊性》,载《比较法研究》2015 年第 4 期。

44. 蒋劢君:《论我国商法的独立性——实质商法的相对独立》,载《学习与实践》2008 年第 4 期。
45. 李大庆:《法学范式竞争与领域法学的知识创新》,载《江汉论坛》2019 年第 4 期。
46. 李东、李天生:《一般海商法的回归与升华》,载《广西社会科学》2013 年第 3 期。
47. 李光春:《论海法的法哲学基础》,载《大连海事大学学报》(社会科学版)2018 年第 3 期。
48. 李国光:《充分发挥海事司法职能作用推动海商法律体系完善发展——纪念〈中华人民共和国海商法〉颁布实施 20 周年》,载《中国海商法研究》2012 年第 3 期。
49. 李海:《关于修订〈海商法〉需要厘清的几个基本理论问题——从〈海商法〉的第一章"总则"说起》,载《中国海商法年刊》2011 年第 1 期。
50. 李红海:《"水和油"抑或"水与乳":论英国普通法与制定法的关系》,载《中外法学》2011 年第 2 期。
51. 李建伟:《民商合一立法体例的中国模式》,载《社会科学研究》2018 年第 3 期。
52. 李龙、刘诚:《论法律渊源——以法学方法和法律方法为视角》,载《法律科学》2005 年第 2 期。
53. 李求轶:《日本海法生成与体系研究》,载《中国海商法年刊》2007 年第 1 期。
54. 李少伟:《潘德克吞立法模式的当代价值与我国民法典的模式选择》,载《河北法学》2009 年第 5 期。
55. 李天生:《国际海上承运人责任基础历史演进及启示——海上特殊风险与产业利益的双重流变》,载《河北法学》2013 年第 2 期。
56. 李天生:《论海商法的概念、调整对象与属性》,载《大连海事大学学报》(社会科学版)2012 年第 6 期。
57. 李永军:《论商法的传统与理性基础——历史传统与形式理性对民商分立的影响》,载《法制与社会发展》2002 年第 6 期。

58. 李玉林:《论法国特殊商事审判制度——以商事法院与商事法官为中心》,载《山东审判》2008 年第 3 期。
59. 李志文、范天娇:《〈海上交通安全法〉修改中对国家海洋权益的考量》,载《中国海商法研究》2014 年第 2 期。
60. 李志文、吕琪:《"一带一路"战略下对我国多式联运立法建构的思考》,载《法学杂志》2016 年第 4 期。
61. 李志文、马金星:《论我国海洋法立法》,载《社会科学》2014 年第 7 期。
62. 梁惠雅:《论海上拖航合同中承拖方的适拖义务——对现行免责条款的反思》,载《云南大学学报》(法学版)2016 年第 3 期。
63. 梁鹏:《商人概念的历史考察》,载《河北法学》2010 年第 2 期。
64. 蔺妍、韩立新:《论我国货物综合运输法律体系的完善》,载《中国海商法研究》2014 年第 4 期。
65. 刘安宁、关正义:《试论海商法的特性及其法理定位》,载《社会科学辑刊》2009 年第 6 期。
66. 刘诚:《部门法理论批判》,载《河北法学》2003 年第 3 期。
67. 刘风景:《立法目的条款之法理基础及表述技术》,载《法商研究》2013 年第 3 期。
68. 刘剑文:《论领域法学:一种立足新兴交叉领域的法学研究范式》,载《政法论丛》2016 年第 10 期。
69. 刘剑文:《供给侧改革下法学本科核心课程的结构调整》,载《政法论丛》2017 年第 3 期。
70. 刘剑文、胡翔:《"领域法"范式适用:方法提炼与思维模式》,载《法学论坛》2018 年第 4 期。
71. 刘景华:《大航海时代的西欧造船和航海术》,载《长沙理工大学学报》(社会科学版)2005 年第 4 期。
72. 刘景华:《中世纪欧洲造船和航海技术的考察》,载《长沙水电师院社会科学学报》1996 年第 3 期。
73. 刘磊:《自生自发的秩序?——哈耶克自由理路的迷思》,载《法制与社会发展》2006 年第 2 期。

74. 刘艳红:《理性主义法律观之解读——以自然法的传统与历史为视角》,载《中国政法大学学报》2009 年第 6 期。

75. 刘仲屹:《司法实践对我国立法完善的必要性分析——以司法实践与立法完善的关系为视角》,载《比较法研究》2016 年第 2 期。

76. 刘子平:《论以民法补充海商法的单位》,载《中国海商法研究》2013 年第 4 期。

77. 柳忠卫:《刑法立法模式的刑事政策考察》,载《现代法学》2010 年第 3 期。

78. 卢谌对:《〈德国商法典〉:解构抑或重构》,载《德国研究》2014 年第 2 期。

79. 鲁楠:《匿名的商人法——全球化时代法律移植的新动向》,载《清华法治论衡》2011 年第 1 期。

80. 陆幸福:《全球化语境中的法律本土化及其中国应对》,载《政法论丛》2013 年第 5 期。

81. 陆宇峰:《论现代社会中实体法与程序法分离》,载《云南大学学报法学版》2011 年第 1 期。

82. 马得懿:《作为补充型特别民法之海商法的丰富性与体系性》,载《社会科学战线》2016 年第 8 期。

83. 马明飞:《我国〈海洋基本法〉立法的若干问题探讨》,载《江苏社会科学》2016 年第 5 期。

84. 马姝:《论功能主义思想之于西方法社会学发展的影响》,载《北方法学》2008 年第 2 期。

85. 聂卫锋:《法典化与〈法国商法典〉的最新发展》,载《国家检察官学院学报》2013 年第 2 期。

86. 钱大军、马新福:《法律体系的重释——兼对我国既有法律体系理论的初步反思》,载《吉林大学社会科学学报》2007 年第 2 期。

87. 钱大军:《当代中国法律体系构建模式之探究》,载《法商研究》2015 年第 2 期。

88. 钱弘道:《法律经济学和中国法律改革、未来中国法学》,载《法律科学》2002 年第 4 期。

89. 钱卿、周佑勇:《论行政裁量规制系统的建构——基于功能主义的范式》,载《湖北社会科学》2012 年第 11 期。
90. 曲阳:《卢曼〈法社会学〉述评》,载《华东政法大学学报》2001 年第 2 期。
91. 沈宗灵:《论法律的实行》,载李楯主编:《法律社会学》,江西人民出版社 1998 年版。
92. 沈太霞:《立法合理性问题研究》,载《暨南学报》(哲学社会科学版)2012 年第 12 期。
93. 施海平:《海上交通肇事逃逸原因及法律问题探讨》,载《中国海事》2010 年第 12 期。
94. 舒国滢:《19 世纪德国"学说汇纂"体系的形成与发展——基于欧陆近代法学知识谱系的考察》,载《中外法学》2016 年第 1 期。
95. 舒国滢:《欧洲人文主义法学的方法论与知识谱系》,载《清华法学》2014 年第 1 期。
96. 司玉琢:《面向海洋世纪　确立海法研究体系》,载《中国海商法年刊》2010 年第 2 期。
97. 司玉琢、胡正良、曹冲:《试论海法独立学科体系》,载《航海教育研究》1997 年第 1 期。
98. 司玉琢、胡正良:《我国〈海商法〉修改的必要性》,载《中国海商法年刊》2002 年刊。
99. 司玉琢、李天生:《中国海法典编纂论纲》,载《国际法研究》2015 年第 4 期。
100. 司玉琢、李天生:《论海法》,载《法学研究》2017 年第 6 期。
101. 司玉琢、吴煦:《雇佣救助的法律属性及法律适用》,载《中国海商法研究》2016 年第 3 期。
102. 司玉琢:《保障海洋发展战略 改革完善中国特色的海事司法管辖制度》,载《中国海商法研究》2015 年第 2 期。
103. 孙笑侠:《论行业法》,载《中国法学》2013 年第 1 期。
104. 谭岳奇:《自体法:通向自然法之路径》,载《武汉大学学报》(社会科学版)2001 年第 1 期。
105. 汤喆峰、司玉琢:《论中国海法体系及其建构》,载《中国海商法研究》

2013 年第 3 期。
106. 田薇:《关于中世纪的"误解"和"正名"》,载《清华大学学报》(哲学社会科学版)2001 年第 4 期。
107. 童伟华、武良军:《由疏离、割裂走向融合、依赖——着力构建刑法与刑事诉讼法的合理关系》,载《理论探索》2014 年第 1 期。
108. 童伟华:《南海海域刑事管辖问题研究》,载《河南财经政法大学学报》2013 年第 3 期。
109. 王利明、常鹏翱:《从学科分立到知识融合——我国法学学科 30 年之回顾与展望》,载《法学》2008 年第 12 期。
110. 王利明:《民商合一体例下我国民法典总则的制定》,载《法商研究》2015 年第 4 期。
111. 王利明:《中国民事立法体系化之路径》,载《法学研究》2008 年第 6 期。
112. 王秋雯、姜政扬:《中国航运市场的垄断问题及其法律制度之构建》,载《中南大学学报》(社会科学版)2011 年第 4 期。
113. 王秋雯:《海商法的国际统一:从海商自体法到国际海商统一实体法》,载《社会科学辑刊》2012 年第 2 期。
114. 王瑞:《商法本质的变迁》,载《政法论坛》2002 年第 6 期。
115. 王世涛、汤喆峰:《论海商法之于民法的独立性》,载《中国海商法研究》2012 年第 3 期。
116. 王秀芬、朱玉柱:《论船员劳动的特点》,载《大连海事大学学报》(社会科学版)2005 年第 2 期。
117. 王秀芬:《日本海商法基本理论研究》,载《当代法学》2003 年第 1 期。
118. 王云龙:《西方学术界关于"New Medievalism"的三个论域》,载《北方论丛》2007 年第 5 期。
119. 王赞:《海事行政执法与刑事司法协调之困境解析》,载《求索》2012 年第 12 期。
120. 吴焕宁:《我国〈海商法〉修订引发的思考》,载《国际经济法学刊》2007 年第 3 期。
121. 吴南伟、熊绍辉、彭林:《海事法院受理海事行政案件必要性问题研究》,载《法律适用》2007 年第 12 期。
122. 吴煦、逯笑微:《论航海过失免责之废除》,载《中国海洋大学学报》(社会科学版)2011 年第 4 期。
123. 解志勇:《法学学科结构的重塑研究》,载《政法论坛》2019 年第 2 期。
124. 辛元欧:《15 世纪中、欧造船与航海技术之比较研究》,载《哈尔滨工业大学学报》(社会科学版)2001 年第 4 期。
125. 徐彪:《论法律传统的功能》,载《法学家》2008 年第 4 期。
126. 徐春龙:《论海事国际惯例在中国海商法语境下的适用》,载《中国海商法研究》2013 年第 3 期。
127. 杨建军:《惯例的法律适用——基于最高人民法院公报案例的考察》,载《法制与社会发展》2009 年第 2 期。
128. 姚辉:《论民事法律渊源的扩张》,载《北方法学》2008 年第 1 期。
129. 姚建宗:《法律传统论纲》,载《吉林大学社会科学学报》2008 年第 5 期。
130. 仪喜峰:《论海权的宪法保护——"海洋条款"入宪及海权法律保障机制研究》,载《太平洋学报》2014 年第 6 期。
131. 易传剑:《我国海洋法律体系的重构——以海权为中心》,载《广东海洋大学学报》2010 年第 2 期。
132. 易玲:《知识产权三审合一的"合"与"分"——兼谈日本知识产权专门化审判模式及我国的路径选择》,载《政治与法律》2011 年第 11 期。
133. 殷安军:《瑞士法上民商合一立法模式的形成——兼评"单一法典"理念》,载《中外法学》2014 年第 6 期。
134. 于宜法、马英杰、薛桂芳、郭院:《制定〈海洋基本法〉初探》,载《东岳论丛》2010 年第 8 期。
135. 袁发强:《谨慎迈进——中国对待〈鹿特丹规则〉的应有态度》,载《当代法学》2013 年第 4 期。
136. 曾艳、刘乔发、张可心:《关于我国海事法院体制机制改革完善的思考》,载《法律适用》2017 年第 1 期。
137. 张进铭、高雪萍:《自发秩序与建构秩序的相容性——以哈耶克法治理论为视角》,载《江西社会科学》2010 年第 8 期。

138. 张丽、王秀芬:《我国引航法律制度研究》,载《法学杂志》2012 年第 1 期。
139. 张文广:《中国海商法学发展评价》,载《国际法研究》2015 年第 4 期。
140. 张晓薇:《知识产权“三审合一”改革的审视与反思》,载《知识产权》2013 年第 6 期。
141. 张一祯、蒋正雄:《关于废除〈海商法〉中过失免责制度之思考》,载《华东政法大学学报》2019 年第 5 期。
142. 张永坚:《对国际货物运输法统一化努力的思考》,载《中国海商法年刊》2010 年第 2 期。
143. 张永坚:《反思修改中国〈海商法〉之努力》,载《中国海商法研究》2013 年第 3 期。
144. 赵立行:《论中世纪的“灰脚法庭”》,载《复旦学报》(社会科学版)2008 年第 1 期。
145. 赵微:《赋予海事法院刑事审判权之正当性分析》,载《法治研究》2015 年第 1 期。
146. 赵旭东:《民法典的编纂与商事立法》,载《中国法学》2016 年第 4 期。
147. 赵旭东:《商法的困惑与思考》,载《政法论坛》2002 年第 1 期。
148. 郑旭文:《法律解释的“科学主义”解构》,载《中南大学学报》(社会科学版)2012 年第 6 期。
149. 郑志华:《海运、空运与陆运:规则的割据与统一》,载《中国海商法研究》2013 年第 3 期。
150. 周农建:《功能主义:人文科学研究中的一种方法论》,载《湖北社会科学》1987 年第 6 期。
151. 周旺生:《论中国立法原则的法律化 、制度化》,载《法学论坛》2003 年第 3 期。
152. 周佑君:《新时代中国法学研究及学科发展的新任务》,载《武汉大学学报》(哲学社会科学版)2019 年第 2 期。
153. 朱慈蕴、毛健铭:《商法探源——论中世纪的商人法》,载《法制与社会发展》2003 年第 4 期。

二、外文文献

(一)著作类

1. [日]田中诚二:《海商法详论》(增补第三版),东京,劲草书房 1985 年版。

2. A. McDowell, C. Flango, C. Campbell, N. Kauder, *Future Trends in State Courts* 2011, Williamsburg, National Center for State Courts, 2011.

3. Brayan A. Garner, *Black's Law Dictionary*, New York, Thomson Reuter, 2014.

4. Charles H. Mcllwain, *The Growth of Political Thought in the West: from the Greeks to the End of the Middle Ages*, New York, The Macmillan company, 1932.

5. Christopher Hill, *Maritime Law*, London, LLP, 2003.

6. David M. Walker, *The Oxford Companion to Law*, London, Clarendon Press, 1980.

7. Ehrlich Eugen, *Fundamental Principle of the Sociology of Law*, New York, Arno Press, 1975.

8. Ernest Emil Wendt, *Papers on Maritime Legislation with a Translation of the German Mercantile Law Relating to Maritime Commerce*, London, Longmans, Green, and Company, 1888.

9. F. A. Hayek. *Law, Legislation and Liberty: A New Statement of the Liberal Principles of Justice and Political Economy*, Henley, Routledge & Kegan Paul, 1982.

10. F. W. Raikes, *The Maritime Codes of Holland and Belgium*, London, Effingham Wilson, 1898.

11. F. W. Raikes, *The Maritime Codes of Spain and Portugal*, London, Effingham Wilson, 1896.

12. Frederic Rockwell Sanborn, *Origins of the Early English Maritime and Commercial Law*, New York, The Century Co., 1930.

13. Fuller, Lon L., *The Morality of Law*, New Haven, Yale University Press, 1964.

14. Grant Gilmore, Charles L. Black, *The Law of Admiralty*, Brooklyn, The Foundation Press, 1975.

15. Guenter Treitel, F. M. B. Reynolds, *Caver on Bills of Lading*, London, Sweet & Maxwell, 2011.

16. Hassan S. Khalilieh, *Admiralty and Maritime Laws in the Mediterranean Sea* (*ca.* 800-1050), Leiden, Koninklijke Brill NV, 2006.

17. Hill Christopher, Julius Starforth, *Maritime Law*, London, LLP, 2003.

18. John F. Willson, *Carriage of Goods by Sea*, London, Person Education Limited, 2001.

19. John H. Merryman, *The Civil Law Tradition*, Stanford, Stanford University Press, 1985.

20. Knut S. Selmer, *The Survival of General Average: A Necessity or an Anachronism?*, Oslo, Oslo University Press, 1958.

21. M. D. A. Azuni, *The Maritime Law of Europe*, Vol. I, Translated from the French, I. New York, Riley & Co., 1806.

22. Manlio Bellomo, *The Common Legal Past of Europe*, 1000-1800, Translated by Lydia G. Cochrane, Washington, The Catholic University of America Press, 1995.

23. Michael Bundock, *Shipping Law Handbook*, London, Informa, 2011.

24. Michael White, *Australian Maritime Law*, Sydney, The Federation Press, 2014.

25. Richard Aikens, Richard Lord, Michael Bools, *Bills of Lading*, London, Informa Law Press, 2006.

26. Richard Cornah, *The Law of General Average and The York - Antwerp Rules*, London, Sweet & Maxwell, 2013.

27. Robert Force, *Admiralty and Maritime Law*, Washington, Federal Judicial Center, 2013.

28. Sarah Derrington, James M. Turner, *The Law and Practice of Admiralty Matters*, Oxford, Oxford University Press, 2007.

29. Simon Baughen, *Shipping Law*, London, Routledge, 2012.

30. Thomas J. Schoenbaum, *Admiralty and Maritime Law*, Eagan, West Publishing, 2004.

31. Thomas J. Schoenbaum, *Admiralty and Maritime Law* (Practitioner Treatise Series), Vol. 1, Eagan, West Group Publishing, 2005.

32. Thor Falkanger, Hans Jacob Bull, Lasse Brautaset, *Scandinavian Maritime Law: The Norwegian Perspective*, Oslo, Universitetsforlaget, 2011.

33. Travers Twiss, *The Black Book of the Admiralty* (*Vol. I*), London, Longman & Co., Patternoster Row, Trubner & Co., Ludgate Hill, 1876.

34. Travers Twiss, *The Black Book of the Admiralty* (*Vol. II*), London, Longman & Co., Patternoster Row, Trubner & Co., Ludgate Hill, 1876.

35. Travers Twiss, *The Black Book of the Admiralty* (*Vol. IV*), London, Longman & Co., Patternoster Row, Trubner & Co., Ludgate Hill, 1876.

36. William Mitchell, *An Essay on the Early History of the Law Merchant*, Cambridge, Cambridge University, 1904.

37. William Searle Holdsworth, *A History of English Law*, London, Sweet & Maxwell, 1945.

38. William Teltely, *Maritime Lien and Claims*, Montreal, International Shipping Publications, 1998.

39. William Tetley, *International Maritime and Admiralty Law*, Quebec, Editions Yvon Blais, 2002.

40. Yvonne Baatz, *Maritime Law*, London, Sweet & Maxwell, 2011.

(二)英文论文

1. A. N. Yiannopoulos, "The Unification of Private Maritime Law by International Conventions", 30 *Law and Contemporary Problems* 370, 1965.

2. Alfred Huger, "The Proportional Damage Rule in Collisions at Sea", 13 *Cornell L. Rev.* 531, 1928.

3. Arthur M. Boal, "Effort to Achieve International Uniformity of Laws Relating to the Limitation of Shipowners' liability", 53 *Tul. L. Rev.* 1277, 1979.

4. Bruce L. Benson, "The Spontaneous Evolution of Commercial Law", 55 *S. Econ. J.* 644, 1989.

5. Francesco Berlingieri, "Uniformity in Maritime Law and Implementation of International Conventions", 18 *J. Mar. L. & Com.* 317, 1987.

6. Gordon W. Paulsen, "An Historical Overview of the Development of Uniformity in International Maritime Law", 57 *Tul. L. Rev.* 1065, 1983.

7. Gormley, W. Paul, "Development of the Rhodian-Roman Maritime Law to 1681, with Special Emphasis on the Problem of Collision", 2 *Inter-Am. L. Rev.* 320, 1961.

8. Graydon S. Staring, "The Roots and False Aspersions of Shipowner's Limitation of Liability", 39 *J. Mar. L. & Com.* 323, 2008.

9. Jacques Maritain, "The Concept of Sovereignty", *The American Political Science Review* 44, 1950.

10. James. J. Donovan, "The Origins and Development of Limitation of Shipowners' Liability", 53 *Tul. L. Rev.* 999, 1979.

11. Joseph C. Sweeney, "The UNCITRAL Draft Convent on Carriage of Goods by Sea", 7 *J. Mar. L. & Com.* 69, 1975.

12. Lobingier, "The Maritime Law of Rome", *Juridical review* 47, 1935.

13. Michael F. Sturley, "Uniformity in the Law Governing the Carriage of Goods by Sea", 26 *J. Mar. L. & Com.* 553, 1995.

14. Michael F. Sturley, "The History of COGSA and the Hague Rules", 22 *J. Mar. L. & Com.* 1, 1991.

15. Michael T. Medwig, "New Law Merchant: Legal Rhetoric and Commercial Reality", 24 *Law & Pol'y Int'l Bus.* 589, 1993.

16. Oliver Wendell Jr. Holmes, "The Path of the Law", 10 *Harv. L. Rev.*, 1897.

17. Patrick J. S. Griggs, "Uniformity of Maritime Law-An International Perspective", 73 *Tul. L. Rev.* 1551, 1999.

18. Robert D. Benedict, "The Historical Position of the Rhodian Law", 18 *Yale. L. J.* 233, 1909.

19. Walter W. Eyer, "Shipowners' Limitation of Liability. New Directions for an Old Doctrine", 16 *Stan. L. Rev.* 370, 1964.
20. William Tetley, "The General Maritime Law-The Lex Maritima", 20 *Syracuse J. Int'l L. & Com.* 105, 1994.

三、学位论文

1. 艾围利:《商事习惯研究》,武汉大学2012年博士学位论文。
2. 陈琦:《海上人身损害赔偿制度论——困境与回应》,大连海事大学2010年博士学位论文。
3. 陈亚芹:《论海事国际惯例在中国法中的地位——以中国的立法与司法实践为视角》,复旦大学2008年博士学位论文。
4. 陈颐:《腓力四世到路易十四时代法国的法律与国家建构——从司法主权到立法主权》,华东政法大学2006年博士学位论文。
5. 关阳:《废除共同海损制度的可行性研究》,大连海事大学2007年硕士学位论文。
6. 荚振坤:《中世纪欧洲海商法研究(11至15世纪)》,华东政法大学2013年博士学位论文。
7. 李大泽:《我国适用〈2006年海事劳工公约〉研究》,大连海事大学2015年博士学位论文。
8. 李光春:《中国航运法的法律属性研究》,大连海事大学2013年博士学位论文。
9. 李天生:《船货利益平衡原则研究》,大连海事大学2010年博士学位论文。
10. 刘安宁:《船舶抵押权立法的比较研究——兼论我国船舶抵押制度的完善》,大连海事大学2011年博士学位论文。
11. 刘磊:《我国船舶法的立论研究》,大连海事大学2003年硕士学位论文。
12. 刘雪:《光船租赁权法律问题研究》,大连海事大学2014年博士学位论文。
13. 马艳飞:《完善我国船队建设政策之研究》,上海海事大学2007年硕士学位论文。
14. 孟凡哲:《普通法系的判例制度——一个源与流的解读》,吉林大学2004

年博士学位论文。
15. 朴哲雄:《海事犯罪及其刑事管辖权问题研究》,大连海事大学 2003 年硕士学位论文。
16. 汪永利:《海商法相对独立性研究——从法理学与比较法视角》,大连海事大学 2009 年硕士学位论文。
17. 王海波:《论中国海上保险法与一般保险法之协调》,复旦大学 2012 年博士学位论文。
18. 王慧:《水上交通犯罪刑事责任研究》,大连海事大学 2013 年博士学位论文。
19. 邬先江:《海事赔偿责任限制制度研究》,大连海事大学 2010 年博士学位论文。
20. 杨健:《我国船舶融资租赁法律问题研究》,大连海事大学 2010 年博士学位论文。
21. 於世成:《美国航运法研究》,华东政法大学 2006 年博士学位论文。
22. 朱作贤:《海上保险法补偿原则研究》,大连海事大学 2008 年博士学位论文。

四、报刊文献

1. 高之国:《制定我国海洋基本法的必要性与可行性(上)》,载《中国海洋报》2010 年 11 月 5 日,第 1 版。
2. 罗书臻:《依法积极行使海上司法管辖权 统一涉海案件裁判尺度 ——最高法院有关负责人就〈关于审理发生在我国管辖海域相关案件若干问题的规定〉答记者问》,载《人民法院报》2016 年 8 月 2 日,第 2 版。
3. 马方:《国家海洋战略背景下涉海刑事案件专门管辖的几点思考》,载《人民法院报》2016 年 1 月 27 日,第 5 版。
4. 司玉琢:《面向海洋世纪 确立海法研究体系》,载《中国社会科学报》2010 年 6 月 9 日,第 2 版。
5. 王利明:《法学应当步入知识融合时代》,载《北京日报》2019 年 9 月 2 日,第 15 版。

6. 阎铁毅:《海洋立法应注意区分海洋管理体制和海洋执法体制》,载《光明日报》2016 年 1 月 3 日,第 8 版。
7. 易继明:《为什么要设立知识产权法院》,载《人民法院报》2014 年 6 月 18 日,第 4 版。
8. 张永坚:《海商法 20 年:功在当代　修向未来》,载《国际商报》2013 年 7 月 22 日,第 A03 版。
9.《〈中国海事审判白皮书〉(1984—2014)(摘要)》,载《人民法院报》2014 年 9 月 4 日,第 4 版。

致　谢

本书是在本人博士论文的基础上修改完成的,因此,在最后部分,保留博士论文的致谢,以此感谢在我博士阶段众多给予关心和帮助的人。

“在论文的写作过程中,曾经无数次想象论文完成时的情景,期待论文终稿的那一刻尽快到来。而当这一刻真正来临时,心中却不完全是预期的兴奋与解脱,更多的是对在大连海事大学求学生涯的感慨以及对已经暂时画上句号的博士论文的忐忑。对在海事大学求学生涯的感慨是因为从 2008 年开始,我便从千里之外的浙江绍兴来到这座并不熟悉的北方滨城,开始了长达 9 年的大学之旅。在此期间,我走入法学的大门,结交了众多的好友,选择了终生伴侣,得到了老师的知遇之恩。可以说,这 9 年在大连的学习生涯注定将是我人生中最难以忘怀的一段时光。而对博士论文的忐忑则是因为虽然我为现有的论文付出了不少的汗水,但同样自知的是,作为这样一个叙事较为宏大,牵涉海商法根本的题目,我完成的研究充其量是对前人研究的一个总结和初步拓展,尚未达到将这个命题完全阐明的地步,浅显、疏漏甚至谬误之处难免存在。对此,我一方面虔诚期待有识之士对论文的不足之处提出指正，另一方面，这也是未来我持续努力的方向——博士论文的完成不是这一命题研究的终点。

饮水思源，难忘师恩。除了对求学生涯的感慨和博士论文的忐忑之外，最不能忘怀的是对老师的感恩之情。首先，感谢我的博士生导师司玉琢教授。能够拜入在海商法学界桃李满天下的司老师的门下对我来说无疑是一个巨大的荣誉，而司老师对我博士期间给予的指导和帮助也让我真切地感受到司老师在教书育人上的尽心尽力——从论文的选题，到小论文的写作与发表，再到博士论文的结构和具体内容，司老师都给予了悉心的指导和莫大的支持。事实上，本文最初的构想深受司老师大海法思路的启发，而本书的许多观点，也是司老师无私提供的。没有司老师的指点，本书的写作不可能完成。同时，更为受益的是从司老师身上感受到的学者精神，无论是严谨的治学态度，谦和的为人之道，还是孜孜不倦的研究状态，都让作为海商法后来人的我内心感慨，受益匪浅。其次，也要感谢我的硕士生导师初北平教授。至今想来，当初获得推免名额之后选择初老师作为硕士生导师无疑是正确和幸运的。从 2011 年年底确定跟随初老师进一步深入海商法的研究以来，五年多的时间里，初老师一直在学业上引导我，指导我学习的方法、工作的态度以及为人处世的原则。可以说，初老师对我学术思维的培养和学术能力的锻炼是我能够完成博士学业的重要前提。最后，也要感谢所有法学院的老师（包括美国杜兰大学法学院的老师），我所有的法学知识都来自他们的谆谆教诲。他们学识渊博、为人谦和，在我不同的学习阶段都给予了不同方面、不同程度的帮助，为免挂一漏万，在此一并感谢！

当然，也要感谢我的家人，没有他们在经济和精神上的支持与鼓励,我不可能完成博士阶段的学业。希望以后学有所用,能够以自己的学习所得努力工作,回报他们的信任和付出。

2017 年 5 月
曹兴国
于博士论文完稿之际

图书在版编目(CIP)数据

海商法自体性研究 / 曹兴国著. -- 北京 : 法律出版社, 2020
ISBN 978-7-5197-4506-6

Ⅰ. ①海… Ⅱ. ①曹… Ⅲ. ①海商法－研究－中国 Ⅳ. ①D923.993.4

中国版本图书馆 CIP 数据核字(2020)第 077588 号

海商法自体性研究
HAISHANGFA ZITIXING YANJIU

曹兴国 著

责任编辑 郑怡萍
装帧设计 乔智炜

出版 法律出版社
总发行 中国法律图书有限公司
经销 新华书店
印刷 北京虎彩文化传播有限公司
责任校对 王沁陶
责任印制 胡晓雅

编辑统筹 法律教育出版分社
开本 A5
印张 9
字数 205 千
版本 2020 年 6 月第 1 版
印次 2020 年 6 月第 1 次印刷

法律出版社/北京市丰台区莲花池西里 7 号(100073)
网址/www. lawpress. com. cn
投稿邮箱/info@ lawpress. com. cn
举报维权邮箱/jbwq@ lawpress. com. cn
销售热线/400-660-8393
咨询电话/010-63939796

中国法律图书有限公司/北京市丰台区莲花池西里 7 号(100073)
全国各地中法图分、子公司销售电话:
统一销售客服/400-660-8393/6393
第一法律书店/010-83938432/8433 西安分公司/029-85330678 重庆分公司/023-67453036
上海分公司/021-62071639/1636 深圳分公司/0755-83072995

书号:ISBN 978-7-5197-4506-6 **定价**:36.00 元
(如有缺页或倒装,中国法律图书有限公司负责退换)